我的父辈丛书 | Our Fathers Series

## 我的父辈丛书

# 我的父亲刘少奇

## Our Fathers Series

# My Father Liu Shaoqi

刘爱琴／著

人民出版社

# 献给新中国的缔造者

## ——“我的父辈丛书”修订版纪事

新世纪之初，包括《我的父亲毛泽东》《我的伯父周恩来》《我的父亲刘少奇》和《我的父亲朱德》等在内的“父辈丛书”由辽宁人民出版社陆续出版，至今已近10年。

这些年来，毛泽东、周恩来、刘少奇、朱德的名字以不同的语言和文字，不断出现在各类媒体和图书的洪流中，从未离开过人们的视线。“父辈丛书”是很独特的，它首次从领袖子女的角度叙述父辈自早年立志救国，从天南海北走到一起，为民族振兴、国家富强合力奋斗的历程，也披露了他们的婚恋、亲情、家庭与宝贵的天伦之乐，使领袖以父亲的面貌亲切地走向世人。书中披露的独家信息，已成为党史和国史研究经常引用的重要资料来源。

“父辈丛书”还提供了这样一个特殊的视角：通过子侄的叙述，长期处于眩目光环中的这些新中国缔造者不仅仅是身经百战、功绩赫赫的领袖，更是儒雅宽厚的长者。他们留给后代的财富，是朴实的生活方式、谦逊的做人原则、踏实的工作作风、执著的理想追求……而所有这些崇高的品质却静静地存在于那些生活的片段和有时温馨、有时严肃的家庭对话中。丛书让人们看到了那最真实的一面——卸下领袖光环的那一面和被还原为普通人的一面。原来开国领袖也有割舍不断的亲情牵挂，也会遇到难以两全的人生选择，甚至会有不知所措、孤单寂寞的时刻。

今年正值中华人民共和国成立60周年，北京东润菊香书屋策划、组织了此次修订工作。本次修订在基本维持原有框架的基础上，对语病、细节错漏及明显的史实讹误做了更正，合并调整了若干章节，删除了个别重复段落。

毛泽东、周恩来、刘少奇、朱德的家属以及丛书执笔者李敏、王桂苡（《我的父亲毛泽东》）、周秉德、铁竹伟（《我的伯父周恩来》）、刘爱琴、沃宝田（《我的父亲刘少奇》）和朱敏、顾保孜（《我的父亲朱德》）对于此次丛书的修订给予了热情帮助，人民出版社也一直给予大力支持，谨借此文以表感谢。

为发挥图文版直观、丰富、信息量大，图文可互相参照的特点，本次修订增补了大量有关领袖照片，特别选取了很多生活气息浓厚的场景，对记述有误的图注做了更正。为此，周秉德提供了大量有关周恩来的照片，还特意叮嘱把一幅友人赠送的周恩来木刻像放在书尾；刘爱琴提供了从未发表过的自己在苏联留学时期的照片；朱敏的丈夫刘铮在精心照顾久病妻子的同时，仍然为丛书修订提供了照片；李敏则提供了有关毛泽东的珍贵照片。这些风云岁月的记录显示了毛泽东、周恩来、刘少奇、朱德这四个性格迥异、各具神采的伟人或雍容、庄严、优雅，或坚忍、朴实、沉稳的气质和风度。

近年出版及发表的老一辈革命者回忆录及党史研究者学术论著为修订提供了必要的基础。这次再版修订比较注重吸收十年来新的研究成果，澄清了若干历史疑案以及书中表述存在的歧义或讹误之处。

比如，修订版《我的父亲朱德》在提到朱敏生母时，注明其姓名贺稚华。研究和关注过这段历史的人都知道，虽然仅加三个字，背后却有沉重、曲折的过程。贺稚华是中共早期党员，1925 年与朱德在德国相识、相恋并结合，1926 年在莫斯科生下朱敏，1927 年回国后在上海中共中央妇委工作，与杨之华、蔡畅、邓颖超等并称八姐妹。此后，贺稚华逐渐背离在党内的光荣历史，最终叛变投敌。1928 年，与另一叛徒何家兴为领取赏金向国民党通风报信，导致中共中央政治局常委、组织局主任罗亦农被捕就义。因此受到组织派中央特科铲奸队执行的严厉制裁，被枪击致残（抗战期间身故），何家兴则被击毙。

对于这样一位母亲，朱敏在以往撰写回忆文章及接受采访时从不提及。但是作为历史唯物主义者，共产党人毕竟必须正视过去。而且，随着党史研究的深入，近年来各种书刊媒介提到此事的也越来越多，很多档案也通过官方或民间的渠道陆续公诸于世。如何实事求是地向世人说明自己的身世，晚年的朱敏经过慎重考虑，态度也发生了变化。在2001年问世的《我的父亲朱德》图文版中出现了贺稚华的名字，但并未与"朱德夫人"、"朱敏生母"的概念相联系，而是采取暗示的方式。2009年4月，即"父辈丛书"修订版策划期间，朱敏病逝。此次修订这样处理，也是符合她的遗愿的。

朱敏与苏联国际儿童院同学、捷克斯洛伐克姑娘米拉在纳粹铁蹄下患难与共的感人故事，已通过《我的父亲朱德》以及根据该书相关段落改编的电影《红樱桃》、电视剧《血色童心》广为传播。但是，书中对朱敏与米拉失散后"这一分手竟整整40年……"的表述有误。其实，1946年即失散后次年，她们就在国际儿童院劫后重逢并合影为证。此次修订特地在这张照片旁加以说明，作为历史生动的注脚。

又如，李敏的出生年份，在初版《我的父亲毛泽东》中有1936年和1937年两说。根据李敏之女孔东梅在《听外婆讲那过去的事情——毛泽东与贺子珍》一书（中央文献出版社，2005年2月第1版）中对傅连暲夫人、老红军陈真仁的采访，明确提到1936年"双十二"之前不久，傅、陈夫妇在陕北保安见到毛泽东、贺子珍夫妇。"当晚，傅连暲夫妇留宿在外公外婆家。陈真仁与外婆做伴，她记得外婆当时快生产了。"另外，《叶子龙回忆录》、《纪念同桂荣》等当事人回忆录也提供了类似佐证。据此，最终将李敏生年确定为1936年年底。

此外，初版书中就彭德怀向毛泽东报告毛岸英牺牲经过时写道："当彭老总走出爸爸的房间时，他一方面为爸爸豁达的胸怀所感动，另一方面也有些恼火，因为他看出爸爸对于这个消息有些吃惊。这就是说，他是第一个通知爸爸大哥牺牲的人。原来，为了怕爸爸伤心，秘书叶子龙他们征得周恩来的同意，压住了彭老总发来的电报。彭老总连连跺脚，要是早点告诉我主席还不知道这件事，我讲话也可以做点准备。"——经查阅《彭德怀年谱》可知：1950年毛岸英牺牲，彭德怀随即给国内发电汇报，直到1951年2月才回国述职。此前，1951年1

月 2 日，收到彭德怀汇报的周恩来写信给毛泽东和江青谈到毛岸英牺牲一事（见《周恩来书信选集》）。另外，《叶子龙回忆录》也有类似记载。可见，所谓彭德怀是向毛泽东报告毛岸英牺牲消息第一人之说不确，加之又非作者李敏亲历亲见亲闻，故而此次修订删去了这段话。

再如出版《我的伯父周恩来》一书中忆及 1949 年 7 月 1 日中共建党纪念日周秉德被伯父带去天安门的情景。修订时发现：1949 年 7 月 1 日确实举行过中共成立 28 周年庆祝活动，不过地点是在先农坛。根据当时的条件，在天安门设立分会场的可能性并不存在。不过，6 天后的 7 月 7 日，为纪念抗战爆发 12 周年暨新政协筹备会成立，在天安门举行过庆祝活动。经与作者联系并核实，上天安门的日子应为 7 月 7 日。另外，书中在摘引《人民日报》社论和中央文献研究室所编《周恩来传》等书时采取意会与抄录相结合的方式，导致引文与原文微有出入，此次统一予以纠正。对于书后所附家族成员表，修订时依据 2001 年问世的《周恩来家世》做了校对和更正。该书是由中央文献研究室专家、长期从事家族史研究的周恩来亲属以及江苏、浙江多名研究人员经过多年时间写成的专著，几乎周氏家族每位重要成员都能在书中找到比较详尽、准确的记载。

毋庸讳言，由于时间和水平所限，此次修订还会有很多遗憾和不足之处，在这里也希望得到读者的批评、指正，以便于今后的进一步修订整理。

北京东润菊香书屋<br>2009 年 9 月 9 日

# 目 录 Contect

Chapter 06

## 第六章

Chapter 07

## 第七章



Chapter 08

## 第八章

Chapter 09

第九章



Chapter 10

第十章

# 01 Chapter

刘少奇（左三）在延安接回儿子刘允斌（左一）、女儿刘爱琴（右二）时，与哥哥刘云庭（左二）和刘云庭的儿子（右一）合影。

## Part.1 我一遍遍地猜想着父母的模样，编织着同父母见面的情景，想着想着，不禁想起了自己苦难的童年。

1938 年，是我来到人世间的第十一个年头。可我这个小傻瓜却不知道自己的亲生父母是谁，更不晓得他们的长相和身在何处。因为这之前，我只知道自己是个家里养活不起的苦小囡，并从未怀疑过自己的身世。

3 月的汉口，阴雨濛濛。而我的心情就像这天气，既冰冷，又压抑。我实在不知道这当牛做马的日子何时是个头？这挨打受骂的折磨何时有个休？这童养媳的绳索会捆绑我多久？

就在我在婆婆家度日如年，难以支撑的时候，奶妈和一个穿戴整洁的人突然来到婆婆家。我一看到奶妈，立即扑过去痛哭起来，嘴里喊着："妈妈，我要回家，我要回家。"奶妈搂着我的头，边给我擦眼泪，边安慰我："孩子，别哭了，妈这次来，就是接你回家。"婆婆一听愣住了，奶妈赶紧同婆婆耳语了几句，同奶妈一起来的叔叔又把婆婆拉到门外低声说了好半天。奶妈在屋里给我换了一套衣服，又给我梳辫子。嘴里不住地说，"这回好了，回家了。"我紧紧地拽着奶妈的衣角，很怕她再把我一个人留在这儿。之后，叔叔给了婆婆一包东西，便带我离开了这个家。

一出门，我头也不回，跟着奶妈、叔叔一溜儿小跑，心里只有一个念头：快走，快离开这个不是人待的地方。此时的我，真的就像出了笼的小鸟，自由、轻松，又有点不知所措。

拐过路口，叔叔对奶妈说："给她照张相吧。"照相？我长这么大，从没照过相，也不知照相是怎么回事。在大人的摆布下，我第一次坐在了摄影灯下，拘谨地照了我人生的第一张照片。从照相馆出来，叔叔又让奶妈带我去洗澡、理发，之后给我换上了一套白褂蓝裤的学生装。站在镜子前，看着焕然一新的自己，我不明白这是要干什么，睁着一双迷惑的眼睛问奶妈。奶妈高兴地说："孩子，这回你可真要回到自己的家了。"说着，奶妈的眼圈里涌上了一层兴奋的泪花。那位叔叔指着奶妈对我说："她是你的奶妈，你还有亲生父亲，他在很远的地方。

这次我来接你，就是要把你送到你爸爸那里去。”她是我的“奶奶”？我还有“亲生父亲”？我刚刚轻松一点的心，一下子又缩紧了，这是真的？我惊愕地睁大了眼睛。“不，她就是我的妈妈！妈妈，你是不是又要把我卖到别的地方去？”我紧紧抓住奶奶的手，扑在她的怀里放声大哭，闹着要跟她回家。奶奶看到我这样，也泪如雨下。她摩挲着我的脸说：“我真的是你的奶奶。孩子，这些年你受苦了，妈也是没有办法呀。这次是把你送到你爸爸那里去，绝不会再卖你了。”我转过头来望着那个人，好像要从他的脸上找出答案，只见他微笑着，点了点头。再看看奶奶，她那张饱经风霜，过早地布满了皱纹的脸上，从来没有像今天这样堆满了慈祥、温柔的笑。我紧紧地抱着奶奶，抱着这位把我从小一把屎、一把尿拉扯大，风里雨里疼我爱我胜过爱她亲生儿子的奶奶不肯松开。

奶奶离开后，叔叔把我送到了武汉八路军办事处。一位叫夏之栩的妈妈接待了我。她像早已熟知我的一切，一边抚摸着我身上被打的伤痕，一边告诉我说，我的亲生父亲在延安。延安是很多人向往的地方，那里没有压迫，没有欺凌，没有苦难……她说了许多我从来没有听到过的新鲜事儿。我的心早已随着她的讲述飞到了千里之外的延安，飞到了从我记事后就再也没有见过面的父亲身边。

在武汉八路军办事处又住了几天，我身上的伤痕开始一块一块地愈合。我高兴极了，心想这里真好，不挨打不挨骂，大人们对我都那么和蔼可亲，延安也一定是这样的。

想到延安，我就想到了爸爸。爸爸是什么样子的？是高还是矮？是胖还是瘦？几经思索，我的脑子里已经有了想像中的爸爸的轮廓：高高的个子，匀称的身材，慈祥的笑容，一双大手把我揽在怀里……爸爸，我的亲生父亲，虽然我们还不曾见面，但我的心一直处在一种久违了的亲情之中。还有妈妈，我的亲妈妈一定也在延安，和爸爸在一起。此时此刻，爸爸妈妈一定也像我的心情一样，渴望早日见到自己的女儿。

过了几天，又有几个亲人在延安的孩子来到了这里，我们都急切地想快点启程，快点到达延安，快点看到自己的父母。终于，一天晚上，八路军办事处的人把我们送上了一列开往西北的火车，告诉我们是去延安找自己的亲人。我高兴极了。我们上了一节货车厢，里面有许多用稻草覆盖着的大木箱子，不知装的是什么。大人嘱咐我们，如果有人查问，就躺在箱子上装睡，不要动。

夜，黑沉沉的。我们乘坐的载货列车风驰电掣般地由武汉驶往西安。我躺在封闭货车的木箱上，怎么也睡不着。望着车的顶棚，一遍遍地猜想着父母的模样，一遍遍地编织着同父母见面的情景……想着父亲母亲，又不禁想到了自己苦难的童年，一幕幕悲惨的经历浮现在眼前，泪水顺着眼角流了下来。

在我五六岁刚刚记事时，我们一家四口人 —— 养父、养母（奶妈）、我和弟弟就在贫穷困苦中挣扎着。养父曾是当年武汉参加罢工的工人积极分子，早已失业，整天在外打零工、找活干，一天挣不了几个钱，家里总是吃了上顿没下顿。养母则常常是一只胳膊挎着篮子，里边装着袜板和针线，另一只手牵着弟弟和我，到处揽活，替人缝补浆洗，挣点钱糊口。

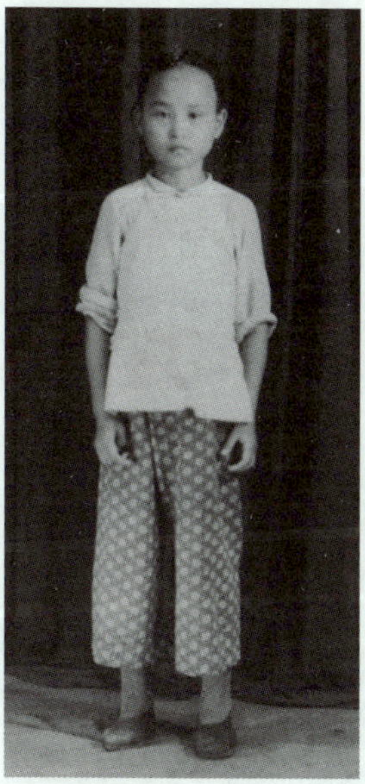

年少时期的刘爱琴。

我们没有固定的住处，也没有什么铺盖行李，一家人今天住在这儿，明天住到那儿。有时只有我们一家，有时又有很多人挤在一起，都是些无家可归的人。

一年，我们住在一个破阁楼里，地上铺了些稻草和棉絮。我正在出麻疹，发高烧。养母看着我那烧得通红的小脸儿，想留在家里守着我，可又得出去找生计，于是哄着我说，“好孩子，你在家里躺着，妈干完活回来给你买一根油条吃，你好好等着妈，嗯？”我尽管害怕阴冷和孤独，可是身不由己，只好点了点头。养母带弟弟走了，我躲在草铺上浑身冷得直发抖。昏沉中等啊，盼啊，好不容易捱到天黑，养母才两手空空地回来了。一进门就赶忙过来摸我的额头，然后长吁了一口气，“老天保佑，可算好些了。”弟弟一屁股坐在了地上。养母看看我，又望望他，眼泪吧嗒吧嗒地落在了我的脸上。我明白了，妈妈又是一天没有找到活干，哪里还会有油条呢？

城里的日子实在熬不下去了，养父母带我们离开了武汉，回到乡下的老家。老家也穷，一个 70 多岁的奶奶守着一间破房子。养父给人家打短工，我们仍要靠挖野菜度日。

我 8 岁那年，奶奶饿得骨瘦如柴，眼看就要不行了。养母哭着对我说："孩子，明天妈送你到城里亲戚家去，他们家能吃饱。只是你以后不能再回来了，妈有空儿会去看你。"说完后，她的泪水簌簌地往下流。我怎么能离开妈妈，离开家呢？家里虽然穷，日子虽然苦，但生长在穷苦中的我，心里不觉苦，因为我有妈妈，有母女之情啊。如今要离开妈妈去亲戚家，这怎么行？！我哭着闹着喊着："我哪儿也不去，我要和妈妈在一起。"养母一边擦着泪水，一边劝我："孩子，去吧，亲戚家的日子好。"那时幼小的我，哪里知道被生活逼迫无奈的养母是送我去当童养媳啊！

奔驰的列车，咣当咣当地响着，这单调、机械的节奏，在我听来却成了"干活、干活、干活"的斥责。我又想到了凶狠的婆婆。

自从我到了汉口这个"亲戚家"，我的身份一下子由女儿变成了女奴。

养母一走，婆婆就扔给我一把扫帚"干活"！

每天天不亮，婆婆就喊我起来劈柴、扫地、担水、烧火……一会儿指使我干这个，一会儿又吆喝干那个。对我，她没有满意的时候，不停地咒骂，稍不高兴就拳打脚踢。我的身上、胳膊上、腿上到处是青一块、紫一块的伤痕。儿时，养母给我扎了耳朵眼儿，戴上一对小耳环，婆婆总是使劲地揪我的耳朵，使耳朵流血化脓，都要豁了，疼得我哇哇直哭。

然而，更倒霉的事情还在后头。

不久，婆婆的孩子，也就是我那个才 1 岁多的"丈夫"出天花死了。婆婆把罪过推到我的头上，骂我给她家带来了邪气，整天拿我出气，动不动就打我一顿，一边打，一边骂："为什么不让你生天花死了，让我的孩子生天花？""不打死你这个晦气鬼，就难出我这口气！"她气势汹汹，一手拿根竹子，一手揪住我的辫子，朝我劈头盖脸地打过来。

整天过度的劳累和挨打受骂，我的神经非常紧张。在一次惊吓之后，我患了遗尿症。这下子就更糟的，婆婆一发现我尿了床，就没头没脑地打。然后逼我双腿跪地，把尿湿的褥子蒙在我的头上，一跪就是几个小时。冬天没有火，我跪在通风处，凛冽的寒风吹透我那又薄又破的衣衫，冻得瑟瑟发抖。我光着的双脚和遮不住的小腿冻出一块一块的肿包。不久肿包化脓成疮，流水结痂，一走路就像针扎一样的疼。

火车一声长鸣，打断了我的思绪。我翻了个身，感到很疲乏，真希望能睡一会儿，却怎么也睡不着。刚刚经历过的往事就像过电影一样，不停地在眼前浮现。

这会儿，出现在我脑海中的是我和弟弟挎着篮子转垃圾堆、捡煤核、拾柴禾、挖野菜的情景。偶尔捡到人家丢下的老丝瓜，我们会高兴地带回家煮煮吃，虽然嚼也嚼不烂，总还可以充饥。

一会儿又想到了养母。以前，我只知道妈妈对我比对弟弟还亲，有了好吃的，不给儿子也要给我。我身体弱，经常有病，一发起烧来，她就抱着我哭。这些年来，她从来没有透露过我不是她的亲生女儿。我们相依为命，度着艰难的时日。

突然，婆婆的骂声又不绝于耳，我回想起了自己掉在井里的事情。婆婆家的院角有口井，一丈来深，井口上没有辘轳，一根绳子拴在桶上，在井里灌满水后，全靠用手往上提。我们一家吃用的水都由我打。有一天我去打水，因为头天又被婆婆毒打一顿，身上又疼又累，肚子也空。当我由井里向上提水时，只觉得一阵头晕眼黑，身子随着水桶“咕咚”一声掉进井里。这家的男主人是个拉人力车的，这时正好在屋外修车，他听到喊声赶忙跑来，放下梯子把我捞了上来。出来后，我一连发烧了好几天，昏沉中，常梦到婆婆打我，不时发出骇人的惊叫。那时，我真恨不得掉在井里淹死算了，免得活受罪。呜，又是火车一声长鸣，把我从痛苦的回忆中拉回到了现实。我更盼望早点见到父母。于是问陪我们的叔叔：“什么时候到延安？”叔叔笑着说：“快了。”快了，我很快就要见到爸爸、妈妈了！在西安，我们下了火车，住进了西安八路军办事处。在这里，我们同样得到了无微不至的关照。过了几天，办事处主任伍云甫叔叔的妻子熊天荆妈妈见我又瘦又小，身体虚弱，就把我接到她家住了一个星期。熊妈妈尽力为我加强营养，并鼓励我到院子里散步、玩耍、锻炼身体。和熊妈妈在一起的短短几天，我有一种久别归家的感觉，于是便总是希望熊妈妈能讲讲延安，讲讲我父母的事情。熊妈妈看出了我的心思，在我即将赴延安前，她让我坐下来，拉着我的手说："孩子，你这次到延安，只能见到你的父亲，你的妈妈在 4 年前就牺牲了。"我睁大了眼睛，默然不动。熊妈妈告诉我，她和我的生母何宝珍同被关在南京国民党宪兵司令部监狱。妈妈是一个坚强的人，为革命吃了不少的苦，顽强地同敌人进行斗争。后来又被转到别的监狱，1934 年被国民党反动派杀害。听了熊妈妈的讲述，我两眼无泪，长久地坐在那里，心里充满了遗憾和仇恨。

## Part.2 虽然这 10 年父亲没和我生活在一起，但他深深地知道女儿的一切，在感情上，我们父女仍然是亲密无间、心心相通的。

汽车扬起一路尘土，在黄土高原上颠簸着向延安驶去。几天的旅程虽然感到有些疲倦，可一想到快到延安了，快见到爸爸了，心里就有一种说不出的兴奋。我的双眼，舍不得眨一下地看着途经的天地，似乎眼睛里装的东西越多，对延安的了解就越多，对爸爸的了解越多，就越有资格到延安、到爸爸身边去生活。短短的几天，延安已成了我心中的圣地。我觉得这里的阳光格外明媚，天空格外高远，空气格外清爽，简直就是另一个世界。突然，一位叔叔大声说："前面就是延安了，你们看，那个塔就是延安的宝塔，那座山就是宝塔山。"我们看到了宝塔！大家高兴地叫喊起来："延安，延安！"我瞪大了眼睛，看着巍峨的宝塔山，看着绵长的延河水，看着这里的一草一木，禁不住又流下了热泪。

下了汽车，一位叔叔把我们带到了城里的招待所。同我一起来的小朋友都陆续被接走了，最后只剩下了我自己，我又开始不安起来。后来一位叔叔告诉我，父亲正在从北方局回延安的途中，很快就会回来，让我安心等待。一天，我正准备吃晚饭，只听有人喊："刘爱琴，有人接你来了。"我放下饭碗，跟着一位叔叔来到了一排窑洞前，门外的土平台上拴着两匹马。叔叔告诉我，你爸爸就在屋里开会，一会儿就能见到他了。我站在土平台边上，怀着急切不安的心情等待着。只是窑

1938 年 11 月，中共六届六中全会批准以毛泽东为首的中央政治局的路线。图为主席团合影，后排右三为刘少奇。

洞里不时有人出出进进，我却不知道有没有我爸爸。于是，每出来一个人，我都仔细观察着。不一会儿，从窑洞里走出一个人，身上穿着洗得十分干净的灰军装，头戴灰军帽，胳膊上佩有和其他人一样的袖章，脚穿草鞋，打着绑腿。他，四十来岁的模样，高高的个子，面部清瘦，两眼炯炯有神。我下意识地感觉到，这就是我的爸爸。还没等我问身边的叔叔，只见他大步来到我的面前，拉住我的手，上下打量着，亲切地说，“爱儿，你来啦。”我站在那儿，一时不知说什么好，事先想好的话，都不知哪儿去了。带我来的叔叔捅了捅我，低声说：“快叫爸爸。”我仰起头望着爸爸，嘴张了张却叫不出口，又连忙低下头。爸爸笑了笑，拍拍我的肩膀，领着我进了窑洞。坐下后，爸爸把我搂在怀里。我感到这样很别扭，身子一个劲儿往外趔。父亲又笑了笑，再次上下打量我，自言自语地说：“太瘦了，太瘦了。”这时爸爸身边的一位年轻叔叔问：“几岁了？”我心情紧张，停了一会儿才开口说：“不知道。”周围的人“哄”地笑了起来。爸爸也笑了，说：“这么大了，还不知道自己的岁数。”看到大家都在笑我，我多年所受的委屈一下子涌上心头，“哇”的一声，扑到父亲的怀里哭了起来。人们不再笑了，整个窑洞的气氛霎时改变了。父亲收敛了笑容，深情地说：“你吃苦了，爸爸知道。”他稍停了停，又说："这回就好了，你回到家里来了，以后把身体好好检查检查。"父亲停了话语，沉默了一会儿，接着说："像你这样受苦的人还有很多，我们就是要解放那些和你一样的受苦人。要记住，你是党用几百块大洋换回来的，是人民用血汗赎回来的，等你长大了，也要为千千万万的受苦人办事。"爸爸的话，深深地打动了我，抚平了我那颗饱受摧残，又因远离父母而感到孤寂的心。我开始感觉到，虽然这10年父亲没和我生活在一起，但他深深地知道女儿的一切。我抬起头，同样深情地望着爸爸，真切地感到我们相隔的时间再漫长，空间再遥远，在感情上，我们父女仍然是亲密无间，心心相通的。

"你是党用几百块大洋换回来的，是人民用血汗赎回来的，等你长大了，也要为千千万万的受苦人办事。"爸爸的这句话，当年我听起来亲切易懂，今天回想起来仍掷地有声。几十年来，我一直把这句话铭记在心里，作为激励、鞭策自己的动力。

吃过饭，爸爸要带我一起回家去了。这时我才知道这里并不是父亲的住所，他是住在城外延河北边的一个窑洞里。爸爸骑上马，把我放在马屁股上，让我抱住他的腰。我从来没骑过马，心里有些害怕，两只胳膊紧紧抱着他，两只手还牢牢地抓住父亲的衣服。爸爸微笑着回头看看我说："不要紧张，把手放松一点，抱住就可以了，不会掉下去的。"

爸爸一路和我说着话，不一会儿就出了城，来到一座小桥边。爸爸大声告诉我："这是延河桥。"只见桥下河水潺潺，清澈见底。爸爸索性信马由缰，不走小桥，蹚河而过。马蹄激起了无数朵浪花，清凉的河水溅到我们的腿上，凉爽宜人，别有一番情趣。

爸爸说："这地方很好，是革命的心脏，安宁、祥和，以后你就在这里上学吧。"一听父亲要送我上学，心里非常高兴，可又有些担心。爸爸见我没有马上回话，就问："你愿意上学吗？"我满怀顾虑地小声问："我都这么大了，学校要我吗？""要。你放心吧。""我能跟上吗？""能。只要你好好学习，就一定能跟上。"爸爸的鼓励给了我信心和勇气。我暗下决心：一定要好好学习，好好从事我今后要做的每一件事，让爸爸看看他的女儿是好样的。

说着话，来到了一排三间窑洞前，爸爸领我进了中间的窑洞。只见里边放着铺板的土炕上，铺着一条很薄的褥子，一床被子整整齐齐地叠在那儿。靠着窗户的一张办公桌上摆着一摞摞的书籍和文件，还有笔筒、墨盒和一盏小油灯。桌旁有两个凳子，屋角的一个脸盆架上斜拉着绳子，两条毛巾搭在上边。这就是窑洞里的全部家当。我和爸爸就住在这里。后来我又去过毛主席的家和蔡畅妈妈的家，他们的家也都是这个样子。家里虽然简陋，但这是我自己的家啊！和爸爸在一起，我感到了从没有过的温馨、幸福和欢乐。我爱延安，爱我的家。

## Part.3 新生活的第一堂启蒙课是父亲给我上的，我的命运开始紧紧地同革命、同延安联系在一起了。

我脱离苦海，来到延安，来到父亲身边。新生活的第一堂启蒙课，是父亲给我上的。

这一天晚饭后，我坐在炕沿上，父亲坐在办公桌前。父亲说：“你知道我们为什么要到延安来，住在山沟里吗？因为要抗日。日本鬼子侵占我们的土地，杀害我们的人民。我们住在这里，是为了消灭日本鬼子。”父亲看看我，似乎怕我不懂，又说：“就是要把日本鬼子赶出中国去。”说到这里，父亲声调提高了：“领导抗日队伍的是共产党、毛主席！”父亲喝了一口水，又接着说：“在日本鬼子来之前，我们是反对蒋介石的，因为他不让我们革命嘛！你知道什么是革命吗？革命就是要让像你奶妈那样的工人、农民和大多数的受苦人，像延安人民这样自由，将来都过上好日子。”他稍停一下，接着说：“要革命，就会有牺牲，你的母亲就是为革命牺牲的。是蒋介石、国民党反动派把她杀害了。”听爸爸讲到这儿，我往前凑了凑，挪到了桌前的椅子上。爸爸接着说：“你还有一个哥哥，一个弟弟。哥哥在湖南老家，很快也要到延安来，弟弟还没有找到。当时把你们送出去，也是没有办法，这也算你们为革命付出的代价。”就是在这一天，我从爸爸口中知道了我被送给人家寄养的经过。

那是1927年，国民党蒋介石在上海发动了“四一二”反革命大屠

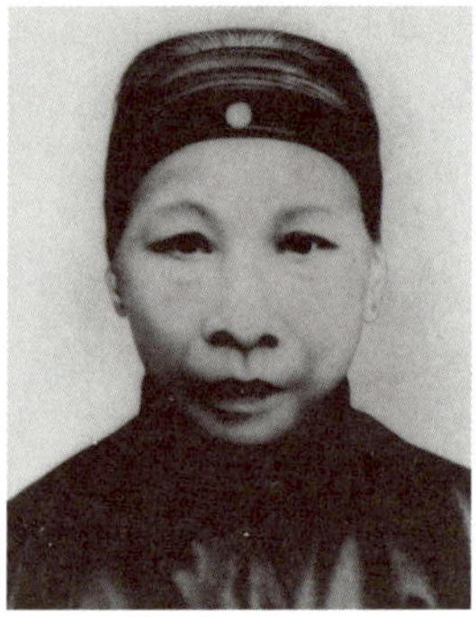

◀ 刘少奇家乡炭子冲。
▶ 刘少奇的母亲刘鲁氏。

杀，导致了国共合作的破裂。在武汉，汪精卫也谋划着向共产党展开新的进攻。天低云暗，反革命的腥风血雨阵阵袭来。在革命处于低潮的时候，我呱呱来到了人间。

随着武汉形势日趋变化，汪精卫背叛革命的罪恶行径更加肆无忌惮，中共中央决定组织干部转移。而我正在襁褓中，在那种残酷的斗争环境中，父母没有办法把我带走，他们只好把我寄养在汉口的一位工人积极分子家里。我到这家时，奶妈刚生了一个男孩，她用乳汁哺育了我们两个孩子。奶妈心地善良，对我像对亲生女儿一样。开始，党通过父亲的亲属和旧谊，经常给奶妈家一些经济补贴，日子还能过得去。不久，这个关系断了，生活一天不如一天。缺食无住的日子实在难以为继，奶妈才不得不送我去当童养媳。

从我离开父母后，父亲从白区转到苏区，又经过二万五千里长征来到陕北。这期间，爸爸为革命呕心沥血，妈妈献出了生命。

爸爸接着告诉我，“你母亲已经牺牲四五年了，要想知道你母亲的事情，以后你可以去找夏妈妈、帅妈妈，她们都和你母亲在一个监狱里住过。”说到这儿，爸爸默然了。爸爸了解妈妈，思念妈妈，但为了避免过于伤感，又怕我在见到父亲时为失去母亲而难过，很少在我面前过多地讲起她。

为了改变一下气氛，父亲拿过一张纸，一支笔，写了一个“刘”字，指着问我：“你认识这个字吗？”我想了想，我在来的路上和在延安的墙上到处都看到“打倒日本帝国主义”的大标语，我都会念了。一看到父亲写的这个字，我的脑子猛地闪过这条标语来，这不是标语中

“打倒”的“倒”字吗？我高兴地回答说：“是‘倒’。”父亲说：“噢，你还认识‘倒’字。”接着又写了个“倒”字问：“这个念什么？”我一看，两个字都有“刂”旁，那边的笔画也挺多。我茫然了，只好说：“不知道。”父亲指着后写的字说：“这个字念‘倒’。”又指着先写的那个字说：“这个字是‘刘’，你就姓刘。以后送你去上学，学校里有很多孩子，老师教你们读书、认字。”父亲还问了我许多过去的事情。

短短的一天，父亲给我讲了许多以前从没有听到过的道理。父亲非常理解我，他知道我年龄小，一出世就不在他们身边，刚到延安解放区，人地生疏，所以他同我讲话用语简练，通俗易懂，循循善诱。他讲话时，我感到他心情很不平静，似乎内心中有对我的愧疚，更重要的是对我的关怀和期望，也体会到父亲对女儿的抚爱。听了父亲讲的话，我的眼前豁然明亮了、宽广了。从这次谈话起，我小小的心灵中种下了一颗革命的种子，我的革命人生观从这时才开始萌发和逐步形成。我的命运开始紧紧地同革命、同延安联系在一起了。

夜深了，父亲看我困了，就铺好被让我先睡。等我躺下后，他又坐在桌旁，开始写东西。我一觉醒来，天已大亮，睁眼一看，父亲仍然坐在桌前写着，小油灯还亮着。我想，父亲是一直没有睡呢，还是睡过后又起来了？父亲伸了伸胳膊，打了个哈欠说：“醒了？咱们到外边走走吧，延安的早晨是非常好的。”

朝阳被连绵的丘陵山峰烘托着，霞光映照着延安的山山水水，空气清新、凉爽，天空显得格外高远。父亲带我下了山，沿着河走了一会儿，又把我领到一片园子边，指着园子里那油绿茁壮、枝繁叶茂的秧稞问：“这是什么，知道吗？”我在南方从来没有见过这种东西，便摇了摇头。父亲说：“这是西红柿。我自己种的。”说着就走进园子里给西红柿掰杈子，一边掰，一边给我讲，杈子长多了，就长不好，就不结果了。

吃早饭的时间到了，父亲又带我循原路回到了窑洞。早饭是黄澄澄的小米粥和馒头、咸菜。父亲端过一碗小米粥给我，并问：“你喝过吗？”我说：“没有。”父亲说：“小米很好哇，营养多，又好吃，八路军就靠吃小米啊。”我吃惯了南方粗大米，接过父亲手中的碗，下意识地端到鼻子边闻了闻，喝了两口，觉得挺好吃，就上老咸菜吃起来，越吃越香甜。父亲看到我吃饭的那个样子，他很高兴。他又说："我们八路军、新四军就是靠吃小米来打仗的，革命就是靠的小米加步枪。"吃过饭，父亲说："你没事，就玩吧。"说完就骑上马走了，我想大概是去开会了吧。

我到延安后不久，哥哥也被党组织接到了延安，我们就像自由的小燕子一样，整天蹦蹦跳跳，高兴极了。

我见到了毛主席，又见到了朱总司令和林伯渠、任弼时、吴玉章、聂荣臻……好多伯伯。父亲分别把他们的故事讲给我们听："朱总司令打仗最勇敢，带兵很有办法。到井冈山同毛主席会师。"爸爸看我好像没有听懂，就又通俗地说："他们把两个部队合并在一起，这样力量就大了啊。"

林老当时头发有些白，岁数也大，爸爸称他是"革命队伍的老同志"，每次见到了都很尊重地叫他"林老"。

爸爸给我讲了好多老一辈领导人干革命的故事，使我知道了现在毛主席和共产党领导我们打日本鬼子，将来还要建设新中国。爸爸勉励我，将来长大了也要为国家为民族贡献自己的全部力量。

## Part.4 一家人在延安短暂的幸福时光。

整个延安就像一个大家庭，充满了亲切、和睦、团结、欢乐的气氛。机关、团体都过大礼拜，每隔一周，一家人团聚一次。谢飞妈妈也是这样，每周回来一次，同我们住在一起。谢飞妈妈 13 岁参加革命，14 岁加入中国共产党，长征后和父亲在延安结婚。1938 年 4 月，谢飞妈妈听到我被找到的消息后十分高兴。我第一次见到谢妈妈时，心里就想我的妈妈牺牲了，她是不是我现在的妈妈啊！她那么慈祥、漂亮。她看到我呆呆无语，弯下腰把我搂在怀里，我既惊奇又感到心里是那么的温暖。据谢妈妈讲：她看到眼前 11 岁的我又瘦又小又黑，心里一阵心酸就轻轻地把我搂在怀里，禁不住泪水直往下掉。我爸爸工作很忙，每天很晚回家，也没空休息，有时看文件写东西到天亮，周末也是这样。谢妈妈到周末回来，她准备好饭菜和我一起等爸爸回家。这时，妈妈拉着我的手问我一些生活情况，问到伤心处，她就把我紧紧搂在怀里。我生病胃口不好，不想吃饭，谢妈妈就坐在坑沿上将小米粥一勺一勺地喂在我的嘴里。有一个星期天谢妈妈带我去检查身体，为了照顾我，把我带到中央党校同她住了一些日子。在这段日子里，在党校的许多叔叔阿姨都来看我，逗我玩。后来又给我吃了打虫药，我拉下不少又白又长的虫子，医生说那是蛔虫，打下来就好了。谢妈妈对我和允斌哥哥就像自己的亲生孩子一样，只要她

◀ 五十年代的谢飞。
▶ 刘爱琴送给谢飞的照片。

回来就为我们操劳。谢妈妈非常能干，我和哥哥的衣服都是由她缝补。新学年开学前的夜里，她在油灯下一针一针地给我们做新衣服。

初秋，我进了延安保育小学，上一年级，哥哥上了三年级。记得，我有一次上学是谢妈妈送我，她给我做了一身新衣服，可我上厕所时一不小心把夹在腋窝下的新衣服掉在便坑里了，我急得哭叫起来。谢妈妈知道后，就用棍子打捞，费了好大劲才从粪坑里将衣服捞上来，可衣服上全是屎尿。谢妈妈一边哄我，一边拿着从粪坑里捞出的衣服到河边去洗，她一边洗一边还逗我说："你看，一洗就干净了，我们爱琴又有新衣服穿了。"谢妈妈先把我送到学校，等衣服干了，谢妈妈又把它叠好，送到我的手里。几十年后，有一次同谢妈妈谈起这件事，两个人还哈哈大笑呢。我的孩子们听了，也觉得好玩。谢妈

妈带我骑马的事，给她留下的印象极深，直到现在仍然经常讲。有一天傍晚天气非常好，她牵着马让我骑在马背上在延河边散步，走了一段路后，谢妈妈也骑上了马。她为了逗我，让马快跑起来，我紧紧地抱着她喊"慢点、慢点"，她笑着说："没事，放心吧！"她说看我着急的那个样子真好笑。每每说到这里，她自己又大笑起来。

刘爱琴在伊万诺沃儿童院以全优成绩读完三年级。（1941 年）

延安保育小学也是一个大家庭。老师和我们吃住都在一起，彼此亲密无间。我们同学中有年龄大些的，也有小点儿的，有中央领导的子女，也有一般干部的子女，还有炊事员、保育员的孩子，但我们都享受同样的待遇。大家互相关心、互相帮助，为了共同的革命目标，坚强、努力、活泼、团结、友爱地生活在一个大家庭里。由于日寇飞机经常轰炸，我们无法在教室里上课，常常挎着马扎，到宝塔山下、延河边上去上课。后来，学校搬到一个村子里。临走时我和哥哥来向爸爸告别。爸爸勉励我们要好好学习，不要贪玩，要关心同学、帮助同学、并且让谢飞妈妈给我和哥哥每人改做了一套小八路军装。谢妈妈的手可巧了，给我们做的军装很合身，我们穿上这套军装可神气了。哥哥高兴地喊着"立正，敬礼"，逗得爸爸大笑起来。

学校为了培养和锻炼我们的实战能力，经常组织一些军事活动，如防空演习、夜间紧急集合、夜行军等等。一次夜行军后回到家里，我和哥哥争着向爸爸讲这次夜行军的情况。哥哥说我说得不对，我说哥哥说得不对。爸爸看我们争得很起劲，就说："你们都要讲的，谁也逃脱不了。爱儿先说吧。"我一听爸爸让我先说，就以胜利者的姿态斜了哥哥一眼，高兴地说起来，可刚刚说了几句就没词了。哥哥平时学习好，说话有条有理，他一讲起来有声有色，活灵活现。爸爸听了很高兴，边表扬哥哥边鼓励我："宝华（哥哥的乳名）讲得很好，爱儿也会讲好的。学校组织这些活动都是很好的，你们要积极参加，不能落后。做革命的后代，不能不参加这些活动。"父亲问了我们的学习情况和学校活动，还问我们的老师姓什么。他非常认真地对我们讲："你们一定要尊敬老师。"

1939 年暑假，我高兴地完成了一年级的学习任务，和哥哥回到

刘爱琴（前排右一）和莫尼诺儿童院的同学们在一起。（1940 年）

了父亲身边，度过了一个愉快的假期。这是我有生以来第一次过这样欢乐而有意义的假期：我同哥哥一起去找过去同妈妈在一起工作的战友和在监狱中的难友，从那些老妈妈那里得知了妈妈的一些情况，也加深了对延安的了解。

时间过得飞快，我们就要返回学校了。就在这天下午，父亲把我和哥哥叫到他的窑洞里。父亲让哥哥坐在凳子上，把我搂在他的怀里。父亲望着我们说："明天你们就要开学了，你们两个就不要回学校了。"怎么？我和哥哥都不由得一怔。

父亲问我们："你们知道我们国家北边是什么国家？"

我和哥哥异口同声："苏联！"

"对！苏联是个社会主义国家，是列宁、斯大林领导的。那里没有地主、资本家，没有剥削，人民生活得很幸福，将来我们也要建成这样的国家。"又问，"这样的国家好不好？你们想不想到那里去呀？"

"当然好啊！我们想去，可到那干什么呀？"

"去学习。那里学习条件要好些，到那儿去会学习得更好。"

"爸爸，我去，我去……"我和哥哥同声答道。

但，我的心里还是想念爸爸，舍不得离开爸爸，也舍不得延安。

少先队辅导员正给少先队员们讲课。后排左一为刘爱琴。（1941 年）

哥哥似乎看出了些什么，他看了我一眼后，又重复了一句："我们去，我们去！"

父亲笑着说："很好。你们到那里最大的任务就是要好好学习，掌握更多的知识，学到更多的本领。另外要把身体搞好，回来建设我们的国家。"

"什么时候走？"哥哥问。

"明天就走。周恩来伯伯要去苏联治臂伤，带领你们去。现在快准备一下吧。"

我和哥哥飞快地跑出父亲的窑洞。我担心地问哥哥："到那里我们也不会说他们的话，怎么办？"哥哥笑着说："嘀里嘟噜地瞎说呗。一定会学会的。"

第二天清晨，父亲来为我和哥哥送行。我和哥哥由一位叔叔领着上了一辆卡车。父亲站在人群中望着我们。我注视着父亲那消瘦的面容，心中不禁难过起来。虽然我们兄妹是到一个光明的社会主义国家，可我和哥哥来到爸爸的身边仅一年的时间，就又要离开，这一走不知什么时候才能回来，同爸爸何时才能相见！其实，在决定我们去苏联之前，中央已决定父亲到中原局。对此，我们当时一点也不知道。

汽车开动了，父亲向我们挥了挥手。我想爸爸心里一定也会想念我们的。我和哥哥不停地向爸爸挥手告别。我透过模糊的泪眼和扬起的尘土，仍然清晰地看到父亲那扬起的手臂和那瘦长的身影。汽车驶离了很远，我和哥哥还看到父亲站在那儿向我们挥手告别。

"再见了，亲爱的爸爸！再见了，可爱的延安！"我在心里默念着。

# 02 Chapter

1958 年 9 月 28 日，刘少奇同王光美瞻仰南京雨花台烈士墓。

## Part.1 第一次见面后，母亲跟着父亲到了安源。他们两人为了工人的事业呕心沥血，可他们却始终热情饱满地工作着。

自从到延安见到父亲后，我时刻都在怀念已经牺牲了的母亲，很想多知道一些母亲的事情。哥哥到延安以后，在父亲的介绍下，我们兄妹一起拜访了曾和我母亲一同战斗过的帅孟奇妈妈、夏之栩妈妈，从她们口中我们知道了母亲生前的一些情况。

80年代我曾去母亲的家乡湖南道县和江镇，并两次到母亲念书的湖南衡阳女三师旧址和衡阳师范中学，调查了解母亲生前的家庭状况，以及她的成长过程、学习生活和革命斗争生涯。后来又从雨花台革命烈士纪念馆查到一些关于我母亲的资料，从而使我对母亲的身世及革命生涯有了比较详细的了解。

母亲何宝珍，1902年5月出生在湖南道外城内（今道县江镇）的一个贫民家里。我母亲是长女，有一个弟弟、一个妹妹。我舅舅乾林小我母亲5岁，我姨妈小我母亲11岁。一家五口人靠我外公卖些油盐、米酒来维持生活，家境十分清贫。那年母亲到了上学年龄，就哭着闹着要上学读书。家里人拗不过她，只好同意她上学。听我姨妈说，我的母亲从小就非常懂事，放学回家后抢着帮助家里干活，并照看他们。天黑了要复习功课，为了节省灯油，母亲就在月光下学习。苦难的家境、残酷的现实孕育出母亲坚强进取的性格，她的学习成绩总是头一二名。1918年母亲以优异的成绩提前一年毕业，并考入湖南省设在衡阳的省立第三女子师范学校。

1919年，轰动中外的“五四”反帝爱国学生运动在北平爆发，很快衡阳的学生也开始行动起来。我母亲除参加罢课、罢市、查禁日货的宣传活动，揭露军阀政府腐败无能、出卖民族利益的罪行外，还组织讲演团、宣传队深入到农村、城郊、厂矿等宣传演出。她作为第三女子师范进步学生爱国活动的积极组织者，被全校学生选为湘南学生联合会的代表。在湖南学生联合会成立时，又被选为学联负责人之一。

1922年，母亲加入了中国社会主义青年团，并担任第三女师青年团组织的负责人。在党的领导下，她积极组织学生声援各地的工人运动，揭露军阀政府和学校的腐败，因此被学校当局开除。

1922年，我母亲离开衡阳省立第三女师，在中共地下党负责人张秋人的帮助下到长沙清水塘毛泽东和杨开慧的住地。白天，母亲到自修大学学习，晚上回来，毛泽东还布置她读些进步书刊，并每天写一篇学习心得。毛泽东同志还将我母亲的名字“宝珍”改为“葆贞”。

毛泽东

1922年一个金秋的日子里，我父亲到长沙参加中共湘区执委会议，来到清水塘向区委和毛泽东同志谈安源工人罢工胜利后的情况。杨开慧妈妈将我母亲何宝珍介绍给我父亲认识。杨开慧妈妈说：“小何很有学问，是衡阳第三女师的高材生和学生运动的组织者，现正在自修大学深造，是不是可以到安源去工作？”毛泽东也对我母亲讲：“安源工人俱乐部正需要女干部，你去很合适。”我父亲认为安源罢工胜利要扩大工人补习学校和子弟学校，很缺教师，也表示同意。杨开慧建议让我母亲先到安源了解些情况，等在长沙自修大学结业后再正式去工作。安源大罢工胜利后，工人俱乐部在李立三伯伯和我父亲的领导下，人数发展到两万多，俱乐部组织得如同一支军队，工人教育和工人文化生活也在发展和改善，工人兄弟纷纷进夜校读书。这里的景象感染了我母亲，她爱上了这块黑色的土地，爱上了这里勤劳、纯朴、勇于斗争的工人和干部。她觉得这里也需要她。

就这样，第一次见面后，母亲跟着父亲到了安源。

1923年春，我母亲加入了中国共产党。她从长沙自修大学结业后，立即到安源工作。她担任工人补习学校第三分校教师并兼学校书报科委员。她一心扑在工作上，白天给工人子弟学校上课，晚上在工人夜校教工人识字，讲革命道理。没有教材就请人帮助或自己编印教材，没有教具自己动手制作。她经常用参观、访问、深入农村组织讨论和化装演讲等多种办法生动形象地把传授文化知识和宣传革命道理结合起来。当年，在我妈妈那个班里读过书的一位老工人周德华回忆说：“何老师教书，把课文引到我们心里，至今我还能背诵她教的许多课文。”我妈妈那种生动多彩的教学方法和不

刘少奇

知疲倦的工作精神深受工人及工人子弟的欢迎和爱戴，都称她为“咱们的好老师”。

自从我母亲同我父亲结婚后，母亲更加积极地工作，不仅白天给工人子弟讲课，参加工运活动，深入矿井调查，晚上还在工人夜校教书，回到家里除备课、批改作业外，还不停地为我父亲抄写文件、整理资料，细心照料我父亲的身体和生活。特别是李立三调走后，整个工人俱乐部的领导重担都落在我父亲身上，他们两人更是没日没夜地工作着。为了工人的事业，他们呕心沥血，身体越来越消瘦，可他们却始终热情饱满地工作着。

京汉铁路工人大罢工惨遭军阀镇压后，全国工人运动处于低潮，各地很多工会被封闭和解散，有的被迫转入地下进行秘密活动。萍乡和安源的军阀、资本家对安源工人俱乐部恨之入骨，他们相互勾结，从各个方面设法破坏工人组织，时时刻刻想消灭俱乐部。在最艰难的日子里，我父亲心急如焚。为了粉碎敌人的进攻，巩固和发展俱乐部的胜利成果，针对当时在工人中产生的各种思想和军阀、资本家的态度，他白天下矿井调查，找工人谈心，找干部商量，找资本家、工头谈判，深夜又在灯下伏案疾书，总结工人斗争经验，指导工会工作向正确的方向发展。在这段时间里，我父亲写了《安源路矿工人俱乐部史略》《对俱乐部过去的批评和将来的计划》《救护汉冶萍》《整顿萍矿意见》等著作及大量文件和报告。为了工作，父亲开始累得吐血。妈妈见爸爸的病情越来越重，还没日没夜地工作，非常心痛，对其照顾也更加悉心周到。妈妈虽然自己也在一天一天地消瘦，但除了做好自己的工作外，还经常通宵达旦地为父亲整理文件。经过这段艰苦的斗争，终于使安源俱乐部在全国白色恐怖中巍然独存并有所发展，成为全国工人运动低潮时期“硕果仅存”的“世外桃源”。

刘少奇在安源工作期间用过的印章。

在这段时间里，父母一起过着十分简朴节俭的生活。每月同其他职员一样只拿 15 元生活费。他们同工人们一起在食堂吃一样的伙食，有时回来晚了，就用水把饭泡一泡。穿的衣服也同工人一样，从不特殊，一双从老家带来的棉线袜子补了又补。父亲抽纸烟非常厉害，他经常夜间工作，抽得更多，可他连抽剩下的烟蒂也不丢掉，

1922年夏，刘少奇到湖南，在长沙清水塘同中共湘区执行委员会书记毛泽东第一次会面，图为长沙清水塘的中共湘区执委会旧址。

积攒起来用纸卷上再抽。在这种情况下，母亲尽量节约，将生活安排得井井有条。工人们见我父亲为大家操心多，工作十分劳累，生活太差了，多次提议给他增加工资，都被我父亲坚决制止，并耐心说服了工人。父母十分严格要求自己，但对工人的冷暖时刻记在心上。新年到了，父母一起到工人家里登门拜访。有的工友病了，他们前去看望，帮助解决困难。炼焦处老工人谢福山患病故去，矿局不予理睬，父母带头凑钱给他办理丧事。后来在父亲的提议下，俱乐部还专门成立了互济股和故工抚恤会，关心和解决矿工们的生活实际问题。

也就是在这一年旧历年底的时候，父母接到党组织的通知，将他们调离安源到白区工作。这时允斌哥哥还不满一岁。父母考虑到在白区随时都有牺牲的危险，于是决定把哥哥留下。这一决定被我六伯刘云庭知道了，他特意从长沙赶来，坚决要把孩子带到农村老家。哥哥临被接走时，母亲抱了又抱，亲了又亲，恋恋不舍。后来我和弟弟也经历了像哥哥一样痛苦的离别。

1925年春，父亲参加筹备召开第二次全国劳动大会，他一到广州就投入到紧张的筹备工作中。据文件记载，那次大会要讨论30多个文件，其中的《中华全国总工会章程》《经济斗争决议案》等许多文件都是我父亲在短短的一个月里亲自起草或主持起草的。父亲在会上作

1924 年 1 月，刘少奇领导创办安源路矿工人俱乐部工人补习学校，图为刘少奇（二排右二）同该校教职员工合影。

了《关于工人阶级与政治斗争决议案》的报告，并当选为中华全国总工会执行委员会副委员长。

会后不久，中央决定派我父亲到上海筹备组建全国总工会上海办事处。5 月下旬，我父母急忙赶到上海，刚刚开始工作，青岛工人大罢工已经到了关键时刻，我父亲又立即赶到青岛。就在这个时候，上海发生了震惊中外的五卅惨案。中共中央急电要我父亲火速返回上海。我母亲被这一惨案所激怒。当时我父母同张国焘同住一个楼内，当张国焘回到闸北宝兴里住地时，我母亲问他："你知道吗？两个多钟点以前，南京路巡捕开枪，打死打伤许多学生和市民，难道我们中国人

是可以随便宰杀的吗？我这次一定要同帝国主义拼了。”（引自《张国焘回忆录》）

6月1日上海工商学联合会正式成立。6月初我父亲从青岛返回上海，担任上海总工会总务主任，负责总工会的日常工作。反帝运动随之扩大，五卅运动的声浪，随着血的洗礼，在全国各地如火如荼地开展起来。我父亲叙述当时的情况说：五卅以后，上海所有工厂，英国的、日本的统统都罢工了，共25万多人。不但工人，洋行的职员、领事馆的雇工也都罢了工。学生罢课，商人罢市。

正当反帝运动深入发展的紧要时刻，资产阶级由动摇走向妥协，屈从于帝国主义的压力。6月19日上海总商会宣布单独提前开市。从8月初开始，由于商人先后开市，学生放暑假离校，形势发生了重大变化。这时帝国主义和北洋军阀政府开始集中力量镇压工人运动。中共中央根据这一新的形势变化，提出了改变斗争的策略，有条件地开始复工。在敌人气焰十分嚣张，形势极为严重的情况下，要组织几十万罢工工人在满足基本条件的前提下有秩序地复工，是一项十分艰巨的任务。我父亲面对这种严重的局势，几乎整日工作在工厂，并进一步提出加强工会组织建设的任务。由于过度劳累，父亲的肺病日趋严重，11月病情加重．由我母亲陪同离开上海，回湖南养病。

## Part.2 父亲被捕后，母亲心急如焚，一方面想方设法疏通与狱中的联系，一方面通过各种社会关系昼夜紧张地展开营救。

他们回到长沙，一下火车便与湘江党组织取得联系，湘江党委委员易礼容同志把他们安排在湘区党委所属活动机关长沙文化书社住下来。这里离湘雅医院较近，看病比较方便。我父亲白天有时去医院看病，其他时间同昔日的战友交谈了解湖南党和工会的活动情况，与党的负责人研究工作。父亲在长沙治疗休养一个来月，身体渐渐好转，正准备返回上海时，一件难以预测的事情发生了。

12 月 16 日中午，我父亲从外面办完事刚刚回到书社二楼书店，湖南省会戒严司令部密缉队的几个人突然一拥而上，将我父亲抓走，收押在盐道衙门监狱。

我父亲过去在长沙、安源以及全国工人运动中的威望和影响，湖南省省长反动军阀赵恒惕是清楚的。他听到我父亲到长沙的密报后非常惊恐，他生怕在湖南引起一场新的群众性的反帝反军阀的怒潮。特别是在震惊中外的五卅运动和长沙及湖南各地数十万工人、学生、市民声援上海斗争后，赵恒惕心中更为恐慌。加上近来长沙和湖南各地又连续发生新的工农革命运动和学生运动，尤其是 10 月，长沙、株洲、醴陵、衡阳数万人抗议江西军阀枪杀安源工人俱乐部主任黄静的斗争和盛大的游行示威活动，以及 11 月长沙爆发的数万名学生抗议他逮捕和开除长郡、兑泽两个中学的进步学生的请愿游行等一系列事件，使赵恒惕惶惶不可终日。他知道我父亲来到长沙后，马上派出大量侦探四处搜寻和盯梢，他们弄清了我父亲的行踪和立脚点后，就立即命令军法处逮捕我父亲进行秘密审问。我父亲愤怒地质问：“赵恒惕为什么要无缘无故抓人？”军法处按照赵恒惕的指令，将我父亲单独关押到盐运街盐道衙门监狱。

父亲被捕后，妈妈心急如焚，但并不慌乱，革命斗争已经把她锻炼成一位沉着、机智、勇敢的共产党员。妈妈立即将此事向湖南省党组织报告。为了防止赵恒惕阴谋暗害，第二天便在长沙《大公报》和其他报刊登出我父亲被捕的消息，并积极采取营救措施。在湖南省党组织的领导下，湖南省工团联合会、学生联合会立即发出营救的呼吁。中华全国总工会、全国各地方工会、全国各地的农民协会以及各界进步人士谴责赵恒惕的电报纷纷飞向长沙。此时，也正值第一次国共合作和北伐的前夜，国民党的一些人士包括显赫人物汪精卫、谭延闿等为了表示对共产党友好，也发电报给赵恒惕，要求立即释放我父亲。正在广州召开的国民党第二次全国代表大会也致电赵恒惕说：“据报载，全国总工会副委员长、上海总工会总务主任刘少奇同志，因回乡养病突被先生饬戒严司令部捕去。查刘同志尽瘁国事，服务劳工，五卅运动勤劳卓著，正民众拥护之人，先生何遽加逮捕？兹经本大会一致议决,电请台端释放,特此电达,即希察照。”

与此同时,我母亲一方面想方设法先疏通与狱中的联系,送些衣被和吃的东西进去,一方面找我六伯商量营救办法。他们四处联系,并经常不断地与党组织及中华全国总工会联系,积极依靠和配合党和工会组织的营救,而且也千方百计地求助,通过各种社会关系昼夜紧张地进行营救。我母亲了解到,她在衡阳第三师范读书时教过她的老师欧鸣皋已经调到省政府教育厅,于是就特意到他家拜访求助;我母亲还打听到何姓族上一位远房表叔何维璞先生在长沙做事,是省内知名人士,于是又几经周折找到何先生。欧鸣皋和何维璞先生对我父亲的活动也略有所知,对赵恒惕逮捕我父亲也很是不平,并同情我母亲的处境,表示愿意出力帮助营救。这两位老先生都与当时担任省议会议长、国会议员的欧阳振声很熟,他们二位一同晋见了欧阳振声先生,并联络了湖南省议会里的一部分议员,共同向赵恒惕上书请求保释我父亲出狱。同时,我六伯也拜访了当时担任湖南省禁烟局长的同乡洪赓扬,请他出面帮助营救。洪先生虽是赵恒惕统治集团的成员,但他刚从国外回来,看到国共合作后出现的好形势,也受到些革命的影响。同时,他还没有忘记与我父亲同窗共读的同学友情,当即表示愿意出力。他一方面派人到监狱打点关照,一方面送信给赵恒惕身边的亲信和重要军事首领叶开鑫、贺耀祖等人,请他们出面保释。叶、贺都是宁乡人,叶曾参加过辛亥革命,在护国讨袁中立过战功,是赵恒惕手下四个师长中最受信赖和器重的;贺曾加入过同盟会,在湘军担任要职多年,是赵恒惕的第四师师长。我六伯在湘军多年,同他们两人都有过接触。洪赓扬同叶、贺不仅是同乡关系,而且相互间依靠也使他们的关系更加密切。叶、贺需要洪给他们拨发些军饷,洪也需要他们的保护。我六伯又请洪赓扬一同出面,分别在长沙天乐居和怡园酒家设宴招待省内帮助营救我父亲的军政要人。酒宴后,以叶、贺为首书写了保释书,在座的一一签名后,送给了赵恒惕。

赵恒惕逮捕我父亲,没有想到会引起这么大的麻烦,使他遭到国内各地、各界进步力量的反对和自己亲信的谴责,陷入了非常尴尬的境地。面对这四面楚歌的复杂局面,他不得不放我父亲。叶、贺等联名

1922 年 12 月，中国最大的产业工会汉冶萍总工会在湖北汉阳成立，刘少奇被选为执行委员，后当选为委员长。图为总工会成立大会合影。

保我父亲，正好给了他一个下台阶。他顺水推舟，答应释放我父亲，但要求父亲 5 天内必须离开湖南。

我父亲在狱中被关押了 42 天后终于出狱。我母亲经过这一个多月的焦虑和劳碌，如同大病一场。当得知我父亲恢复自由这一消息后，她心中的一块重石才落了下来。在我父亲临走前，赵恒惕为了顾全面子，派人送来一部《四书》。我父亲轻蔑地将其丢到一旁。赵恒惕这一自打嘴巴的举动，被当时报刊讽之为"最滑稽的事情"。

"四人帮"为了篡党夺权的目的，硬把这段历史说成是我父亲当"叛徒"、"内奸"、"工贼"的一大罪状。说这是我父亲"借口养病"，"私自从上海潜逃长沙"，12 月被长沙戒严司令部逮捕，湖南军阀赵恒惕亲批"斩决"，迫使他完全接受"活命条件"，"投降了敌人，背叛了革命"。随后，"奉赵恒惕的旨意，捧着赵恒惕赏赐的《四书》离开湖南前往广州，怀着不可告人的目的，重新钻进党内来……"参与审理林彪、江青反革命集团案的图们将军在其著作《共和国最大冤案》中说："这一切都是精心罗织、周密布置的。既然要将刘少奇置于死地，欲加之罪，何患无辞？制造什么样的罪名，怎样制造，是既重要又不重要。重要的是因为它们必须使刘少奇身败名裂，永世不得翻身；不重要则是因为它们可以完全不顾正常的逻辑、法律和事实。"

父亲从长沙出狱后即到上海向中央报到。当时因我父亲的身体仍未完全恢复，组织安排他在上海再住院治疗一段。可是还没有几天，因为中华全国总工会林伟民病重，不能坚持工作，中共中央和全总决定，让我父亲立即到广州筹备第三次全国劳动大会。这样，我母亲随同父亲又匆匆赶到广州。我父亲既要主持筹备第三次全国劳动大会，又要参与领导省港大罢工的巩固工作，还要组织工人参加即将开始的北伐战争，他带着病弱的身体忙得团团转。母亲一面要帮助父亲抄写一些起草的文件，又要照顾好父亲的工作和身体，也是十分繁忙、劳累。

7 月，北伐军挥师北上。10 月，我母亲又随父亲从广州到武汉。我父亲负责组建全总武汉办事处，同时直接领导湖南、湖北、江西、安徽、河南、四川等省的工人运动。从 10 月到 12 月，武汉工会会员迅速增加到 30 万人，湖南、江西等省也发展得很快，反帝罢工此起彼伏，工人运动迅猛发展。为了发展大好形势，从思想上、组织上把新发展的工会建设好，父亲连续几个昼夜起草《工会代表会》《工会经济问题》《工会基本组织》等文件。母亲当时被党组织安排到国民党中央组织部做收发管理文件的工作。她除了完成党组织交给她的文件收发管理工作和联络工作外，还经常参加慰问北伐军伤病员和救济妇女、儿童的活动，帮助党组织派到武汉来的同志解决食宿等困难。许多老同志都得到过我母亲的帮助。那时我母亲正怀着我，又昼夜不停地操劳，可想而知是多么不容易的了。1927 年元旦的欢笑声还在回荡时，1 月 3 日发生了英国武装水兵刺杀在英租界附近的江汉关听讲演的群众，当场刺死 1 人，刺伤打伤 30 多人的“一三惨案”。我父亲亲自到现场察看并带领工人纠察队向英方提出强烈抗议，接着领导这场运动，给英国政府一个沉重的打击。终于在 2 月 19 日迫使英国当局签署了协定，收回了被英帝国主义霸占 60 多年的英租界。这就是震惊世界的收复英租界的斗争。它是中国工运史上的一个壮举。

4 月 12 日，蒋介石在上海发动反革命政变，形势急骤恶化。5 月 17 日、21 日，武汉国民革命军内的反动军官夏斗寅和许克祥相继在湖北宜昌和湖南长沙叛变。我父亲领导武汉工人纠察队担负起卫戍武汉三镇，镇压反革命破坏活动，配合叶挺部队击败叛军，保卫武汉安全的重任。可是，以汪精卫为首的武汉国民党中央和国民政府也迅速滑向反动，形势更加紧张严峻。中共中央政治局常委召开紧急会议，在陈独秀的主持下决定：为维护国共合作，公开宣布解散工人纠察队。这时武汉纠察队已拥有 5000 多人、3000 多支枪，是共产党掌握的一支不小的力量。对中央决定解散纠察队不少人有不同意见。我母亲听到解散工人纠察队的决定后，也坚决反对，我父亲和省总工会一些负责人也不同意这个决定，可当时主持党中央工作的陈独秀则坚持解散。在这种情况下，我父亲同省总工会一些负责人在执行中央这一决定时，采取了一种应付的办法，他们将工人纠察队中公开活动的共产党员和工人积极分子陆续转送到叶挺部队，所谓解除纠察队的武装，只不过是些破旧枪支和一些梭镖木棍应付了事。这就是"文革"中强加在我父亲头上的解散纠察队向反革命缴枪投降的"罪行"。

随着武汉形势日趋恶化，中共中央决定组织干部隐蔽。中央一些负责干部逐步离开武汉向江西转移。我父母也要转移。当时我还在襁褓中，在那种残酷的斗争环境中，父母没有办法把我带走，只好把我寄养在汉口的一位工人家里，直到 1938 年，我才又见到了我的父亲，可是却再也见不到我的母亲了。究竟母亲是什么样子，还是后来从仅有的一张照片中才看到了我亲生母亲的模样。

父母把我留在武汉后的这年 7 月，父亲到江西庐山白鹿洞养病。1982 年 8 月，我到江西庐山开会去白鹿洞游览时，听那里人讲了这样一个故事：1927 年的七八月，国民党一军官到白鹿洞搜捕共产党人。走到一排低矮的房屋前逐一察看各房间。在一房间里，看见板床上躺着一个又瘦又弱的中年男人，便问是谁。领他来的人说是一传染病人，快要死了。这个军官怕自己被染上病，就没再详细追问，赶忙走了。这位病人就是当时在那里养病的父亲。他当时来不及躲藏，便急中生智用了这个办法。

父亲在此养病，等待我的母亲将我在武汉安排妥后到此与他会合，并于 10 月又到中央领导机关所在地上海。当时形势十分严峻，革命面临着考验。共产党在白区的组织大部分被破坏，少数幸存者被迫转入地下。此时，中国共产党分两条战线同国民党反动派进行顽强的斗争。一条是以毛泽东为代表的以武装反抗国民党反动派，建立革命根据地；另一条是以我父亲为代表的在白区发动群众，积蓄力量，进行配合农村包围城市的斗争。

## Part.3 为革命辗转于顺直、满洲、上海，父亲母亲始终相互支持，相互关心。

1928 年 3 月我父母到天津，当时我父亲是以中共中央委员身份指导顺直省委工作。除了主要领导北平、天津、河北地区党组织外，还兼管山西、察哈尔、绥远、热河、豫北、陕西等整个北方地区党的工作。当时顺直省委的问题较多，内部纠纷严重，党内意见纷纷，对很多问题看法不一致。

顺直省委的问题，从 1927 年 5 月下旬传达中央关于成立顺直党委时，天津出席的几位代表之间就产生了意见分歧。8 月 1 日顺直省委正式成立后，主持省委工作的主要负责人继续坚持陈独秀的右倾错误，放弃对群众斗争的领导，在组织上实行家长制作风，发展了个人意气的争执和党内派别的纠纷。

党的“八七会议”后改组的新省委，由于对革命处于低潮的形势认识不足，不顾一切地蛮干，在北平、唐山、玉田等地组织暴动，使历经艰辛保存下来的一点革命力量又遭到新的损失，北方局、顺直省委和铁路总工会等机关连续被敌人破坏。

由于在改组中过分追究个人责任，一味批评过去，把以前的省委工作不管是好是坏都一概否定，结果，不但没有解决问题，反而促成顺直党组织的进一步分裂，导致保南出现第二个“省委”，与顺直省委对抗。我父亲到天津后试图努力解决顺直省委存在的问题，使顺直省委的工作尽快转入正确轨道，但受到当时顺直省委一些同志的抵制。5 月 15 日中央临时政治局常委指定我父亲参加顺直省委常委。在这之后中央又多次开会研究北方形势和顺直省委的工作，认为顺直省委主要负责人表面上接受中央的批评，实际上继续坚持错误。因此，1928

图为中共满洲省委旧址。刘少奇 1929 年 7 月—1930 年 3 月曾任中共满洲省委书记。

年 6 月中央决定成立“中央处理顺直问题特派机构”，指派陈潭秋、刘少奇、韩连惠为特派员，代行顺直省委职权，领导党的北方工作。

7 月，我父亲和陈潭秋主持召开省委扩大会议，改组顺直省委，推举韩连惠为省委书记。陈潭秋和我父亲以中央特派员的身份常驻省委，以加强对顺直省委的领导。

9 月 7 日，父亲向中共六大新产生的中央写了《关于最近顺直党内状况的报告》。10 月，父亲在中央政治局常委会上汇报了顺直工作。

中央详细讨论了顺直的工作，决定由陈潭秋和我父亲分别起草《中央对顺直问题决议案》和《中央告顺直同志书》。10 月 12 日，中央正式发出这两个文件。

我父亲为了提高顺直党员的政治水平和统一思想，同韩连惠同志

中華全國總工會舊址

决定编印一个党内刊物—《出路》。我父亲为《出路》创刊出版写了“绪言”，并在《出路》上先后发表了一些文章。

我父亲在顺直省委工作一年的时间里，虽然处境艰难，矛盾重重，但他和其他同志一起，经过努力，初步扭转了顺直党组织的严重涣散和无政府状态，使党的工作向着正确的方向发展。

1929年春，我母亲随我父亲返回上海。我的父母回到上海没有几个月，中央又决定让我父亲任满洲省委书记。

在这之前的1928年底，一次满洲省委召开扩大会议，到会的有省委书记、省委委员等近20人。会议进行中，突然一群荷枪实弹的警察破门而入，除少数人乘乱逃脱外，其余13人全部被捕，省委常委无一幸免。

后来恢复的省委，由于主要负责人谨小慎微，畏首畏尾，不敢主动联络已断绝联系的组织，甚至基层组织来信或派人来联系，也不敢接触，使一些党员丧失了信心。到1929年5月，满洲省委所辖党员已降到120来人，党员的数量少，质量亦不高。

1928年底，中共中央曾派谢觉哉以特派员身份到满洲巡回视察工作。三个月后，他给中央写了一份《关于满洲工作报告》，报告提到：“满洲党需要一个有本事的领导者，首先做点斩除荆棘的垦荒工作。”

1929年6月中央经过认真研究，决定派我父亲出任满洲省委书记。父亲临危受命，母亲随我父亲于7月14日到达奉天。这时的满洲省委工作，正是举步维艰、百废待兴的时候。

我父亲到任后，立即着手恢复和整顿党的组织，并在整顿中求得新的发展。

经过一个多月艰苦细致的工作，各地党团组织基本得到恢复，组织起19个支部182位党员，不久党支部增加到38个。我母亲在这期间从事工人和妇女工作。

我父亲在党团组织得到基本恢复之后，经过反复考虑，准备在奉天亲自发动和组织一次产业工人的罢工，以推动全满工作的展开。我母亲积极支持这个计划，帮助了解情况。

我父亲经过调查了解，决定把工作重点选在奉天纺纱厂。

上海中华全国总工会旧址，其字为刘少奇手迹。

我父亲同省委常委孟坚到纱厂参加纱厂党支部会。他们在纱厂门口等候时，发现情况不对，正准备分头离开，被冲出的一伙持枪厂警抓住了。

原来是出了叛徒，泄露了厂党支部书记常宝玉。工厂先找了常宝玉，然后策划了逮捕我父亲和孟坚的行动。

我母亲得到这一消息后，立刻向党组织报告。晚上，她又走了10多个联络点，通知有关人员疏散，然后才开始营救我父亲。

连续几天，都没有打听到我父亲和孟坚被关在哪里。后来母亲得知我父亲被押在奉天高等法院检查处看守所，经组织同意后带上些衣服，买了水果和点心前去探视。母亲一见我父亲就问身体怎么样？我父亲告诉她：还好，不要紧，没有什么事，过两天就出去了，让家里放心吧！我母亲立刻会意他们未暴露身份，把东西和钱交给我父亲说："还需要钱，我可以想办法。"9月的东北天已变凉，我母亲又托人给我父亲送了些衣服。9月初法院对我父亲宣布"证据不足，不予起诉，取保释放"。经过组织和我母亲的努力，很快就找到了铺保。9月中旬父亲出狱。

在省委派人掩护下，父亲安全返回省委秘书处。随后，父亲向中央报告了这次被捕及出狱的情况。中央很快复信，指示我父亲继续担任满洲省委书记。

我父亲的身体一直不好，抱病到东北后，因工作十分紧张，加上东北冬季严寒，他的肺病复发，一个多月都不能好好睡一觉，加上他昼夜不断地工作，身体非常虚弱。我母亲既要完成党组织交给她的工作，协助父亲抄写文件，又要照顾好身体虚弱的父亲，也是力不能支，但她始终微笑面对工作、生活。他们就是这样互相关心、互相支持的。

在东北紧张的八个多月里，父亲除了主持满洲省委的全盘工作外，他还两次到哈尔滨组织领导中东路的工人斗争。我父亲强调："要把工人反对待遇恶化的经济斗争和拥护苏联、反对军阀强占中东路的斗争逐步结合起来。"他指出："要根据斗争的情况及时转变群众的斗争方式和领导方法，避免白色恐怖的摧残。满洲职工运动的中心是铁路、海员、矿工、兵工厂。"到1929年底、1930年初，中东路工人的斗争出现了新的高潮。中东路工人的斗争，推动了当时东北地区工人运动的发展。

1930 年 3 月下旬，我父母奉命离开满洲调回上海。

父母这次回到上海，处境更加险恶。开始他们住在杨树浦高朗桥菜场一家豆腐店楼上的亭子间里，后又迁住到宁波路、昆明路、北京路，几易其居，条件极其艰苦。

此时，正是以李立三同志为代表的"左"倾冒险主义发展时期。6 月 11 日，在李立三主持下，中共中央政治局会议在上海召开。会议通过了的《新的革命高潮与一省或几省的首先胜利》的决议，不切实际地提出争取以武汉为中心的附近省区的首先胜利，进而在全国推翻国民党政权的"左"的总策略路线。

对李立三这一主张我父母以及一些同志都反对。我父亲劝李立三不要冒险，要避免白色恐怖的摧残。父亲警告说：现在条件还不成熟，罢工会失败的。李立三听了很不耐烦地说："你怎么知道罢工一定要失败呢？斗争嘛，要趁热打铁。"

由于李立三坚持他的错误主张，使刚刚恢复和发展起来的白区工人运动遭到严重损失，许多革命工会被破坏，干部和积极分子被逮捕杀害，赤色工会会员人数急剧减少。

我母亲在这种极端艰苦险恶的情况下，为了党和人民的事业，不顾个人安危，任劳任怨，千方百计地创造条件，想方设法为同志排忧解难。我母亲这些事迹，许多同她一起有过工作接触的同志都交口称赞，上海革命历史资料中也有记载。

在这段时间里，我父亲的工作十分紧张劳累，经常咯血。我母亲时刻为父亲的身体担忧。我父亲也尽力想法减轻母亲的负担，时时关照母亲的身体。他们在极其艰苦险恶的环境下，仍然相互关心、相互支持，忘我地工作着。

张琼阿姨那时在上海沪东纱厂做工，同我父母住在一起。我父母的津贴加起来每月只有 28 元，而张琼阿姨在工厂一天只赚两角钱，不够糊口，也要靠我父母的生活费过日子。我弟弟毛毛还小，身体也不大好。四口人的生活过得十分艰苦。

张琼阿姨还回忆说：有一次我父母知道张琼阿姨的丈夫贺树同志病了，十分焦急。可是谁都没有钱去看医生，我父母商量后悄悄地将父亲穿在身上的唯一一件御寒的皮袍当掉，为贺树治病。

不久，我父亲离开了上海。自此一年多的时间里，我那做过交通、当过教员、搞过联络、住过机关、守过店铺、进过工厂的母亲，独自带着我的毛毛弟弟继续在上海从事党的工作。

1930年夏，我父亲受中央委派率中国工会代表团前往莫斯科，出席赤色职工第五次代表大会。会上，我父亲当选为赤色职工国际执行局委员，留在赤色职工国际工作。

我母亲何宝珍根据党的决定，在全国互济总会担任领导职务并兼任营救部长，负责同赤色国际互济会联系，争取国际援助，同时为到沪工作的同志安排生活和护送、转移以及对被捕、遇难的同志及其家属进行营救、援助等，整日四处奔波。

1931年秋，我父亲回到上海，任中共临时中央职工部部长兼中华全国总工会党团书记，六届四中全会中央政治局候补委员。

此时，父母虽然又在一起，但他们各自的工作都很忙，碰头的机会也不多。当时上海的白色恐怖日趋残酷，加之"左"倾冒险主义，革命损失更加惨重，开展活动也愈来愈困难。中共临时中央政治局继续推行和发展王明"左"倾冒险主义政策。

我父亲针对当时工会工作中"左"的倾向，10月5日给中央写了《关于工运的意见》，但临时中央很快就否定了我父亲的意见，并指责有"右"倾机会主义倾向。10月10日他再次给中央写了《关于工运问题》的信，中央又否定了他的意见并起草通过了《中央关于职工运动决议案》。

11月起，我父亲以仲篪等笔名写了一系列文章，发表在《工运指南》、《红旗周报》等刊物上，他全面分析了反帝运动中工人斗争的特点，阐述了领导工运的策略思想。

我父亲在同"左"倾错误的斗争中，遭受过不少的挫折和打击。从1932年2月开始，临时中央多次开会批评我父亲的"右"倾错误，并认为是"一贯的"，决定撤销他的中央职工部长职务。

王明在《为中共更加布尔塞维克化而斗争》的后记中，也不点名地指责我父亲是"罗章龙路线的残余"、"机会主义错误的倾向"，提出要“集中火力反对主要危险—‘右’倾”。

我父亲调离职工部和全总后，积极投身到工人运动中去，一面深入沪东区纱厂从事党的基层建设工作，一面研究白区和苏区工人运动理论，为扭转职工运动屡遭失败的严重局面做了不懈的努力。

在这时，我母亲坚决支持我父亲的观点，她除了忙于党交给她的营救任务外，还帮助我父亲抄写文章，抵制王明“左”倾路线。1931年，负责中央特科工作的政治局委员顾顺章和中央总书记向忠发先后被捕叛变，更使中共中央机关和地下党组织受到极大的威胁，很难立足，1932年，中央不得不决定让一些中央负责同志迁往江西苏区。就在这年的冬天，我父亲告别了我母亲和弟弟毛毛，离开上海迁往苏区。没想到从那以后父母再没有见面，这次离别成了永别。

## Part.4 母亲遇事沉着果断，又能关心体贴难友，因为她年龄小点，人们称她为“小大姐”。大家钟爱的“小大姐”于1934年深秋的一个清晨，壮烈牺牲在雨花台。

父亲走后，我母亲带着弟弟继续留在上海，化名王芬芳，以教师身份作掩护，仍然担任全国互济总会领导职务兼营救部部长。残酷的白色恐怖使需要营救、援助的同志及其家属也多了起来，紧张繁忙的工作常累得母亲喘不过气来。

1933年3月，中华海员工会党团书记廖承志被捕，中共地下党指示，要想尽一切办法营救。我母亲通过各种关系组织营救，同时还多次与张琼、贺树夫妇联系，并同他们一道去做在国民党内享有盛名的何香凝（廖仲凯夫人）和其他有影响的社会人士的工作，保释廖承志出狱。此举引起了国民党反动分子的注意，他们派特务跟踪。我母亲对此虽然也有察觉，但为了革命同志早日出狱，她早已不顾个人的安危。

3月底的一天，一群便衣特务包围了我母亲的住处。我母亲意识到要出事，迅速地把我年仅三岁的弟弟毛毛（允若）塞到邻居一位阿姨的怀里说：“请帮我照看一下孩子，过几天会有人来领他的。”说完

1947 年，夏之栩（左一）和帅孟奇（左三戴眼镜者）在西柏坡与中央党校的学生们在一起。

立即转回室内，销毁了文件，从容地应付前来搜捕的敌人。

我母亲被捕后，被囚禁在上海市公安局。敌人威逼她供认出自己的真实身份，我母亲坚持说自己是教师。敌人则一口咬定“你不是教师，是政治犯”。我母亲装着听不懂说：“我只会煮饭，不会蒸饭。”敌人多次对她严刑拷打，始终没有结果，只好把她押送到南京宪兵司令部。又经过多次审讯，母亲仍未暴露身份。敌人无奈，判她 15 年徒刑，关押在宪兵司令部牢房。那时同我母亲在一个牢房的有黄海明阿姨，海明阿姨还带着一个一岁的女孩。一天，熊天荆阿姨路过她们的牢房，从窗孔里塞进了一个小纸条，母亲还没来得及打开看，就听见门外看守嚷嚷拿号子钥匙。我母亲急忙将纸条扔进空便桶里，从海明阿姨手中搂过娃娃说：“你坐在便桶上，我来唱歌。”母亲逗着小孩唱起歌来。闹腾了好一会儿，看守到别的号子去了。她们才把纸条拿出来擦干净，打开

1923 年 4 月中旬，刘少奇同何宝珍（又名何葆贞）结婚。1934 年冬，何宝珍在南京雨花台英勇就义，图为何宝珍烈士遗像。

一看，原来是让她们传递给男号子的，于是母亲想办法把这张纸条夹在食品里送给了男牢。因为我母亲遇事沉着果断，又能关心体贴难友，监狱里的难友都称她"大姐"。母亲在这里被关了三个多月，又被转押到南京模范监狱。据帅孟奇妈妈回忆：南京模范监狱因为没有专门关押女政治犯的监牢，所以就在普通犯人的牢狱中单辟一隅，把近 30 名女政治犯关了进去。和我同室的难友有耿建华和夏之栩同志，论年龄耿大姐居长，她是小脚，故又称她"小脚大姐"；我居二，因为受刑时损坏了眼睛和腿，行动缓慢，放风时总排龙尾，故而送给我一绰号"区区"；夏之栩居三，大伙就称她"老三"。

帅妈妈讲："那是 1933 年的仲夏。南京这个闻名全国的'火炉'又热又闷。火辣辣的太阳当空照着，一丝风也没有，牢房里的空气散发出腐烂发霉的臭味，令人窒息。大家浑身汗水涔涔，黏得实在难过，都盼望着晚饭时刻早点到来。因为饭后小放风时可以到井边打水洗洗。可是太阳还高挂在天上，到天黑还早着呢！"

"突然哐啷一声，牢门开了。大家惊异地朝门口望去，一位新难友被推了进来。她 30 来岁，细瘦的身材，个子不高，身穿一件咖啡色的旗袍，女教师模样。从她那披肩的长发、苍白的脸色和衣服上几处颜色不协调的补丁看去，大概她已被关押了好久，经受了不少磨难，但清瘦的脸盘上一对大大的活泼美丽的眼睛，却闪烁着倔犟、坚毅的光芒。她就是何宝珍，你的妈妈。"这时帅妈妈一直在看着我。

"你妈一进牢房，夏之栩愣住了，'你……'正要直呼其名。你妈妈马上机灵地接口说：'还认得我王芬芳吗？真没有想到在这里遇见你。'就这样，我们被关在一个号子里，直到你妈妈英勇就义。我知道你妈妈的真实姓名已是很久很久以后的事情。"

"我们这个三号号子原是个'老气横秋'的号子。自从宝珍来后，我们这个号子突然变得热闹起来了。她机智、聪敏、活泼、开朗，又很关心体贴同志，因为她年龄小点，人们称她为'小大姐'。"

"'小大姐'会唱戏、唱歌，而且还擅长表演。她常常把旧戏曲填上自己编的新词，演唱给大家听。她那丰富的表情，诙谐的动作，常常逗得大家捧腹大笑。"帅妈妈有点遗憾地说："可惜我不会唱，也不记得她编的那些歌词了。给我印象最深的是她骂蒋介石。她用骂毛延寿的唱词唱‘骂一声，蒋介石，你这卖国的奸臣……’”帅妈妈一说到这里，情绪特别高，而且几乎每次见到我们都要讲起这件事。可见，帅妈妈对我母亲的印象非常深刻。接着她又讲起当年的往事：在饭后小放风时，别的号子的难友要“小大姐”表演，她也痛痛快快、大大方方地站在门口来上一段，给大家带来几分欢乐，给难友们带来了精神上的鼓舞。

帅妈妈又说：“‘小大姐’来到我们号子后，看到我和耿大姐的行动不便，总是抢着刷碗、提水、倒便桶。乘得便出去的时候接触其他号子的姐妹，打听消息，为同志们排忧解难，向看守做工作，同牢房的战友都非常喜欢她。”

“‘小大姐’是个乐天派，但也有忧伤的时候。每当她热泪盈眶呆呆坐着发愣的时候，我们就知道她是在思念你们。但你妈妈毕竟是一个坚强开朗的人，一会儿她抹去眼角的泪水，一甩手说：‘咳！干革命还顾得了这些，人民不解放，我的孩子也得不到幸福。但愿小宝贝们能在艰苦的环境下挣扎着活下来。’”

说到这里，帅妈妈深情地看看我说：“如果你妈妈能知道你们的今天，她该有多么高兴啊！”

帅妈妈曾跟我讲起她们在狱中进行绝食斗争的故事。

她说：在狱中，我们常常为改善生活进行绝食斗争，每次斗争“小大姐”都非常积极。

记得，当时职工国际派到中国来的牛兰夫妇被捕，恰恰也被关在我们这个监狱里。社会上不断声援，要求释放他们，牛兰夫妇也进行了绝食斗争。

为了声援牛兰夫妇，我们向监狱当局提出释放牛兰夫妇，允许向监狱内送书、送食品和改善狱中伙食等要求。

要取得绝食斗争的胜利，必须齐心。否则，不是有人饿死，就是坚持不下去。

阴险的监狱当局对我们采取了分化瓦解的办法，他们先下令把我们几个判无期徒刑的拉出去打了一顿，然后狱长开始训话，他挑拨说：“你们这些人闹什么？！留得青山在，不怕没柴烧。关几年就可以出去啦。你们不要跟着那几个无期徒刑的闹。他们是没有指望的，可你们还有希望。不要闹了。"但是，姐妹们团结得很好，没有一个动摇的。平时饭量大的人，两三天后就开始呕吐，到后来都吐出绿水，但大家仍然坚持着。俗话说"七日不食则死"。七天过去了，斗争继续坚持，监狱怕饿死人不好向上级交代，最终不得不答应我们的要求，绝食斗争胜利了。

不久牛兰夫妇被释放出狱。他们走之前，牛兰夫人汪得莉珍还到牢房来看望了我们。

帅妈妈讲到这里，似乎心情也好了一些。她说：绝食斗争的胜利，使监狱内的情况改善了不少。外边可以来探监，可以送书、送食品进牢；伙食也得到改善，每周能有一次荤菜吃。但是，没过多久，监狱当局又下令禁止送食品进牢了，这下子激怒了我们。一天，最凶恶的"二科长"来查号子时，"小大姐"质问他："为什么不许送吃的？""二科长"说你妈带头闹事，拉出去就打。姐妹们火了，大家都闹起来。为此，我们每个人都遭到一顿毒打，你妈妈被打得更重些。于是我们又开始了绝食斗争。四天后，狱方不得不再次同意恢复向牢内送食品的制度。

还有一次，因为我们在普通犯人中宣传，引起了监狱当局的注意。一天，他们突然在政治犯牢房中进行大搜查。对这突如其来的搜查，我们没有防备，敌人在我的铺板上搜出我正在起草的职工运动报告。狱方如获至宝，"二科长"奸笑地质问我，"你不是不识字的工人吗？这回又怎么解释呢？"我反驳道："在监狱里闷得慌，不识字，还不行学？这是抄书练字。"这时你妈妈机敏地立即接口就说："我是他们的老师，是我教他们认字。你们对这个号子有什么不放心的。一个小脚、一个半瞎子、一个老实得连话都不说的。我嘛，一个小学教员，平时就爱唱唱，对这些人有个啥子搞头啊？"耿大姐和老三也都证明我是练字抄书。"二科长"把那本《世界知识》拿去仔细察看一番。幸亏写的报告刚开了个头，前段讲世界工运发展史，都是从那本杂志上抄的，狱方无话可说，把我们毒打一顿就算了事。

一次，我看到帅孟奇妈妈写的一篇《忆何宝珍同志》的文章，在文章后面的两段，帅妈妈介绍了我母亲英勇就义的经过，她是这样写的：

"1934 年秋季的一天，宪兵司令部突然又来提审已被判刑 15 年的王芬芳。大家都深为‘小大姐’担心，不知究竟又出了什么事情。‘小大姐’从容不迫地离开号子，走到门口时回转身来向我们挥手告别。谁知这竟是我们最后的诀别。”

“后来，通过外边送来的消息，得知你母亲被叛徒出卖了。出卖她的人也是个互济会的会员，也曾被捕关在模范监狱。因此人的丈夫叛变自首，她害怕，有些动摇。‘小大姐’趁放风时向她做思想工作，分析说：‘你有孕在身，你丈夫绝不会供出你的。只要你一口咬定自己是个家庭妇女，生孩子时是可以取保释放的。’果然，她丈夫没出卖她，她临产时被保出狱。生育后，她仍做互济会工作，也来监狱探望过‘小大姐’。不料这个人重新被捕，经不住严刑逼供，把‘小大姐’教她的话供了出来，致使宝珍再次被提审。这一回敌人已不再相信她是一名普通教师，狠狠追问她的丈夫和她本人的身份。她备受了各种毒刑，拒不供认。无计可施的审判官最后宣布：‘是死是活，两条路由你自决。要活命，就老实招来。顽抗，则死路一条。’宝珍轻蔑地冷笑回答：‘要口供，没有。要命，有一条。请吧！革命者是杀不尽的。’就这样，大家钟爱的‘小大姐’于1934年深秋的一个清晨，迎着黎明的晨曦，壮烈牺牲在雨花台。消息传至狱中，所有的姐妹都哭了。何宝珍同志为新中国的诞生，洒下了满腔热血。少奇同志追念她时，称赞她‘英勇坚决，为女党员中之杰出者’。解放以后，少奇同志曾和王光美同志一道前往雨花台默哀，对何宝珍同志和其他烈士们表示深切的悼念。”

我深深地爱着和崇敬着我的母亲，我牢记父亲的教导，直到现在每年的清明节我都到南京雨花台烈士陵园，代表我那在“文化大革命”中被迫害致死的哥哥允斌和弟弟允若深切悼念我们的妈妈。

# 03 Chapter

1943 年，在陕甘宁边区劳动英雄及模范生产工作者代表大会上作报告。

## Part.1 党中央对我父亲在北方局的这一段工作也给予了很高的评价，“我们认为北方党的工作，自胡服同志（即我的父亲）到后，有了基本的转变。”

1938年3月，党组织把我接到延安时，正值父亲从华北返回延安的途中。这样，就拖延了我们父女相见的时间。

当时父亲并没有讲他的情况，就是给我讲，我也听不明白。后来，我通过学习和从当时与他在一起工作的叔叔、阿姨那里听到一些故事，才对父亲有所了解。

红军长征到达陕北的时候，中华民族危机达到了空前深重的地步，日军侵略华北的行动急剧升级。

1935年5月，日军借口中国破坏《塘沽协定》，要求中国政府铲除华北抗日行动，撤退中国军队和国民党军政机关。

7月，又签订了卖国的《何梅协定》，国民党反动政府全部接受了日军的无理要求，河北省主席于学忠被解职，中央军撤出河北，宪兵三团南调，禁止河北省与平津两市内的一切抗日活动。6月底取消了察哈尔境内的国民党机关，解散抗日机关和团体．免去了宋哲元省主席的职务，撤退二十九军，成立察东非武装区。

9月，日军又鼓吹“华北五省联合自治”。

10月，日本内阁又通过了“鼓励华北自治案”，企图将整个华北变成第二个“满洲国”。

华北危机，全中国危机。正像《义勇军进行曲》歌词中所写的：“中华民族，到了最危险的时候。”

1935年12月17日，中共中央在陕西省定安县（今子长具）瓦窑堡举行政治局会议。会议由张闻天主持，参加会议的有毛泽东、周恩来、博古、我父亲和邓发、林育英等人。会议讨论了当时的政治形势和策略，研究了北方局工作方针和组织领导。

张闻天同志认为：北方局管理范围很大，与满洲、热河、太原、察哈尔都有关系。为了加强领导，需派得力的同志前往。张闻天选择了我父亲。据1935年12月29日政治局记录上称："他（张闻天）同刘少奇在上海临时中央期间开始共事。他赞赏刘善于从实际出发，有独立见解，敢于坚持原则。在党内领导干部中，很少有人像刘那样对白区工作特别是职工运动熟悉，富有斗争经验。实践已经证明，30年代初临时中央将刘少奇的正确主张作为机会主义来批判，并进行组织处分，完全是'左'倾路线的错误。从那以后，刘少奇在党内的作用就没有得到充分发挥。"现在华北危急，张闻天找我父亲个别交谈，要我父亲担起这个重任。会议决定，我父亲以中央代表（后来为北方局书记）的身份主持领导北方局工作。

王首道同志回忆时曾说："1935年冬，党中央派他任北方局书记。当时华北地区经过多年严重的白色恐怖，党组织绝大部分已被破坏，只保存了河北省委、若干基层组织和几十名干部，而且党内'左'倾机会主义思想还很严重，局面很困难。记得有的同志对少奇同志说：你这次去白区是重返虎穴，任务艰巨啊。少奇同志充满信心，回答得好："不入虎穴，焉得虎子。"

杨尚昆叔叔和薄一波同志也讲，我父亲到华北时"我们党面临着领导一场伟大斗争的历史任务。可是，华北地区党组织由于长期受'左'倾错误路线的危害，损失严重，干部十分缺乏，无力进行领导"，"偌大一个华北，只剩下一个河北省委组织和若干城市、农村中的一点点地方组织以及几十个中下级干部，而且'左'倾机会主义路线还严重地统治着这些组织和干部"。他们"不顾主客观条件，号召和组织党员、群众，采取严重白色恐怖情况下所不允许的斗争方式，上街游行示威，举行飞行集会，冒险进攻。1936年3月31日，北平学生举行了一次'抬棺游行'，参加游行的都是民族解放先锋队的队员和极少数思想激进的青年。这是先进分子脱离广大青年采取的冒险行动，遭到敌人的镇压，在'左'倾错误路线的指导下，我们党很不容易聚积起来的力量，不应有地消耗掉了"。我父亲为此还专门给北平同志写信，并写了《论北平学生纪念郭清烈士的行动》一文，发表在《火线》第五十五期上。信中总结了北平"三三一"抬棺游行的教训，指出：当敌人想尽一切办法来进攻爱国人民的时候，处于防御地位的爱国阵线，应该采取的正确的策略是更加巩

中共中央北方局旧址（今天津市黑龙江路隆泰里19号）。

固与扩大人民的统一战线，保存、巩固与加强自己的组织和阵地，暂时避免和敌人进行决定胜负的战斗，以准备击退敌人对于人民的进攻。信中说：郭清是应该追悼的，应利用这件事来更激发群众抗日反汉奸的情绪。但不应采取今天这样的方式。薄一波同志介绍说：“少奇同志看到这种情况，并鉴于历史教训，认为扭转局面的关键在于恢复和建设华北地区党的组织，把这个地区党的工作引上正确路线。”

杨尚昆叔叔在怀念我父亲的一篇文章中，对我父亲从到北方局至芦沟桥事变之前这段时间的工作情况做了介绍，他说：“少奇同志到北方局以后，就立刻投入了紧张而繁重的宣传工作和组织工作。在党的建设方面，他着力肃清‘左’倾机会主义影响，提高党的理论和政策水平，恢复了各地方的党的组织，加强了平津二市的党组织，建立了山东省委、山西工委、河南工委，华北地区党员人数增加到五千多。他还派出少数领导干部到华中、华南，恢复党组织。”

据《张闻天传》中所讲，在我父亲的领导下，“不过三四个月的时间，北方工作就有了基本的转变。在党的组织建设方面，不仅加强了北平、天津市委的工作，帮助环绕河北各省建立党的组织，而且能够顾及到上海、西南、武汉等地党的建立等等。中央领导同志看到刘少奇给中央的汇报信后，都很重视北方局创造的新的经验”。

我父亲在主持华北工作期间，得知在北平草岚子监狱关押着一批党的干部，他们在狱中同敌人进行了坚贞不屈的斗争。这批幸存下来的干部对我党是极为宝贵的，我父亲作为北方局的书记，决心尽力保护和营救这批同志，尤其是不能让他们落入日寇之手。再者，华北地区抗日斗争日趋发展，急需一批立场坚定、经验丰富的干部。但这件事关系重大，必须请示中央。

当时北方局组织部长柯庆施提出："可以让狱中的同志履行一个手续出狱。"我父亲很快将这个情况写信报告了中央，还把狱中同志提出的三个条件也附上，请中央决定。

主持中共中央日常工作的张闻天总书记，接到我父亲的报告，当即和在陕北的中央主要领导同志商量，决定予以批准。张闻天还代表中共中央在狱中干部提出的三个请求条件上签字同意。

经过一段时间的联络，关押在草岚子监狱的六十几位干部分九批先后履行有关手续出狱，陆续分配到北平、天津、山西、河北等地工作，加强了中共在白区的领导力量。

我父亲到达北方局后，就明确指出："遵义会议以后，党中央的正确路线此时还没有传达到白区来，华北党内还是被错误路线统治着。这种错误路线（打倒一切，一切不合作，老子天下第一，一切斗争到底，原则上否定策略路线的曲折性及在一定条件下退却防御的必要性等等）是当时执行党的统一战线新政策的主要障碍。很明白，不坚决肃清党内的这种错误路线，统一战线新政策的执行，就是不可能的。"薄一波同志在回忆当时情况时说："少奇同志的极大努力，在华北地区党内彻底肃清了'左'倾关门主义和冒险主义的影响。他以党中央代表的身份，提出华北地区党的工作方针是：坚持党中央'停止内战，一致抗日'的总口号，准备自己、组织群众，联合一切愿意抗日的党派和阶层，实行党的抗日民族统一战线新政策。"

这一时期我父亲连续撰写和发表了《肃清立三路线的残余——关门主义冒险主义》《关于共产党的一封信》《人民阵线与关门主义》等文章，指出："民族统一战线的问题，是中国目前的中心问题，是我们战胜侵略者的中心关键。所以阻碍和破坏民族统一战线的关门观点，就成了一切救国先进分子中之主要危险。""党的策略任务，就是要用极广泛的民族统一战线，去团聚各阶级、阶层、派别及一切抗日反卖国贼的分子和力量，开展神圣的民族革命战争，去战胜日本帝国主义及其在中国的走狗。广泛的民族革命统一战线，成为我党领导中国革命到胜利之路的中心问题和主要关键。这时如果我党不能完全肃清关门主义与冒险主义，那就谈不上广泛的民族统一战线，广大民众的抗日反汉奸运动，就不会在我党的领导之下开展起来，那就要阻碍着我党和革命的前进。”文章还列举了关门主义和冒险主义的种种表现及其严重危害，分析了这种“左”倾错误产生的根源及其在党内严重地长期存在的原因，指出：“关门主义与冒险主义，是目前党内的主要危险。”“应把它彻底从党内肃清出去。”

杨尚昆叔叔回忆说：“在统一战线方面，他以‘K. V.’、陶尚行、胡服等笔名，发表了许多文章，阐明党的政策和观点，引起了很大反响，使我党抗日民族统一战线的主张迅速广泛地传播开来。通过各种渠道和关系，同华北各实力派、社会名流和学生等接洽，联合一切愿意抗日和可能抗日的力量；他与国民党军队中某些爱国的高级将领联系，发展他们加入中国共产党；他注意做国民党二十九军将领的工作，促使其同情抗日。在党中央领导下，经过少奇等同志及各级党组织的艰苦工作，华北各界救国会、学生救国会、民族解放先锋队相继组织起来了，城市工人、市民、学生的示威游行、罢工罢课、抵制日货等群众运动蓬勃开展起来了，还有大批学生下乡宣传，发动农民参加抗日救国斗争。由华北一些救国团体发起，在上海召集了全国各救国团体的代表会，成立了沈钧儒、邹韬奋、陶行知、史良、沙千里、章乃器等知名人士为理事的全国各界救国联合会。以平、津为中心的‘民先队’则发展到全国各地大中城市。这就汇合成了华北大规模的抗日救国浪潮，为党和八路军以后在华北的独立抗战创造了有利的条件。”

薄一波同志讲了我父亲执行党的抗日民族统一战线政策的一个小故事：“党的正确主张，也影响到国民党军政系统的上层人物。当时蒋介石实行不抵抗主义，多次命令驻北平的二十九军军长宋哲元撤退到保定。宋犹豫不定。少奇同志亲自起草了主张抗日救国的三条意见，通过二十九军的一位参谋处长作为自己的意见拿给宋看，宋认为很好，就没有执行撤退的命令。那时候，北平的爱国学生还喊‘打倒卖国贼宋哲元’的口号，少奇同志派人劝大家改喊‘拥护宋哲元将军抗日’，‘拥护二十九军抗日’。不久，宋哲元和二十九军的广大爱国官兵就转上了同情抗日救亡运动的立场。”

薄一波同志赞扬了我父亲在北方局的工作。他说：“从1936年春到‘七七事变’，只有十几个月的时间，少奇同志果断地纠正了‘左’倾错误路线，使党组织恢复和发展了，党的领导加强了，群众发动起来了，抗日统一战线工作开展起来了，创造了党在白区工作中前所未有的成绩。”党中央对我父亲在北方局的这一段工作也给予了很高的评价。当时中央书记处在给北方局和河北省委的一封信上说：“我们认为北方党的工作，自胡服同志（即我的父亲）到后，有了基本的转变，”“这些主要转变，足以奠定胜利的基础，开展着光明灿烂的伟大前途。”

## Part.2 争取阎锡山抗日，有声有色地领导华北人民抗战，父亲对于白区工作的正确决策和成功的实践，得到了毛泽东同志的热情称赞。

薄一波同志讲到我父亲和北方局同阎锡山进行民族统一战线的一段故事时说：“1936年8月下旬，我刚从监狱出来，阎锡山的代表来见我，拿着阎的电报，邀我回山西‘共策保晋大业’。我过去一直做党的秘密工作，没有做过上层统战工作，也不愿意同阎锡山打交道，所以婉言谢绝了。过后，把这件事报告了北方局。第二天，徐冰同志来告诉我：‘胡服（刘少奇当时的化名）同志说机会难得，要去！’又告诉我，少奇同志还指出：‘不想去，大概还是认为我们不能同阎锡山合作抗日，只应当做基层群众工作，不应当搞上层工作，这也是对形势认识不足。一定要看到，现在形势正在发生大变化，日本要灭亡中国，蒋介石继续搞不抵抗主义，阎锡山在动摇中。当前，党的任务是既要搞好基层群众工作，又要搞好上层统一战线，阎锡山找你去，是个好机会；找上门来，不去，就失掉了这个机会。”接着薄一波同志又讲了他9月到太原经过40多天的各方面调查和了解的情况后说：“深深体会到少奇同志对形势的估计和提出搞好上层统一战线工作的要求是非常正确的。”

我父亲所以这样说，是因为他对当时山西的情况和阎锡山的动态进行了分析，认为：阎锡山是一个老奸巨猾的封建统治者，是个地方实力派。他在山西经营了20多年，在“西北实业公司”的名义下，办了35家大企业，修了同蒲路，还有银行、钱庄之类。他的家当和他的势力都在山西，他总是要千方百计保住这些的。他当时处境十分困难，经济破产，民怨沸腾。日本侵略军步步向华北紧逼，山西受到威胁，危在旦夕。在这种情况下，阎锡山同日本侵略者的矛盾，就成了主要矛盾，而且随着日本侵略军的进逼而激化。

与此同时，阎锡山同蒋介石也有着矛盾。在反共这点上，他们虽然一致，但蒋介石一直是要吃掉山西，一面暗地策动河东道独立，一面收买阎锡山的高级军官，挖山西的墙脚。阎蒋之间矛盾也在激化。

这个时候，在阎锡山看来，降日、迎蒋都不是办法，抗日拒蒋又没有力量，他不得不另谋出路，寻找暂时的同盟者，也就是想借用我们中国共产党的力量。1936年红军东渡黄河开赴抗日前线，使阎锡山感到是个很大的威胁，同时，他又看到共产党要搞抗日民族统一战线，有机可乘，联共可能还是他一条暂时的出路。一方面打出抗日的旗号，用上一批共产党人，采取某些进步性的暂时措施，扩充实力，同共产党周旋；一方面去对付日本人和应付蒋介石，达到他保持对山西统治的目的。

北方局和我父亲认为：尽管阎锡山有他自己的打算，对抗战是动摇的、不彻底的，但是，他表示愿意抗战同我们合作这一点还是好的。我们应当从抗日救亡大局出发，积极地争取他、推动他抗日，并且通过合作来发动群众，壮大进步力量。薄一波同志回忆说：当时“少奇同志提出对阎锡山的方针是：与阎合作抗日，并且开展群众运动，同时又要提高警惕性，随时都戒备他来反对我们和群众；要尽可能地通过阎的组织形式，例如‘山西省牺牲救国同盟会’，去进行工作，但又不受他框框的限制”。北方局决定加派杨献珍、董天知、韩钧、周仲英等同志同薄一波同志一起，第一批去太原。薄一波同志回忆说：“临行前，徐冰同志传达了少奇同志对我们的指示：一、这次到山西去，首先要争取站稳脚跟；不要搞‘左’倾冒险主义和空谈主义，不要提阎锡山根本不能接受的口号，不要怕到上层机关去会戴‘官办团体’的帽子。二、要踏踏实实地做群众工作，发动群众，组织群众，不能做‘清客’，不要‘抬轿子’，要争取抗日民族革命的领导权。三、决定成立做山西统战工作的党的工作委员会，直接受北方局领导；同时成立山西工委，由张友清同志负责。党的公开工作和秘密工作完全分开。党的公开工作要为党组织发展创造有利条件。”接着薄一波同志说：“在少奇同志提出的正确策略原则指导下，我们利用合法形式和‘官办组织’积极开展工作，推动阎锡山抗日，壮大了抗日救亡的力量。”

杨尚昆叔叔回忆抗日战争爆发以后我父亲在北方局工作时说：芦沟桥事变爆发后，全国燃起了抗日烽火。当时北方局先是在太原，后来又转移到晋南临汾。这一段时间我和少奇同志朝夕相处，亲眼看到他是怎样有声有色地领导华北人民抗战的。在这个历史转折的关头，少奇同志不失时机地指出：“华北今后反对日寇的主要斗争形式，应该由‘七七事变’前的非武装斗争迅速转变为大规模的人民武装斗争。华北党组织今后的中心任务，就是广泛地组织、领导和发展敌后抗日游击战争，建立敌后抗日根据地和民主政权，把八路军扩大到数十万人枪的强大集团军；就是要武装自己、武装人民，独立自主地坚持华北抗战。”他又说：“但是，当时有少数同志不同意这个方针……还有的同志不善于随着形势的转变而改变自己的工作方式，习惯于秘密工作的方式，满足于一点一滴的做法。这时，少奇同志表现了既有驾驭革命形势的魄力，又有掌握全局、推动形势向前发展的能力。”“配合八路军主力部队的活动，领导抗日游击战争。”“短短时间内，先后开辟和建立了晋察冀、太行、太岳、晋西北、晋中、冀鲁豫、冀东、冀南等抗日根据地，几百支游击队在各地组织起来了，八路军迅速地扩大到拥有几十万人枪的集团军。各根据地建立了抗日民主政权，实行了合理负担、减租减息的政策，改善了人民生活。”我父亲在总结华北工作经验报告中曾说道：“总起来说，华北党在这个时期执行的路线是正确的，是灵活地执行了中央的路线的。在这样一个重要的、复杂的、紧急的转变关头，我们没有迷失方向，没有堕落为政治上的庸人，而是在克服了许多错误的意见之后，正确、及时地决定了前进的方向，并且动员和组织了数百万群众朝着我党指定的方向前进了。”我父亲对于白区工作的正确决策和成功的实践，得到了毛泽东同志的热情称赞。当年他说，刘少奇领导白区工作“有丰富的经验”。

## Part.3 “白区工作一方面需要策略的转变，另一方面还有十年来的传统要转变，这个转变最艰苦。”毛泽东说父亲是“一针见血的医生”。

我父亲到北方局以后，深深地感到白区工作问题很多，这种状况不仅仅在平津存在，而且在上海、广州、武汉等各大城市也存在着，急需来一个根本转变。然而，实行这种转变是相当困难的。他根据自己过去长期从事白区工作的经历和体会，针对目前这种状况，对党在白区的工作进行了一次全面性的回顾和总结。他在 1936 年 4 月开始撰写《关于白区职工运动的工作提纲》，总结了 1927 年以来白区职工运动的历史经验，阐明了白区职工运动应采取的正确方针和策略原则。然后，又针对白区工作存在的问题，撰写了《公开工作与秘密工作的区别与联系》和《怎样进行群众工作》等文章。同时，还针对当前存在的问题同有关同志做认真的宣传和教育。据当时在北方局工作的郭明秋同志的回忆：“有关白区工作的方针、策略、方法问题，我曾听少奇同志讲过多次。记得有一次，一位同志向少奇同志汇报工作，谈到过去天津市委如何反对立三路线。少奇同志仔细地听着，待那位同志说完，他站起来，语重心长地说：‘你们的那套做法还是没有摆脱立三路线。你刚才不是说人越搞越少吗？我们白区就是吃的这个亏。’少奇同志还说，过去类似这样的教训是很多、很痛苦的。那时，我们的同志不明白农村包围城市、城市配合农村的道理，不清楚白区城市工作的目的，以为白区工作的目的就是向统治阶级实行革命的进攻和决斗，总是考虑在自己所在的那个城市一举推翻反动政权，建立苏维埃。从性急发展到冒险盲动，一而再，再而三，以致每次行动都被反动派各个击破。不懂得积蓄力量，好不容易在群众中交了一些朋友，组织了一些力量，一个飞行集会或是别的一个什么冒险行动，就把这点力量都损失掉了。再搞，就又要花费很长的时间。

这样无休止的重复下去，力量永远也积蓄不起来。讲到这里，少奇同志加重语气说：‘我们有多少共产党员让敌人这样抓去，被杀害呢？’”

1937年的二三月间，我父亲连续给中央写了《关于大革命历史教训中的一个问题》《关于过去白区工作》等四封长信。在信中，提出了一个长期以来党内没有认识到或者不敢承认的问题，那就是：过去中共中央在白区工作的指导方针上“是一贯地犯了‘左’倾冒险主义与宗派主义的错误”。信中系统地揭露“左”倾机会主义在公开工作与秘密工作的关系、群众斗争的策略、宣传鼓动工作及党内斗争等四个方面的表现。信中强调指出：“我认为在1927年前我们还犯了‘左’倾的错误，尤其是在工人运动中。这一点我提出过很多次，也是很多次被当做机会主义来批评过我的。然而我的意见至今还是保留着。”“现在的问题，在于我们从‘八七’会议以来，即不承认过去有‘左’倾错误，批准过去一切‘左’倾错误，认为这些‘左’的行动，是最革命的行动，不但不应纠正，还应大大发扬，而且谁要说过去有‘左’倾错误，就是机会主义，就是对中国无产阶级不信任。”信中还指出：“左”倾机会主义的传统，四中全会后“基本上没有纠正，还继续着，在某几点上还有发展。这些错误在党内影响最久、最深，给党的损失也最大。这种错误当然是一贯的、也有系统的”。“现在的问题是如何转变白区工作的问题。白区工作一方面需要策略的转变，另一方面还有十年来的传统要转变。这个转变最艰苦。”“为要转变十年的传统，对于过去的错误不能不在党内公开批评，不能不有一个检讨。”

中共中央很重视我父亲的意见，决定5月召开中国共产党白区工作会议。

中央政治局准备向白区工作会议提交讨论《关于白区工作的报告》，我父亲在5月16日中央政治局会议上，对这份报告作了说明。第二天在中国共产党白区工作会议开幕式上作了《关于白区的党和群众工作》的报告。报告阐明了白区工作实行彻底转变的必要性和艰巨性，指出：“一方面是由于日本帝国主义灭亡中国的大陆政策，与我党抗日民族统一战线政策的执行，已经引起了全国政治情况与社会关系的重大变动。反动了十年的国民党及追随它的民族资产阶级重新转向抗日，两个政权的对

1937年5月17日至6月10日，刘少奇在延安出席中共白区工作会议，在会上作《关于白区的党和群众工作》的报告。图为刘少奇 1937 年在延安。

立取消，国内和平基本上实现，国共两党重新走向合作，极广大的群众参加到抗日民族革命运动中来。这些变动，已经改变了并且今后还要继续改变我们全盘工作的环境，同时也改变了我们所提出的任务、口号和政策。”“毛泽东同志在他的政治报告中指出：目前阶段，是中国革命新时期的第二阶段，在目前阶段，‘停止内战’、‘争取和平’的口号已经过去了。在今后我们主要的口号，应该是巩固国内和平，争取民主权利，实现对日抗战。并且指出：争取民主，是目前任务的中心一环，我们需要在全国进行一个广大的争取民主的运动。为了完成这样的任务，为了民族统一战线在各方面实际地建立起来，战胜日本帝国主义，这就全然依靠于我们党的组织工作的转变。”“因为环境的变动，新的任务与口号的提出，使得我们党与群众工作的工作方式、组织方式和斗争方式，也必须随之而全部的实行转变。这是一方面。另一方面，在我们党内，在各种群众工作中还存在着严重的关门主义、高傲的宗派主义与冒险主义的历史传统。这种恶劣的传统，从‘八七’会议以后的盲动主义就开始了，直至六届四中全会以后很长的时间内，还没有肃清。因此，它深入在许多同志的思想中及党与群众的日常工作方式中，以至成为恶劣的传统习惯。这种传统至今还没有在全党同志中彻底揭发，并给以应有的致命的打击与肃清，这在目前就特别妨碍民族统一战线的建立与争取群众的多数。为了肃清这一传统于每一具体工作中，就需要新的工作方式、组织方式、斗争方式的创造，需要党的组织工作的全盘转变。”“因此，目前的转变，是党与群众工作全盘的、彻底的转变。这对于我们是一个极艰巨的任务，然而这是决定一切的东西。”报告还论述了党和群众的关系、公开工作和秘密工作的联系、领导群众斗争的策略以及党的转变等诸多问题。《刘少奇选集》只收入了全篇报告十一个部分中的四个部分。报告要求“坚决抛弃主观主义与形式主义，用马克思的辩证法来代替；坚决肃清关门主义与冒险主义的历史传统，用布尔什维主义来代替”。报告号召全党同志学习，学习，再学习！通过学习过去的经验，学习马克思列宁主义的理论，学习马克思列宁主义的方法，来实现党和群众工作的彻底转变。

这个报告在会议上震动很大，发生了一些不同意见的争论。集中反映在三个问题上：一是关于对过去白区工作的估计问题；二是关于白区工作转变的两重性质及对“左”的历史传统的认识问题；三是关于白区工作的策略方针问题。其中心问题是：过去白区工作的指导方针是否犯了“左”的错误。

在白区工作会议期间，中央政治局召开会议，讨论我父亲在白区工作会议上的报告所引发的一些意见分歧。我父亲在政治局会议上发言，重申对过去白区工作的看法，认为“左”倾关门主义的传统“是顽固的，是有历史的，是基本问题上的错误”。会议肯定我父亲的报告“基本上是正确的”，“在北方工作是有成绩的”。毛泽东同志发言说：少奇对这个问题有丰富的经验，他一生在实际工作中领导群众斗争和处理党内关系都是基本上正确的，他懂得实际工作的辩证法。他系统地指出党过去在这个问题上所害过的病症，他是一针见血的医生。

当时担任中共中央总书记的张闻天同志，根据政治局会议的精神，在中共白区工作会议上作了《白区党目前的中心任务》的报告。

在白区工作会议结束之前，我父亲作结论发言，表示同意张闻天同志的报告。指出这次会议发扬了民主，开展了自上而下的自我批评，每个同志都充分表现了对革命极端负责的精神。说明5月17日在会上所作的报告，着重是批评“左”倾关门主义和冒险主义，并不是否定过去的一切。因为主要是批评错误这一方面，没有说到其他方面，并且对某些问题缺乏具体分析，有的说得过火了。

结论发言，着重阐述了统一战线与阶级斗争问题，指出：我们不只是争取政治上的领导权，而且要争取组织上、首先是思想上的领导权。在党内，主要是反对关门主义，同时又要同尾巴主义作斗争。在国共合作的条件下，中心问题是组织广大群众的问题。利用公开工作与合法手段去组织广大群众，已成为白区党和群众工作中很重要的一环。

发言还对白区工人运动、农民运动、青年运动、妇女运动以及基层党组织的工作提出了要求。

最后，会议表决通过了张闻天作的《白区党目前的中心任务》的报告和我父亲的结论发言。

这次会议从统治白区工作长达十年之久的“左”的思想禁锢中解脱出来，总结了10年白区工作的经验，统一了思想，明确了白区党目前的中心任务，对党的白区工作起了极其重要的作用，是白区工作走向彻底转变的历史转折。

我父亲3月4日给张闻天同志的信，后来在延安整风时期被中共中央指定为高级学习组的学习文件之一。

1938 年 9 月，刘少奇在延安出席中共六届六中全会，图为主席团合影。右三为刘少奇，左一为毛泽东。

我父亲在信中所提中共六届四中全会以后白区工作的历史教训，就是指王明的“左”倾冒险主义路线在中央领导机关占统治地位的时期。当时的临时中央不承认此时革命正处于低潮的现实，提出了一套“左”倾冒险方针，认为国民党统治的崩溃，“正在加速进行着”，强调城市工人斗争“已经带有浓厚的进攻性与政治性”，要求在白区普遍地武装工农和“尽量用全力来准备各个企业的总罢工”等错误主张。

1945 年中共六届七中全会通过的《关于若干历史问题的决议》批判了“左”倾关门主义和冒险主义。决议指出：“在白区工作方面，他们在革命已转入低潮而反革命的统治力量极为强大的城市，拒绝实行必要的退却和防御步骤，拒绝利用一切合法的可能，而继续采取为当时情况所不允许的进攻方式，组织庞大的没有掩护的党的机关和各种脱离广大群众的第二党式的所谓赤色群众团体，经常地无条件地号召和组织政治罢工、同盟罢工、罢课、罢市、罢操、罢岗、游行示威、飞行集会以及武装暴动等不易或不能得到群众参加和支持的行动，并曲解这一切行动的失败为‘胜利’。总之，各次尤其是第三次‘左’倾路线的同志们只知道关门主义和冒险主义，盲目地认为‘斗争高于一切，一切为了斗争’，‘不断地扩大和提高斗争’，因而不断地陷于不应有的和本可避免的失败。”

这些，也正是我父亲一直在批判和抵制的。

《关于若干历史问题的决议》肯定了我父亲在白区的工作，指出：刘少奇同志在白区工作中的策略思想，同样是一个模范。刘少奇同志正确地估计到1927年革命失败后白区特别是城市敌我力量的悬殊，所以主张有系统地组织退却和防御，“在形势与条件不利于我们的时候，暂时避免和敌人决斗”，以“准备将来革命的进攻和决斗”；主张有计划地把1924—1927年革命时期的党的公开组织严格地转变为秘密组织，而在群众工作中则“尽可能利用公开合法手段”，以便党的秘密组织能够在这种群众工作中长期的隐蔽力量深入群众，“聚积与加强群众的力量，提高群众的觉悟”。对于群众斗争的领导，我父亲认为应当“根据当时当地的环境和条件，根据群众觉悟的程度，提出群众可能接受的部分口号、要求和斗争的方式，去发动群众的斗争，并根据斗争过程中各种条件的变化，把群众的斗争逐渐提高到更高的阶段，或者‘适可而止’地暂时结束战斗，以准备下一次更高阶段和更大范围的战斗”。在利用敌人内部矛盾和争取暂时的同盟者的问题上，他认为应该“推动这些矛盾的爆发，与敌人营垒中可能和我们合作的成分，或者与今天还不是我们主要的敌人，建立暂时的联盟，去反对主要的敌人”；应该向那些愿意同我们合作的同盟者作必要的让步，吸引他们同我们联合，参加共同的行动，再去影响他们，争取他们下层的群众。一二·九运动的成功，证明了白区工作中这些策略原则的正确性。

“文化大革命”为了否定我父亲在历史上的这段贡献，硬把中共六届七中全会通过的这一决议从《毛泽东选集》中拿掉，不让人们知道我父亲这段历史曾被毛泽东同志和党中央用决议的形式肯定和赞颂过。但历史毕竟是历史，篡改、掩盖都是无济于事的。真的不会变假，假的也不会成真。革命者就是革命者，罪人就是罪人。历史是最公正的。

# 04 Chapter

1941 年 1 月“皖南事变”后，中共中央决定在苏北重建新四军军部，任命陈毅为新四军代理军长，刘少奇为政治委员，后任中央军委新四军军分会书记。图为 1941 年的刘少奇。

## Part.1 “发展华中最好的时机，事实上已经过去了，但还没有完全过去，还来得及补救。”这是我父亲当时对华中情况的分析。

大约是1940年冬天，我们在莫斯科莫尼诺国际儿童院的时候，有一天，哥哥悄悄对我说：“爸爸去前线了，去新四军了……”

其实，早在我们刚到延安的几个月后，父亲就已被任命为中原局书记，领导长江以北、陇海路以南的河南、湖北、安徽、江苏地区党的工作，发展中原武装力量，创建和扩大华中抗日根据地。

1938年11月，我和哥哥还在延安保育小学上学期间，爸爸已经离开延安去中原了。他临行前托人给我们捎来一小筐鸡蛋和一张便条，嘱咐我们好好学习，注意锻炼身体，要与同学们团结友爱，尊敬老师，听老师的话……我当时很天真，也没多想什么，只是想：爸爸你不用担心，这么好的条件，我们一定会好好学习，不会有什么事情的。哥哥没有同我说什么，但我看得出来，他心里有话不便对我直说。他那时也许能猜到，爸爸可能又要离开我们到远处去了。

我爸爸这次离开延安四个多月，又于1939年3月奉命返回延安。8月送我和哥哥离开延安去莫斯科学习后，不到一个月的时间，他又重返华中抗日战场。

华中已是抗日的生命线，父亲去扭转被动局面。

抗日战争初期，党中央提出关于深入敌后，广泛地发展共产党领导下的抗日武装力量，独立自主地开展大规模的抗日游击战争，建立抗日民主根据地的战略方针。

这一战略方针，在华北得到了我父亲和北方局的坚决贯彻执行，他们积极主动，抓住时机，各项抗战工作进展得相当顺利。而在华中，因为受到党内右倾机会主义——第二次王明路线的抵制，不仅整个华中，就是在新四军内，由于项英的错误指挥，除陈毅等同志一部分深入苏南、苏北和皖东北敌后外，其余还徘徊于国民党统治区和敌伪边缘区，依赖国民党而不积极地深入敌后开展游击战争，建立抗日民主根据地。他们丧失了大好良机，使华中和新四军的发展不仅受到严重影响，同时还埋下了遭受挫折的祸根。

中共中央于1938年9月29日至11月6日召开了扩大的六届六中全会。我父亲在会上作了《华北三年来工作基本总结报告》，批判了王明在统一战线上的'右'倾机会主义。毛泽东支持我父亲的意见，他说："刘少奇同志说得很对。如果所谓'一切经过'，就是经过蒋介石和阎锡山，那只是片面的服从，无所谓经过统一战线。"会议批判了王明在统一战线上的右倾机会主义，决定撤销长江局，成立中原局和南方局。会议确定把党的主要工作放在战区和敌后，提出了大力巩固华北、发展华中的战略方针。

这时的抗战局势已经相当严峻，国民党军队在1937年7月到1938年10月，仅一年零三个月的时间里就丢失了华北、华中和华南大片国土。

1938年10月武汉、广州失守以后，全国抗战进入相持阶段，日寇便对国民党实行政治诱降为主、军事进攻为辅的方针，把军事进攻的矛头主要指向八路军、新四军在敌后建立的各个抗日民主根据地。当时日本侵略军已经推进到开封、信阳、合肥、岳阳、芜湖、杭州一线。日军在中国战场上已投入近百万兵力。日本侵略者认为："只要控制中原，实质上就能支配中国。"他们想尽一切办法来夺取中原这一重要地区。国民党顽固派在日寇诱降、英美劝降之下，大力反共、反人民，多方制造摩擦。

我父亲就是在这种情况下，被任命为中原局书记的（后来为华中局书记）。

"发展华中最好的时机，事实上已经过去了，但还没有完全过去，还来得及补救。"这是我父亲当时对华中情况的分析。

1938年11月23日我父亲同朱理治、郭述申、李先念、谭希林一行离开延安奔赴中原。据当时同父亲在一起工作的老同志回忆，我父亲一到河南渑池，就立即投入到紧张的工作中，传达中央六届六中全会精神，并根据中原地区的政治形势、军事和地理特点，尤其是武汉外围党的工作基础，人民抗日武装的发展情况，决定撤销湖北、河南省委，建立鄂中、鄂西北区党委及豫南、豫西、鄂豫皖、豫皖苏省委。他明确指出，“沦陷区党的任务是建立党的组织，发动群众，武装群众，开展敌后游击战争，创建根据地；未沦陷区党的任务是恢复和发展党的组织，发动群众，武装群众，积蓄力量，准备游击战争和支援敌后抗战。从而，在思想上、组织上基本纠正了王明投降主义错误。”

1939年1月15日组成了以李先念为司令的新四军独立游击大队，向武汉外围敌后挺进，以开辟抗日根据地。

针对武汉失守以后，抗战已进入相持阶段的战略形势，父亲对不同地区作了不同的部署。他说：“豫西地处敌我斗争的前沿，还有沦陷的可能，因此摆在豫西党组织面前的任务是，随时开展游击战争，建立抗日根据地。为此还要大力发展党的组织，加强统一战线。豫西南情况不同，还会稳定一个时期。”他说，“整个中原地区的形势，是开展游击战争的形势，是发展的形势，你们这个地区还是国民党顽固势力统治区，在当前的形势下，是要隐蔽、精干、保存力量，在上层人士中积极开展抗日民族统一战线工作，在友军（国民党中主张抗日的部队）工作中，要积极进行和上层人物交朋友的活动。同时还告诫他们，最近在抗日民族统一战线中出现一股逆流，国民党顽固派怕群众起来抗日，怕群众拥护我们。在他们力所能及的地方，压制抗日救亡运动，打击我们。对此，你们要有精神准备。对在国民党军队中的中共地下党员，则要求他们下决心沉下去。”对鄂中地区，他指出：“你们那里有国民党的桂系部队，有川军，也有蒋介石的嫡系部队，还有地方势力。这些部队中间，有进步的，也有倒退的；有主张团结抗战的，也有坚决反共的。它们互相之间，存在着不同的矛盾，斗争是很复杂的。”“你们得进一步做好统战工作。同时，坚持独立自主的方针，要发展进步势力，争取中间势力，孤立顽固势力。”“要争取时间，扩大武装力量，迅速打开敌后抗战局面。”鄂中特委高举抗日旗帜，大力发展抗日武装。不久他们便在鄂中组织了公安寨伏击战和夜袭云梦城两次著名战斗，还打死了一名日本天皇的皇亲，狠狠打击了日寇的嚣张气焰。

对豫皖苏边区根据地的开创，我父亲指出要向敌后发展，由小块到大块，由一块到多块，然后连接在一起，使豫皖苏边区成为联系华北、华中各抗日根据地的枢纽，成为我军向东挺进，开辟苏北的前进阵地。

我父亲坚决贯彻执行中央发展华中的指示，认真分析了华中地区的抗战形势，坚定地提出：“向敌后发展，在敌后放手发动群众，放手扩大新四军，坚持发展进步势力，争取中间势力，孤立反共顽固派，独立自主地建立抗日民主根据地。”彭雪枫对李波人讲：“少奇同志这一来，许多根本问题都解决了。”几个月之内，华中抗战形势有了较大的发展。

1939 年 3 月 18 日父亲奉命返回延安之前，再次分析了当时的抗日战争形势和华中情况，对豫西、豫南、鄂中、鄂东、鄂西北、皖北、鄂豫皖、豫皖苏各省工作做出周密果断的决策。

我父亲 3 月底从中原返回延安到 9 月 15 日第二次进入中原的这

刘少奇在延安杨家岭窑洞写《论共产党员的修养》演讲稿。

半年时间里，除继续指导华中的工作外，还出席了中央书记处会议和政治局会议，讨论召开中共第七次代表大会等问题，并同王稼祥同志共同负责起草了七大组织问题的决议。

这期间，我父亲为纪念七七抗战二周年，在《解放》和《新中华报》上同时发表《巩固团结，粉碎敌人的阴谋》的文章。

紧接着，又在延安马列学院作《论共产党员的修养》的演讲。毛泽东同志为此写信给延安《解放》杂志编辑部，认为这个讲演提倡正气，反对邪气，写得很好、很重要，应赶快发表。

1942 年延安整风，又将《论共产党员的修养》作为整风学习的文件之一。谁又能想到在“文化大革命”那个颠倒是非的年代竟把它当成“毒草”、“黑修养”在全国范围内批判呢！

## Part.2 父亲二进中原，发展华中根据地，开展抗战新局面。

我父亲第二次返回中原，是在我和哥哥离开延安不久的 9 月 15 日。可是，当我们知道这个消息时，已是 1941 年的冬天了。那时我们正在苏联国际儿童院学习。有一天哥哥悄声地告诉我：“父亲去前线了，去新四军了。”听到这个消息，不知道怎么的，我幼小的心里忐忑不安。我只有这么一个最亲的人了，他在枪林弹雨中东奔西跑，多危险啊，我们又在异国他乡，心里很不是滋味。哥哥看出了我的心思，以大人的口气安慰我：“在国内，现在就是打仗，哪一个参加革命的人，不都是早就把自己的生命拼出去了。”然后，他又严肃地对我说：“在这儿，我们是学习，你想爸爸，我也想爸爸，可我们又有什么办法照顾他呢？咱们只有听爸爸的话，加劲学习。”其实，此时我父亲投身于华中的抗日战火已有两个多年头了。

父亲二进中原，是 1939 年 9 月 15 日同徐海东、刘瑞龙同志一批军政干部走的。父亲这次到中原正迎着国民党反共高潮即将到来的满天乌云。据一些当年同父亲在一起的老同志讲，当时国民党亲日派首领、国民党中央政治会议主席、副总裁、国民政府行政院长汪精卫已公开投敌，成了日本帝国主义的汉奸，国民党顽固势力不断制造摩擦，随时会发生危险。父亲一行为了应付国民党顽固派的无理刁难和可能出现的一些麻烦，让徐海东佩带上少将军衔，我父亲则化名胡服由徐海东同志掩护，公开的身份是徐海东将军的秘书。在出发之前，我父亲对徐海东将军说：“海东，我们一起去。”徐海东说：“好啊，我很高兴跟少奇同志同路。”我父亲笑着说道：“不要忘了，路上，我可是你的秘书哟！”徐海东将军不好意思地说：“我可没有那么大的福气！”我父亲说："这也没什么，需要嘛，该装成什么样的人，就装成什么人。"

我父亲和母亲何宝珍多年在白区做地下工作，为了隐蔽自己身份便于开展工作，常常装扮成各种各样的人，装过工人，扮过农民，也扮过教书先生和阔老板。这次到中原又扮作徐海东将军的秘书，路上同国民党军政界人士打交道时，由徐海东出面同他们周旋，我父亲则身穿一身八路军普通军服，站在徐海东背后，就如同真的秘书一样，一会儿双手接住徐海东脱下的军帽，一会儿接住他的外衣。回来后，徐海东很是不安。我父亲却笑着说：在这种环境下工作，必须机智哩，就跟演戏一样，演得要像才成。晚间，陕西省委向我父亲汇报工作，徐海东坐在一旁静听。过后，徐海东风趣地说："这几天，我白天当首长，晚上可就是个小学生了。"

我父亲到达河南的时候，也是国民党蒋介石消极抗日，积极反共行动越来越甚的时候。在中原，国民党顽固派正在用一切力量建立他们的反革命统一战线，向鄂东、豫南、鄂中三个地区武装进行"围剿"，企图采取各个击破的办法来最后驱逐、消灭我们新创立的武装。

9 月 26 日，父亲一行到达河南洛阳。当时洛阳仍在国民党手里，在八路军办事处周围，门口常有特务盯梢。我父亲一到八路军办事处立即召开了中共豫西省委会议，听取了省委同志的汇报。晚上又找来正在向省委汇报工作的洛宁地委书记邵文杰。在一盏煤油灯下，他向我父亲汇报了洛宁、宜阳、新安等县地下党的工作情况。父亲一面听，一面问，一面讲自己的意见。当谈到豫西地下党员常常有被捕的，有些同志不能在当地继续工作而转移了地方时，我父亲针对当时豫西情况强调指出：当前国民党到处与共产党摩擦，时局趋向恶化，豫西党的任务应该以巩固为主，隐蔽精干，长期埋伏，积蓄力量，以待时机。

在洛阳除对豫西党的工作做了部署外，还听取了在国民党第一战区长官部的中共地下党员赵荣声的汇报，并指示他要有长期打算，跟着司令卫立煌安心呆下去，绝对不可以性急暴露，要等待时机。我父亲知道他的处境很危险，从 ×× 那边来的，有一些人知道。这是一个很大的弱点。在这样的高级司令部，有个风吹草动，自然引人注意，要做突然事变的准备。我父亲同赵荣声同志从晚上一直谈到东方发白。

第四天，我父亲同徐海东等离开洛阳向竹沟进发，昼行夜宿，行程 4 天，于 10 月 2 日到达中原局驻地竹沟。我父亲一到竹沟，立即全面了解党政军的情况，检查财政经济工作，以及敌、顽、友的军政情况。根据党中央的指示，决定将中原局战略转移到皖东地区。在转移前，我父亲召开了党政军主要干部会议，对工作做了全面安排，并布置了具体任务，要求机关干部和部队迅速行动起来，做到敌后抗日的准备。父亲在中原局、豫南省委、竹沟留守处及竹沟地委、竹沟县委干部会议上作了《国民党反共高潮必然到来，我们如何应变》的报告。他在分析形势与应变工作具体部署后说："总之，我们要有备在先，有理有利有节地同国民党的反共政策进行针锋相对的斗争。"

这时，陈毅、粟裕率领的新四军一、二支队，开展了长江三角洲的游击战争，建立江南敌后游击根据地；张云逸、罗炳辉率领的四、五支队，开辟了皖中、皖东敌后游击根据地；彭雪枫率领的游击支队开辟了豫皖苏游击根据地，配合八路军，开展了津浦路东的工作；李先念率领的豫鄂挺进纵队，打开了豫鄂边的抗战局面，开辟了鄂豫边游击根据地。中原工作的重心，逐渐向敌后根据地转移。

11 月 6 日我父亲一行到达安徽涡阳新兴集。他听取了支队司令员彭雪枫和吴芝圃、张震、肖望东同志的汇报，对支队的各项工作给予高度评价。特别是对部队由 1938 年 9 月 30 日由竹沟出发时的 380 人，在一年多的时间发展到 1.7 万多人，非常满意。他根据中央的方针和华中的情况，特别强调要深入敌后，开创华中抗战的新局面，反复说明中央这一战略意图的重要意义。他说："将来华中根据地南扼长江，北倚陇海，东到海滨，西抵平汉线，可以造成威胁宁沪，逼近武汉、徐州之势，对中国抗战的全局将发挥重要的作用。"

我父亲在这里的工作紧张繁忙，在不到一个月的时间内，针对豫皖苏地区的情况，对发动群众、组织群众，在先进分子中发展党员，建立农村党支部，实行减租减息和在统一战线中坚持独立自主的方针，有理有利有节的策略等问题作了指示。我父亲对根据地的政权建设非常关心，他强调，"我们的政权，应该成为真正的抗日民族统一战线的政权，成为包括所有抗日阶层联合的民主政权。下层（区、乡）政权的改造，应树立农民基本群众的政治优势，把基层政权牢牢地掌握在共产党和进步分子手中。”我父亲还特别注意对干部的培养和提高，针对当时的形势和干部的思想问题所做的多次有针对性的讲话，非常受当地干部的欢迎。

据有关资料记载：“在刘少奇的指导与关怀下，豫皖苏根据地迅速发展壮大。”1939年11月成立了豫皖苏边区参议会，吴芝圃任参议长，耿蕴斋任副议长。“不久召开了豫皖苏边区各界人士代表大会，成立了豫皖苏边区政权的最高领导机关——豫皖苏边区联防委员会，选举吴芝圃为主任，刘庞光为副主任。”“到1939年底，豫皖苏边区抗日民主根据地已初具规模。”

1939年11月19日，党中央发出江北新四军向东海发展的指示。我父亲为了尽快实施党中央的战略部署，于当月下旬启程到新四军江北指挥部。他号召所有江北部队要以实际行动实现中央提出的东进方针。

自从1939年1月，国民党五届五中全会决定转向反共为主后，先后颁布了《限制异党活动办法》《异党问题处理办法》等反共文件。国民党军队由正面战场向敌后败退，转向与我军争夺敌后根据地和日军无法控制的地区。6月12日，国民党第二十七集团军司令长官杨森，派部队包围新四军设在湖南平江的通讯社，杀害新四军参议徐正坤、八路军少校罗梓铭等6人。9月，国民党湖北保安司令程汝怀，在鄂东新集围攻新四军后方机关，惨杀共产党员和群众500多人。11月11日，国民党第三十一集团军少将参议耿明轩纠集确山、泌阳、信阳三县保安团1800多人，向竹沟突然袭击，惨杀抗日军民、伤病员200余人，制造了骇人听闻的竹沟惨案。

我父亲到达新四军江北指挥部后，连续几天夜以继日地听取汇报。他对张云逸等同志贯彻执行中共中央东进敌后方针所做的工作作了充分的肯定，他分析了淮南与华北平原的异同，指出：淮南除了国民党顽固势力比较雄厚，控制了大片土地政权之外，其他和华北相同，符合毛主席提出的建立根据地的条件。至于不利条件，经过努力是可以克服的。现在的当务之急，是建立敌后抗日根据地。他号召所有江北部队要以实际行动实现中央提出的东进方针。

12月中旬，日本侵略军第六师团长谷寿夫纠集盘踞在南京、明光、蚌埠、巢县的日伪军3000多人向我淮南津浦路西地区发动进攻，实行“三光”政策，妄图摧毁我初建的路西抗日民主根据地。我父亲同张云逸指示新四军第四支队司令徐海东同志“避敌锋芒，击其弱翼，精心捕捉战机，充分利用有利地形，出敌不意地在运动中给以歼灭性地打击，以缩小‘扫荡’范围，缩短‘扫荡’时间，减少人民损失”。徐海东将军按照这一指示立即部署，决定由七、九两个主力团打好这一仗。

战斗从21日开始，经过三昼夜的激烈战斗，粉碎了敌军3000余人对我根据地的三路“扫荡”，共击毙敌人160余人，其中击毙日军队长毛高于穗，活捉敌分队长1人，缴获大量武器弹药和军用物资，收复了周家岗、复兴集、大马厂、集保河镇等地。群众纷纷返回家园，大小村镇一片欢腾，人们奔走相告，颂扬新四军为国为民打了胜仗。这次“反扫荡”扩大了我党我军的政治影响，使我军在津浦路西站稳了脚跟，打开了皖东抗战的新局面，为创建皖东抗日根据地奠定了坚实的基础。1939年底豫皖苏抗日民主根据地已初具规模。

我父亲为了更好地贯彻执行中央发展华中的指示，从12月中旬到1940年2月，连续主持召开了三次中原局会议，讨论了华中发展方向、根据地的建设、发展人民武装和统一战线等问题。决定在华中实施向西防御、向东发展、开辟苏北的战略。他说：我们全力向东发展，既有理也有利，解决了苏北问题后，我军即可背靠山东，凭江据海依托水网，开展华中抗战。他说我们看六大宝：一是抓武装、二是抓政权、三要抓发动群众、四是抓财政经济、五是抓发展党、六是抓培养干部。这六大宝的总体思想，就是要建立巩固的抗日根据地。同时建议中央派八路军一部南下，新四军主力北上，大力发展华中，使华北、华中两大根据地连成一片，八路军、新四军互相支援。

中央采纳了我父亲的意见，即派八路军第二纵队三三四旅及新二旅共5个团1.2万人，由黄克诚率领于1940年6月20日抵达新兴集与新四军第六支队彭雪枫会合，分编为第四、第五纵队。彭雪枫任第四纵队司令员兼政委，黄克诚任第五纵队司令员兼政委。

1940年1月初我父亲同张云逸等同志将豫南、鄂中、鄂东部队统一整编为新四军豫鄂挺进游击纵队。整编后的豫鄂挺进游击纵队的主力挥戈东进，创建鄂东抗日根据地。战斗区域和队伍越来越大。活捉国民党十九纵队司令蒋少瑗。经过一个多月的努力，大小悟山附近的新县、红安、麻城、黄陂、杨店等地区成立了人民政府，初步建立了鄂东抗日根据地。

中共中央3月致电我父亲和李先念，对此给予了高度的评价："武汉地区挺进队的创造，是一个伟大的成绩。这次经验证明了一切敌后地区，不论在华中或华南，我党均可建立自己的武装部队，并且可以存在与发展。其先决条件，是地方党应有组织武装的坚决决心与工作布置，有不怕与顽固派摩擦的勇气与意志。"从此，这支新四军万人主力部队坚决贯彻执行党中央的指示，在进行强有力的武装斗争的同时，根据地建设迅猛开展，为反击国民党顽固派的反共高潮打下了坚实的基础，使中原敌后抗战形势发生了历史性的转折。

2月7日，中原局向彭雪枫、江华、金明发出《关于建立苏北、皖东北根据地的指示》。我父亲在连以上主要干部会议上作了反顽斗争的动员报告。他说：摩擦是非反不可，否则就犯了原则错误，如果不在反摩擦的斗争中取得胜利，抗日就没有我们的地位，就没有我们的根据地，抗日统一战线也就统不起来。

3月28日，我父亲又写信给张爱萍、江华、刘瑞龙等同志，提出了建立皖东北的方针和政策。

就在1940年春节后，桂系军阀李品仙主力一三八师在津浦路西向新四军发起进攻。接着，江苏省主席、国民党嫡系二十四集团军总司令韩德勤，也调集10个团兵力向津浦路东的新四军进攻，妄图切断新四军与八路军的联系，消灭新四军江北部队，孤立江南部队。一时皖东上空乌云翻滚。对此，我父亲指出："现在局势逆转，国民党准备投降。我们要坚决揭露他们的反共投降阴谋。我们不但要打日本鬼子，还要进行反摩擦。"

我父亲同张云逸对这次自卫反击战已胸有成竹，调兵遣将，集中主力于津浦路西，先反击威胁最大的李品仙部，以巩固路西根据地，然后再挥戈向东击破韩德勤的进攻。历时 9 天,路西反顽斗争取得了完全胜利。

韩德勤于 3 月 21 日发起了以来安半塔集为重点的全面进攻。3 月 29 日,我军开始全线反击,前后历时 20 天。用 2000 人打败了韩德勤 1 万多人,共歼灭顽军有生力量 3000 余人,缴获大量武器弹药和军事装备。韩顽主力逃往三河以北,本地土顽也大部退走,淮南运河以西、津浦路东的顽固武装已不多,再加肃清,即冲开了建立抗日民主根据地的大道。

4 月 10 日,我父亲向党中央报告了粉碎韩德勤进攻新四军的情况。毛泽东获悉后十分高兴,于 5 月 4 日致电我父亲说,反对韩德勤、李宗仁向皖东进攻的自卫战争"是绝对必要和绝对正确的。而且是使顾祝同不敢轻易在皖南、苏南向你们进攻的必要步骤"。陈毅说:"半塔保卫战是固守待援的范例,在华中先有半塔,后有郭村。有了半塔才有黄桥。"

## Part.3 谋求开辟苏北的最佳途径,以便尽快使南方的新四军和北方的八路军连成一片。

毛泽东同志非常关心华中的情况,5 月 5 日又同王稼祥致电指出:"华北敌占领区日益扩大,我之斗争日益艰苦,不入华中不能生存","故华中为我最重要的生命线"。"整个苏北、皖东、淮北为我必争之地。凡扬子江以北,淮南路以东,淮河以北,开封以东,陇海路以南,大海以西,统须在一年以内造成民主的抗日根据地。"又指出:"凡军事行动统归朱德、彭德怀两总及胡服(刘少奇)同志指挥。一切具体部署,政治口号,政权建设,发展计划及统一战线方针,统由胡服负责。"

紧接着,我父亲连续在几天内致电或写信给新四军江北指挥部、华中各部队、各区党委、江北特委和苏北特委,就江北反顽行动作了部署和提出已建政权地区普遍实行减租减息的具体办法和保护麦收的指示,提出目前苏北党的总任务;就豫皖苏边区财政问题致电彭雪枫等同志;还在皖东干部会议上作了关于《在敌后怎样建立抗日根据地》的报告。

同时，还多次向毛泽东及其他中央领导同志致电，提出解决皖东、皖东北问题的工作布置意见，通报部队活动情况。

我父亲同新四军江北指挥部的负责同志打开皖东局面后，立即到皖东北，其更重要的目的是谋求开辟苏北的最佳途径，以便尽快使南方的新四军和北方的八路军连成一片。

半塔集保卫战胜利后，我父亲按照中央指示，确定把苏北作为战略突击方向，集中陈毅、黄克诚和罗炳辉等各方力量，向苏北发展。

自从日军进占苏北后，国民党顽固派江苏省保安第三纵队司令兼淮泗专员王光夏，在江苏省主席韩德勤的指使下，暗中勾结日军，到处组织汉奸伪政权。这次趁固镇、玉河、泗洪的日军向新四军进攻之机，也将其所属 4 个团的兵力倾巢出动，公开配合日军"扫荡"。占领我朱湖、新行圩子及其以北地区，给新四军造成了四面受敌的困境。

据同我父亲在一起的张爱萍同志回忆当时向我父亲请示汇报的情景："我把当时的敌情和我们的困难处境向他作了汇报。少奇同志一面听着，一面看着地图，脸色仍然那样开朗、平静。等我讲完后，他微微点了点头说：'是很困难啊，你看该怎么办好呢？'我说：'看来不反击是不行了。王光夏经常和我们闹摩擦，这家伙这次竟公开对我们进行武装进攻，是狠狠给他回击的时候了。'少奇同志很赞成地说：'对！人不犯我，我不犯人，人若犯我，我必犯人。这是毛主席指示我们的。我们在反击日本鬼子的扫荡，顽固分子却趁机向我们进攻，这就逼得我们不得不自卫了。因此，打他，我们是有理由的。这一点也一定要给干部，特别是战士讲清楚。'接着少奇同志又问了部队的政治情绪和有关作战等问题，当他了解到要以一部分力量牵制日寇，又要歼灭王光夏四个团是有困难，但打垮他，赶出我们根据地是有可能的时候，他肯定地说：'现在情况的确很严重，但是，打了，情况就会好的。……我们既然有理又有利，就坚决地打垮顽固分子的进攻！'"

张爱萍继续回忆说："记得是我们同王光夏部队战斗的第五天夜晚，顽军两个团被我们打垮，并被驱逐到根据地边缘上——界头、曹庙一线。""我从前方指挥所来向少奇同志报告情况并陈述下一步的作战计划。”“少奇同志对伤亡情况和政治情绪很关心，当他知道我们部队营以上干部没有伤亡，战士伤亡也不大的时候，才放下心来，谈了同敌人斗力、斗勇、斗智的问题。”“为了狠狠地教训这些‘反共摩擦专家’，彻底粉碎王光夏的进攻，完全恢复我根据地，他又决定在我们已取得胜利的基础上，组织当时在淮北津浦铁路东地区活动的八路军南进支队和苏鲁豫支队的一部，与我们共同行动。在少奇同志的统一指挥下，经过两天一夜的激烈战斗，在运河以西洪泽湖以北地区，又歼灭了王光夏两个多团，把残部赶回运河以东，完全恢复了我们原有的根据地。”

八路军二纵队政治委员黄克诚率第三四四旅（辖六八七、六八八、六八九团）、新二旅（辖五团、六团）共5个团和教导营共1.2万余人分两个梯队从冀鲁豫边区南下华中，分别于6月20日、27日到达豫皖苏边区涡阳县新兴集，与新四军第六支队彭雪枫部胜利会师后合编为八路军第四纵队，彭雪枫任司令员，黄克诚任政委。为了适应向西防御、向东发展的需要，随后根据中原局决定，又将新编第四纵队分编为第四、第五两个总队。彭雪枫任四纵队司令员兼政治委员，坚持豫皖苏边区的斗争。黄克诚所部与新四军第六支队第四总队、八路军苏鲁豫支队、八路军陇海路南进支队合编为第十八集团军第五纵队，黄克诚任司令员兼政治委员，下辖3个支队（旅）两万余人，执行向东发展的任务，带领部队东进淮海和盐阜地区，从此向苏北的战略进军开始了。

7月20日，我父亲向中央提出关于发展苏北抗日根据地的意见。随后又作出开辟淮（阴）宝（应）地区的部署。与此同时，新四军江南指挥部及其部队在陈毅、粟裕率领下，在镇江和扬中之间渡江北上，与先期到达的挺进纵队、苏皖支队在大桥镇、郭村地区会合。我父亲认真考虑了陈毅同志提出的东进黄桥的计划后改变原意见，复电称“东进黄桥计划甚好，此次行动及长江以北陇海路以南新四军、八路军行动将由陈毅统一指挥”。由此开始了著名的黄桥战役。

新四军取得黄桥战役胜利后，乘胜北上，10月11日，陈毅、粟裕率新四军部队与黄克诚率领的八路军南下部队一支队在白驹镇会师。

10月下旬，我父亲率“乌江支队”——江北军政干校学员和其他干部千余人，从半塔集出发到达阜宁，11月5日到达海安，与离别10年的陈毅将军见面，老友重逢，百感交集。陈毅将军即兴赋诗一首：

十年征战几人回，又见同侪并马归。
江淮河汉今谁属？红旗十月满天飞。

然而正当父亲领导、指挥的华中敌后抗战如火如荼的时候，国民党蒋介石却磨刀霍霍，向共产党开刀了。他认为第二次世界大战是他消灭共产党的极好机会。这时德国为了能使日本南进，派大使从中调停，日本也采取在正面战场停止攻击的办法来诱蒋投降。日军将领土肥原以让出华南、华中一部为条件，要求国民党消灭华中新四军。特别是百团大战之后，日本内外交困。汉奸汪精卫也劝蒋降日，合力对付共产党，讨伐八路军和新四军，并许诺让蒋任南京政府主席。蒋介石原来本想利用八路军、新四军在敌后抗战，借用日军之手消灭共产党。但事实恰恰与他的想法相反，新四军、八路军的队伍迅速壮大。这时的他认为消灭共产党新四军的好机会到了，决心掀起第二次反共高潮，消灭新四军和八路军。

我父亲同陈毅将军会见后，立即根据中央指示和蒋介石的反共行为以及华中情况，对如何建立、巩固与发展华中抗日根据地的问题，作了充分的讨论研究。11月12日中央书记处复电同意建立华中八路军、新四军总指挥部。叶挺任总指挥，我父亲任政治委员，陈毅任副总指挥。在叶挺到达苏北前，陈毅为代理总指挥。11月24日我父亲同陈毅率华中总指挥部机关移驻盐城。26日下达了曹甸战役第一个攻击命令，12月4日下达了第二个作战命令。整个曹甸战役经过18天的激战，歼灭韩德勤主力8000余人，是继黄桥战役后对韩德勤又一次沉重打击。苏北出现了相对稳定的局面。

## Part.4 蒋介石得知这一消息后，低低地叹气说："没料到'皖南事件'起了割韭菜的作用，越割越旺。"

这时的皖南由于项英对国民党仍报有幻想，毫无警惕，已成了国民党蒋介石进攻的首要目标。他们认为："选择皖南剿共，一定马到成功。"蒋介石经过一番策划，20日晚蒋介石又面授机宜："要保证皖南剿共成功，要采取声东击西的战术……"并作了具体部署。11月下旬又制定了《黄河以南剿共作战计划》的密令，并多次给在皖南的顾祝同发去特急电报指示，要顾祝同调三十二集团军到皖南，任命上官云相为皖南前线总指挥，统一指挥二十三和三十二集团军7个师的兵力。12月中旬蒋介石又命令顾祝同召开徽州作战会议制定围剿新四军的作战细则，要彻底干净地消灭新四军。

情况发展很快，中央已将蒋介石要围剿新四军的情况多次通知叶挺、项英，而项英仍犹豫不决，在如此紧急关头，还在考虑讨论是北进，还是东移，还是坚守？叶挺将军早就对项英不执行中央关于军部北移的方针十分不满，他说："这个问题毛泽东同志早有指示，用不着讨论。"接着他讲了今年以来中央多次来电催促北移的指示后说："中央把国共两党在华中的矛盾焦点说得如此透彻，而且焦急的心情可想而知，可是我们却按兵不动，迟迟不肯北移。不出毛泽东所料，蒋介石要下手了，皖南已在一触即发之际。现在当务之急是立即执行中央指示迅速北移。"可项英仍抱有幻想。他同周子昆讲："顾祝同还是开明的，我们相处得不错，三年来皖南从未发生摩擦，他不会向我们动手的，要动手早动了。"

在此期间我父亲为使皖南新四军北移，给中央和项英发报不少于十来次，并为他们顺利北移做了安排，可项英就是不动。12月22日顾祝同电令必要走铜陵、繁昌北渡，并要在12月底前移完。这时项英已经知道顾祝同要消灭新四军，但仍按兵不动，还发报给中央，要中央给明确肯定的方针。中央回电批评了项英，指出："你们在困难面前屡次向中央请求方针，但中央远在一年前即将方针给了你们，即向北发展，向敌后发展，你们却始终借故不执行……究竟你们主张的是什么……”可项英同志仍不果断行动，无休止地召开会议研究讨论。

1月3日，中共中央再一次命令项英：“你们全部坚决离开苏南，并立即行动。”在中央一再命令督促下，项英才不得不指挥部队在4日晚开始转移。7日，部队在转移途中遭到伏击。新四军广大指战员在顽军三面包围之下英勇抵抗，终因寡不敌众，除一小部分部队在群众的支持掩护下保存下来，整个部队遭到毁灭性打击，叶挺军长被俘，袁国平英勇牺牲，项英、周子昆企图从小路突围，终因道路不熟没有突出去，后被叛徒杀害。

震惊中外的“皖南事变”终于发生了。

在“皖南事变”发生的日子里，我父亲不顾日军飞机轮番轰炸新四军、八路军华中总指挥部的危险，经常守候在译电室内，了解电台同延安、皖南联系的情况，度过了八个不眠的日日夜夜。他打电报给皖南被围困的项英，要他想法突围到江北，并派曾希圣、黄火星回皖南的繁昌、芜湖一带组织皖南独立支队，负责收容事变中失散的武装人员，并开展敌后抗日游击战争。

11日，我父亲与陈毅同志联名致电新四军各部队，通报了皖南事变的情况，要求各部队向各方呼吁，并通过各种统战关系向国民党政府提出抗议，要求立即制止围攻新四军的行动。

1941年1月16日晚，顾祝同用电话向蒋介石报告：“围剿皖南新四军战斗胜利结束”。1月17日在《中央日报》上，以国民党政府军事委员会的名义发布解散新四军的命令。蒋介石同时命令汤恩伯、李品仙等数十万大军向新四军各部发起进攻。从而，使第二次反共高潮发展到了顶峰，把国共合作局势推向全面破裂的边缘。

1月18日，我父亲和陈毅致电中共中央，提出“皖南事变”后的工作部署，建议在苏北成立新四军军部，陈毅任代军长。1月20日，中共中央军委发布重建新四军军部命令，任命陈毅为新四军代军长，刘少奇为政委。同日，又发布了成立新四军军分会的命令，我父亲被任命为军分会书记。

1月23日，刘少奇、陈毅、张云逸等新四军将领发表就职通电：“当此寇氛弥漫秦桧横行之际，陈毅等誓遵三民主义，服从总理遗嘱，与万恶敌人日本帝国主义及其走狗中国亲日派奋斗到底。”

蒋介石得知后被震呆了。

1月24日，我父亲主持中原局召开高级干部会议，在会上作了关于“皖南事变”的报告。会后，我父亲同陈毅等17位新四军将领发表了《新四军将领声讨亲日派通电》。1月25日，新四军军部成立大会在盐城举行。因为我父亲一直是用胡服的化名，这是第一次公开真实姓名，陈毅同志特地向大家介绍说：“胡服同志就是刘少奇。刘少奇是我党杰出的领导人之一，他走到哪里，哪里的革命形势就迅速好转。他到华北，华北抗日运动大发展；他到皖东北，皖东北就展开了新局面；他到苏北，苏北出现了一片新气象。”他接着说：“新四军直接在中央和刘少奇同志领导下，好像火车在轨道上行走，一定能够顺利地到达目的地。……”

随后我父亲发表讲话，他首先痛斥了国民党发动“皖南事变”的罪行及投降日寇的阴谋，最后号召全军坚决执行党的统一战线政策，服从党中央的领导，做好准备，随时粉碎顽固派的任何阴谋。

重建的新四军扩编为7个师1个独立旅，全军共9万余人。

蒋介石得知这一消息后，低低地叹气说：“没料到‘皖南事件’起了割韭菜的作用，越割越旺。”

“皖南事变”以后，蒋介石调集30万大军进攻华中，命令汤恩伯、李品仙、顾祝同等继续东进北上，向豫皖苏、皖东、皖中、苏南敌后抗日根据地进攻。韩德勤、李明扬、李长江等部也准备策应。这时的日本侵略军，一方面诱降蒋介石，一面加紧进攻各抗日根据地。日寇用于同新四军作战的日军达11万人，加上华中15万伪军共26万余人向新四军疯狂进攻。

我父亲同陈毅将军，根据中央指示顽强坚持抗战，将战略指导中心着重放在巩固长江以北、津浦路以东根据地，大力经营苏南，坚持皖南，发展皖中，准备条件成熟时向西、向南发展。一面声讨国民党顽固派，一面加强对部队的教育，坚定全体指战员抗日到底的决心，同时重新整编部队。1月24日到28日，我父亲主持中原局和军分会高级干部会议，作了关于皖南事变的报告，分析了皖南事变后的形势。会议根据当时的形势和中央的指示，讨论确定了新四军今后的任务，并做了具体部署，提出“建设一个正规化的党军”的要求。

中共中央为了适应华中形势，加强对整个华中地区党和军队的领导，决定将东南局与中原局合并成立华中局，同时成立中央军委华中军分会。我父亲被任命为华中局书记兼华中军分会书记。

6 月初，由我父亲主持召开中央军委华中军分会扩大会议。我父亲同陈毅将军分别在会上作了建军工作的报告，会议全面地总结了新四军党的领导、政治、军事、干部、教育、锄奸、敌工、供给、卫生等部门的工作，提出了改进措施；系统地论述了建军工作的重要性；全面制定了建军工作计划，强调整训和扩大主力兵团，进一步提高全军的政治、军事素质；号召全军为建设正规化的党军而奋斗。

1941 年新四军同日伪军及国民党顽固派进行了激烈的战斗。全军作战 2391 次，缴获步枪 26182 枝，轻重机枪 600 挺，各种炮 41 门，歼灭日伪军 3.3 万余人，俘虏 20782 人。

到年底新四军的阵容较“皖南事变”前更加充实、更加壮大，主力部队发展近 9 万人。根据地地方抗日武装也迅速壮大，地方部队发展到 4.1 万人，民兵 51.5 万人。为坚持巩固和发展敌后抗日打下牢固基础，根据地的各项工作都有明显进步。

同我父亲一起在华中工作的刘瑞龙同志回忆说：“少奇同志卓有成效地解决了发展华中任务中的许多重大问题。特别是‘皖南事变’前后，在较短的时间内，就扭转了当时新四军面临的困难局面，造成了生机勃勃的主动进攻的迅速发展的局面。我过去只知道少奇同志曾在白区和苏区工作，有丰富的群众运动经验，这次和少奇同志一路到华中，并且在他的直接领导下工作，才使我深刻领会到他是我们党内有理论修养，重调查研究，有远见卓识，密切联系群众，有自我批评精神，有高度领导艺术，有细致组织才能，自奉俭朴的一位可敬的领导者。”

用陈毅同志在欢送我父亲的大会上的一段话，就可以概括他在华中的这段工作情况：

少奇同志在华中局势危急时刻，于 1939 年年初到华中，组建中原局，并担任中原局书记，统率长江以北、陇海路以南的八路军、新四军。“皖南事变”后，担任华中局书记和新四军政委。少奇在华中工作虽然只有三年时间，但这三年，是血雨腥风的三年，是不平凡的三年，几乎日日夜夜都在战斗。以他的雄韬伟略，为发展华中根据地和新四军作出了杰出贡献。他的功绩归纳起来，有以下几点：

第一，圆满完成了发展华中的战略任务。1939年年初，少奇肩负发展华中的重任，离开延安到华中，第一站到河南竹沟，在那儿听取了湖北省委、鄂西北地区党委有关鄂中、鄂西北情况汇报，根据党的六届六中全会精神，对发展敌后抗战作了具体部署，组建了李先念的

刘少奇、陈毅与在新四军工作的奥地利医生罗生特合影。

独立游击大队，向豫鄂边挺进。这支部队，在不到半年时间内，迅速发展为拥有六个主力团的游击兵团。现在这个游击大队改编为新四军五师，拥有1.5万人，已在黄安、应山、京山、天门、荆门等广大农村立足生根，部队发展数量多、质量高。这时候的淮南和淮北，已有四支队、五支队、六支队和黄克诚的第五纵队。由于项英的错误影响，这4支部队步伐不一致，各有各的主张，少奇在定远县藕塘集召开中原局扩大会议，提出了“东进，东进，再东进”的战斗口号，把发展苏北作为

战略任务完成，今天苏北抗日根据地已初具规模。

第二，少奇提出反摩擦斗争的思想，巩固和发展了华中根据地。少奇同志说，国民党顽固派是新四军东进的障碍，要东进就要反摩擦。1940 年 5 月，少奇领导江北指挥部在定远和半塔一举击败李品仙和韩德勤的夹攻，坚持了津浦路东、西两侧阵地，为建立苏北根据地奠定了基础。

第三，提出了正确处理“皖南事变”的斗争策略。提起“皖南事变”，人们的视野往往都投注到战火连天的皖南，而对当时在苏北盐城华中指挥部少奇同志作出的贡献却甚少知之。少奇同志平时每天只抽一包烟，“皖南事变”那阵子，每天抽五包烟都不够，他七天七夜没合眼，紧张地处理“皖南事变”。少奇同志向中央建议：撤掉项英一切职务，政治上由饶漱石负责，军事上由叶挺负责，以挽危局。中央接受这一建议。中央为了救军部，提出要山东八路军包围沈鸿烈，苏北新四军包围韩德勤，以交换的筹码逼迫老蒋在皖南撤兵。少奇同志冷静地分析了全局，感到这份电报事关重大，处理不当，全局被动。当时的形势是皖南军部已遭损失，我军总体上反击兵力不足，根据地不巩固，有限的军事动作不一定能挽救皖南危局。同时，国民党也未正式投降，仍在抗战，国共关系未全破裂。此时此刻我军大举进攻，一是军事上无胜利把握，二是政治上被动。少奇同志建议中央：撤销包围韩、沈计划，军事上处守势，政治上取攻势。党中央接受了少奇同志的建议，稳妥地处理了“皖南事变”，既从政治上打击了蒋介石，又在军事上发展了八路军、新四军力量。

第四，用先进的理论武装了华中党组织。少奇同志担任华中党校校长，倾注全部心血于党的教育事业上。有一段时间，他住在党校，同学员同吃同住在群众家里。白天找军政干部谈心，了解情况，晚上在油灯下备课，写出了《论共产党员的修养》《人为什么犯错误》《人的阶级性》《论抗日民主政权》《论党内斗争》等不朽著作，并在党校演讲，用马列主义提高了党员的思想理论水平。

至于少奇同志关心人民群众生活的事，几天几夜也说不完。少奇同志为华中人民和新四军建立的卓越功勋，将永垂青史，人民将永志难忘。

# 05 Chapter

1946 年在延安。

## Part.1 中央委托我父亲代表中央全权指挥山东及华中。

中央决定让我父亲返回延安，途经山东时，委托他代表中央指导山东工作并处理山东的问题。同时中央书记处还致电中共中央山东分局书记、八路军一一五师代师长陈光、政委罗荣桓："你们之间的争论，中央派刘少奇同志去山东和你们商讨解决，请你们先行准备总结出山东工作的一切必要材料。"

山东是连接华北、华中两大根据地的枢纽，战略位置十分重要，然而山东的工作却存在不少问题。

毛泽东同志就山东问题多次给我父亲发电，同时也将中共中央山东分局和八路军一一五师主要负责人向中央反映情况的材料转给我父亲。中央书记处3月3日电报中说："目前山东工作处在比以前更加艰苦的阶段"，"不仅由于敌人残酷'扫荡'，地区缩小与分割，主观上亦存在相当严重的弱点"。在执行政策、主力部队与地方部队的关系、军队干部与地方干部的关系，以及外地干部与本地干部的关系等方面都存在问题。

3月21日又致电给我父亲说，山东党在过去锄奸工作中所犯严重错误的原因及损失情况，要我父亲"彻底检查"。

4月中旬我父亲越过敌人封锁线到达中央山东分局和八路军一一五师师部驻地。我父亲到后，立即开始工作，多次与中央山东分局和八路军一一五师的主要负责同志朱瑞、陈光、罗荣桓等同志谈话，深入干部、群众中调查访问，并查阅研究山东分局有关材料，召集山东分局委员、军政委员会座谈，并针对山东实际情况多次在干部会议上讲《中国革命的战略与策略问题》《群众运动问题》《改造政权问题》《党内斗争问题》《关于财政粮食问题》等，还针对山东情况提出解决山东问题的六点意见，并上报中央。6月1日毛泽东给我父亲来电报称："因沿途通过无保障，山东又缺乏统筹之人，故你不宜西进亦不宜南返，以中央全权代表资格长驻一一五师，指挥整个山东及华中党政军全局似较适宜。"

又经过4个月的工作，10月1日，中共中央山东分局作出《关于抗战四年来山东我党工作总结与今后任务的决议》，提出了山东抗日根据地今后工作的总方针。至此，我父亲已完成了党中央委托他解决山东问题的任务。

山东分局根据他的意见，正确贯彻执行党的民族统一战线政策和其他政策，使山东工作出现了新局面。

我父亲在山东期间，仍关心和指导华中根据地的工作。

我父亲离开华中，途中指导了山东、华中和华北的工作，穿越了敌人100多道封锁线，行程1500公里，用了9个多月，于1942年12

1941年，刘少奇返回延安途中受中央委托指导山东工作。图为刘少奇同山东分局和一一五师部分负责人合影。前排左起：黎玉、刘少奇、肖华、罗荣桓。

月底回到延安。

毛泽东同志对我父亲的这段行程的安全是非常关心的，从出发前直到到达陕北境内，多次发电报给有关同志。2月13日打电报给陈毅和我父亲说："少奇返延，须带电台，并带一部分得力武装沿途保卫。"刚刚一周，又来电强调"护卫少奇的手枪班须是强有力的，须有得力干部为骨干，须加挑选与训练。"这样，毛泽东同志还觉得不保险，又给在华北前线指挥的彭德怀副总司令发电报，要他派人调查华中到华北沿路安全情形，同时让我父亲等等再出发（其实这时我父亲已出发两天了)。一个星期后,毛泽东同志又把彭德怀同志关于沿路敌情的电报转给我父亲,并强调路上有安全保障才能启程。

7月,毛泽东又给我父亲打来电报说,"我们很望你来延并参加七大,只因路上很不安全,故不可冒险","你的行止,以安全为第一,工作为第二"。这时,山东的工作已告一段落,我父亲化装成生意人向西北进发。

党中央和毛泽东同志仍继续关注着我父亲离开山东后的安全情况。当得知我父亲已经到达一二九师师部时,毛泽东同志又发来电报说:"安抵一二九师无限欣慰,望休息短期后来延,并对华北工作加以考察。关于最近时局情况我有电至总部可索阅。来延路上安全保障,请商刘邓作周密布置。"

10月16日,毛泽东获悉我父亲即将穿越敌人严密封锁的白圭至晋城铁路时,特意通知中共晋西北区党委和晋绥军区负责人林枫、周士第、甘泗琪等同志:"少奇同志路过,你们派人接护时须非常小心机密,不要张扬,但要谨慎敏捷。"

我父亲在党中央和毛泽东同志的不断关心下,安全抵达延安。但他仍继续关心华中的工作。此后,还多次去电指导华中的工作。

## Part.2 受毛泽东委托,考察华北工作。

我父亲在北方局会议上作了《关于华中工作报告》,介绍了华中抗日根据地加强军队整训、开展群众工作、巩固抗日民主政权、做好财经工作以及党的建设等方面的工作经验,并对华北的工作和华中的工作进行了对比与总结。

父亲在北方局干部会议上又作了《关于合法斗争、非法斗争与两面政策问题》的报告,指出:冀中"大扫荡"后,情况变更,组织形式、斗争形式亦须变更。冀中过去有较大规模的根据地,今天只有游击根据地和敌占区。因此,冀中全党全军的任务是坚持冀中抗日游击战争,建立游击根据地,发展敌占区工作,最高限度地保存与积蓄我们的力量,坚持两年,准备反攻。除进行武装的抗日游击战争外,要更多地依靠合法斗争、两面政策和更多地依靠群众工作。报告指出，在敌占区，非法斗争是主要的；但敌人建立的统治在相当时间不能推翻，就同时要采取合法斗争。在国民党统治区，合法斗争为主，非法斗争为辅。立场坚定不移，策略要灵活。各种形式都要采取，但任何形式都要有利于抗日，并且随时准备各种形式的变化。

10 月到达太岳军区司令部驻地山西沁源阎寨村，在这期间对太岳区开展对敌斗争和减租减息等工作作了指示。

11 月 21 日写信给太岳军区司令员陈赓、太岳区党委书记薄一波和安子文同志，答复他们提出的关于合法斗争、非法斗争与两面政权问题。

12 月上旬到达晋西北，经过调查后，在晋西北干部会议上作《关于群众运动及其他问题》的报告，指出："晋西北今后的中心任务，是开展对敌斗争与发动热烈的群众运动。在游击区、敌占区是开展群众性的游击战争，在根据地是发动热烈的群众运动。"报告强调广泛深入地发动群众，组织并教育基本群众，提高群众的觉悟，是巩固根据地的中心一环。"抗日民主根据地的群众运动，主要是农民运动，应把农会放在第一位。"领导农民进行减租减息的斗争。报告介绍了华中减租减息斗争的经验，同时还明确地提出了在领导群众运动中应当注意的几个问题，对晋西北的工作给予了很大帮助。

"老三战"的电影（即：地道战、地雷战、南征北战）不知看了多少遍，可就是不知道地道战和地雷战的发展同我父亲有着极密切的关系。这还是后来从当时领导地道战、地雷战的司令员回忆的文章中得知的。

1942 年 10 月，冀中军区司令员吕正操知道我父亲从华中回延安路经北方局，就由冀中赶到晋东南北方局驻地向我父亲汇报工作。

吕正操司令员谈到在冀中敌人的"扫荡"和我们的"反扫荡"斗争，是复杂、频繁又极其激烈的。老乡们虽然总是千方百计地掩护安置在他们家里的伤病人员，但有时还是避免不了被敌人发觉，受到敌人的伤害。冀中的老乡家里大都有地窖，在敌人"扫荡"的时候，每当敌伪进村搜索时，有的老乡就把在家里的伤病员藏到地窖里。但后来被村子里的坏人告密，所以敌人一来就找地窖。在这样情况下，村里党组织和基干民兵就发明了把两家或几家的地窖挖通，窖口开在柜、橱下，敌人搜索时他进这家，我们伤病员和基干民兵就可跑到那家。因地道还很小，后来也受到敌人的破坏。我父亲听到这里，笑着对吕正操说："抗日沟，我是非常熟悉的，地道战可没亲身经历过。待我好好琢磨一下，你们也再仔细想想，找时间再谈谈。"

几天后，我父亲让秘书去请吕司令员。见面后，我父亲就开门见山地说："想和你们一道来研究一下发展冀中地道战的问题。"他说，"地道战的斗争形式，古今中外都还没有这种经验，完全是群众的伟大创造，我们应该给予足够的重视。我看不仅可以坚持下去，而且可以大大发展。"说到这里，他又打趣地说："传说中的一个土行孙，就闹得官家无法办。我们人人都做土行孙，难道敌人还能有法来对付。"说得大家哈哈大笑。

我父亲站起来踱了几步，接着说："我看要发展地道战，是否应该从根本的方向上来提高一步？你们现在的地道战，主要还是防御性的，如何能由防御性的形式逐步转为既能防御又能进攻的方式，这是发展地道战的一个关键问题。"

吕正操高兴地说："这就把我们的地道战提到了游击战争的原则高度了。"

我父亲进而又启发说："怎么转可以研究。我想群众既然可以用地道防御敌人，那么他们一定还会想出新办法来更好地保卫自已，更多地去打击敌人。同时你们还可以考虑一下，是否可以把地道活动和地上武装斗争结合起来。"他吸了口烟又继续说："敌人不是常说我们八路军神出鬼没吗？把地道战发展起来，就是神出鬼没的办法之一，也是迫使进入根据地的敌人，陷于草木皆兵，处于被动挨打地位的一个办法。"

我父亲还提醒他们说："不要把问题看得太简单，我们现在的地道活动范围很小，敌人还会想出很多办法来对付我们。要把活动范围扩大，以我根据地现有的人力、物力和财力，还有许多实际困难。斗争是很复杂的，不是个单纯的武装斗争或技术问题，而是一场严重的政治斗争。"

我父亲强调要有坚定的阶级路线，依靠贫雇农。我们的武器必须掌握在有觉悟的可靠的人手里。另一方面，也要做好抗日民族统一战线工作，可团结的一律团结，可中立的就中立，这些人也可以藏到地道里，但是，游击队的武装、地道的结构和作战计划等等，是绝对不能让他们知道。同时，还必须严防村里的坏分子向敌人通风报信。对地富和可疑分子也要提高警惕，要严肃地告诫他们不许泄密，谁泄露地道的秘密，就决不宽饶。要掌握每个村子各阶级各阶层的政治思想动态，尤其是坏分子和伪军家属的动态。正确地把党的阶级政策和统战政策深入具体地贯彻到地道战中去。

休息一会儿，我父亲接着又讲县、区、村的游击队活动范围以及相互配合等问题，正规军与游击队的配合问题，地上与地道的配合问题。

最后，我父亲又提出问题，并征询吕正操的意见说："你们想想，是否使村与村之间都打通一两条地道？这是一。有没有办法让地道过河，通到敌占区边缘，在野外开几个万无一失的口子？这是二。我们知道，依靠广大群众的力量，天也能翻个面。但这种工程巨大。你们试试，万一办不通，再想其他办法。"随后，他又问道："你们那里的小庙多不多？是否可以在小庙的神座里挖个口，从村里通到村外，既不怕倒流，又可以隐蔽。"

最后，我父亲微笑着对大家说："假使能够把今天我们所谈的样样都做到，冀中的抗战工作就会好搞得多、主动得多，根据地的巩固和扩大，就能有更多的保证。"

1942年，日本鬼子频频发动"扫荡"和我们"反扫荡"斗争激烈的时候，我父亲在返回延安的途中，路过太岳军区司令部驻地山西省沁源县阎寨村。司令员陈赓向我父亲谈了敌人的"扫荡"情况，同时介绍了基干民兵游击队用地雷炸敌人的情况，还有声有色地谈了一些生动的事迹。

我父亲注意到他讲的情况，并不断提出一些问题。我父亲对陈赓司令员说："这样说来，地雷战可说是群众创造的一种突出的斗争形式，很值得我们重视。"紧接着就问道："你们总结过经验没有？山西其他根据地也有搞地雷的吗？"

听到陈赓司令员说“由于经验不够多，还没有正式总结过”时，我父亲要他们好好研究一下，有没有发展的条件和推广的可能。在目前“反扫荡”中，就可以根据条件再作些部署，从中取得些经验。

陈赓同志见我父亲这么重视地雷战，于是他专门对地雷战的情况作了系统地搜集和整理，后再次向我父亲汇报。

陈赓同志说，最初，民兵是把炸药埋在敌人路过的地方，安上导火线，要想爆炸，还必须有人拉导火线。后来在军区的指导帮助下，基干民兵和群众又把炸药装在铁筒子、缸子、瓶子等多种器具里，做成各种地雷，安上导火管，把它埋在地下，只要碰上导火管就可以爆炸。有些民兵游击队就用它来打击敌人。每次“反扫荡”中，总有一些敌人被炸死。迫使敌人不敢像以往那样放肆，特别是夜间，他们更不敢大胆行动。后来有些民兵和游击队还故意埋了一些假地雷，在路口插上“小心地雷”等牌子和其他标志来迷惑敌人。

当父亲知道这种斗争形式，由于受到制造地雷的条件限制还仅在小部分地区开展时，他对陈赓司令员说：你们要更好地创造条件，想办法多多制造一些各式各样的地雷，并全面地加以推广，我想是能够做到的。他强调指出，地雷战是群众在斗争中创造的，是群众性的武装斗争的一种新形式。要充分相信群众的智慧是无穷无尽的。领导要支持帮助他们，给他们创造一些条件。要推广和搞好地雷战，除一些技术问题外，更重要的是这里面有阶级政策和统一战线政策。我父亲还对各个村的党支部如何做好群众工作，使基本群众都积极赞成和参加地雷战，或直接同敌人打游击，同时，也要做好统一战线工作，团结一切可以团结的力量共同打击敌人和防止地主和坏分子了解和泄露地雷战的秘密，及时地打击那些向敌人通风报信和破坏地雷战的坏蛋等方面讲了许多意见。

最后，他说：地雷战也和我们其他地方的斗争一样，都是为了削弱敌人和壮大自己，也就是为了保护广大群众的根本利益。他希望能够更好地创造条件，推广和发展地雷战，有效地打击敌人。同时，我父亲还提醒他们特别注意，千万不能因为疏忽而让地雷伤害了自己人。

随后在陈赓司令员和当地党委的领导下，地雷战在晋察冀根据地广泛地开展起来。

## Part.3 我父亲这次回到延安，生活上相对讲是安定些，可工作担子更重了，他被选为五人主席团的成员。

父亲自1942年3月19日离开华中，从阜宁单家港出发，在党中央和毛泽东同志的不断关心下，历时九个多月，行程三千余里，穿越了一百多条敌人的封锁线，并对山东、华北的工作给予了指导，于12月30日安全抵达延安。

1943年元旦之夜，中央办公厅在延安中央大礼堂举行干部晚会，进行团拜，庆祝新年，并欢迎刘少奇自华中归来。毛泽东、朱德莅临讲话。我父亲在会上报告了华中和华北敌后各抗日根据地艰苦奋斗坚持抗战的情况，使大家受到了鼓舞。

我父亲返回延安后，仍继续分管华中的党政军民工作。他经常代中央书记处起草和以他本人的名义给华中局和新四军负责人陈毅、饶漱石写信和发电报指导华中和新四军的工作。他指出：在敌寇“扫荡”下，华中敌后形势可能日趋严重，你们须动员全党准备在最严重形势下坚持斗争，并以大力去开展敌占区及敌占城市中伪军、伪组和人民中的合法工作，以便配合我之武装斗争及在必要时隐蔽干部等。同时提出，一定要对付日寇的“扫荡”，在开展反蚕食斗争中，同敌人争夺地盘，组织与发展根据地的生产，巩固根据地；要在复杂的情况下，善于利用时机，把各项工作联系起来，避免工作步骤上的零乱。

此后，父亲还根据华中情况的发展和变化，多次去电指导华中的工作。

1941年九十月份召开的中央政治局扩大会议，检查总结了党在10年内战后期的领导路线问题。会议上，中央一些领导同志不约而同地对我父亲刘少奇的工作成绩加以肯定和推崇。陈云同志说：过去10年白区工作中的主观主义，在刘少奇、刘晓同志到白区后才开始转变，现在检查起来，刘少奇同志是代表了过去10年来的白区工作正确路线。陈云同志郑重提出：有些干部位置摆得不适当，要正位。如刘少奇同志将来的地位要提高。任弼时同志也说：我党的毛主席、刘少奇同志能根据实际

1945年7月2日，毛泽东、刘少奇会见国民参政员褚辅成（右一），图为刘少奇同褚辅成握手。

情形来工作，所以犯主观主义少些。王稼祥在发言中也讲到：过去中国共产党毛主席代表了唯物辩证法，在白区刘少奇也代表了唯物辩证法。

毛泽东同志在他起草的《关于四中全会以来领导路线问题结论草案》和《关于一九三一年九月至一九三五年一月期间中央路线的批判》两个重要文件里，也多处肯定我父亲，称赞"他是很好的与很老的群众领袖"，又说"我党在国民党区域工作中不但有刘少奇那样正确的领袖人物，而且有不少类似他的同志。可惜一概被临时中央斥之为'机会主义者'"。"刘少奇同志的见解之所以是真理，不但有当时的直接事实为之证明，整个'左'倾机会主义路线执行时期的全部结果也为之证明了。"毛泽东同志还赞扬他是"唯物的辩证的革命观"的代表。后来又就这两个文件电复周恩来同志时指出："结论已写好，尚待七大前周及少奇、德怀回来方能讨论决定，交七大通报，在内部发

1943 年在延安。

表（对外不发表）。”

1943 年 3 月中共中央政治局会议推选毛泽东为中共中央政治局、书记处主席，决定由毛泽东、刘少奇、任弼时任书记处书记。在中央政治局和书记处下设宣传、组织两个委员会，宣传委员会书记由毛泽东担任，组织委员会书记由刘少奇担任。同时在这次会议上我父亲又被任命为中央军委副主席，并兼管华中地区党政军民全部领导工作。这是他正式成为中国共产党第一代领导核心成员的开始。

我父亲这次回到延安，生活上相对讲是安定些，可工作担子更重了，除参加中共中央日常领导工作，还要继续指导华中、山东根

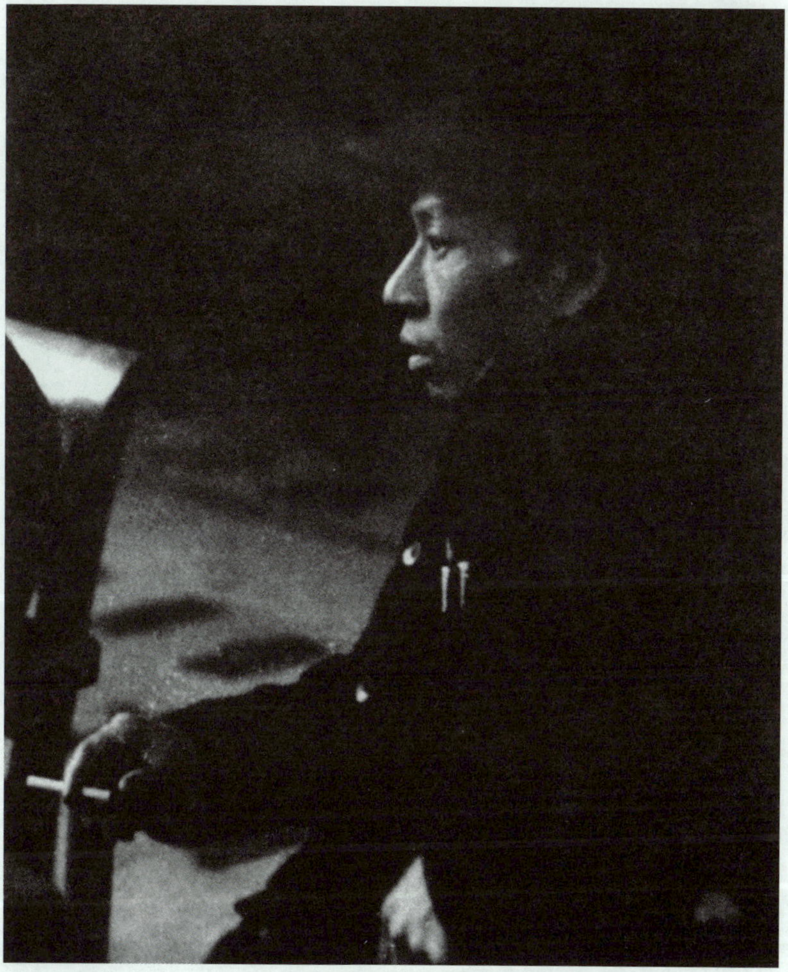

1945 年 5 月 14 日—15 日，刘少奇在中共七大全体会议上作《关于修改党的章程的报告》。

据地的工作。

这个时候全党的整风运动已经在延安和各根据地开展起来。我父亲写的《论共产党员的修养》《论党内斗争》两篇文章，被作为运动中的学习文件。当整风运动进行到总结历史经验、分清路线是非的阶段，我父亲结合自己从 1936 年到 1942 年华北、华中的工作经验，在党内作了《六年敌后工作经验报告》，发表了《清算党内的孟什维主义思想》的文章，提出："一切干部，一切党员，应该用心研究二十二年来中国党的历史经验，应该用心研究与学习毛泽东同志关于中国革命的及其他方面的学说，应该用毛泽东同志的思想来武装自己，并以毛泽

1946 年，刘少奇同美国作家安娜·路易斯·斯特朗在延安。

东同志的思想体系去清算党内的孟什维主义思想。”

随着整风运动的深入，召开中国共产党第七次代表大会已经提到工作日程上来，并着手进行准备工作。1944 年 5 月 21 日中央召开了扩大的中共六届七中全会。会议首先通过了一个决议，成立由毛泽东、刘少奇、任弼时、朱德、周恩来五人组成的主席团，处理中共中央日常工作，担负着党政军民全面的领导重任。后来七大召开时，五人主席团成员又作为七大主席、常务主席继续负责处理中央日常工作。而这五位常务主席又在七届一中全会上全部当选为中共中央书记处书记。这充分说明了这个班子是久经考验众望所归。正如邓小平说的：“从毛刘周朱开始，中国共产党才真正形成了一个稳定的成熟的领导集体。”

1945 年 4 月 20 日中共扩大的六届七中全会讨论通过的《关于若干历史问题的决议》，总结了建党以来的历史经验，对重大问题作出结论，清算了以王明为代表的“左”倾领导在政治上、军事上、组织上和思想上的错误。这个《决议》高度评价毛泽东同志运用马克思列宁主义解决中国问题的杰出贡献，同时也对我父亲在白区工作的策略思想作了充分肯定。《决议》中写道：

“刘少奇同志在白区的策略思想，同样是一个模范。”

“至于这个时期的城市群众工作，则应如正确路线在白区工作中的代表刘少奇同志所主张的，采取以防御为主（不是以进攻为主），尽量利用合法的机会去工作（而不是拒绝利用合法），以便使党的组织深入群众，长期隐蔽，积蓄力量，并随时输送自己的力量到乡村去发展乡村武装斗争力量，借此以配合乡村斗争，推进革命形势，为其主要方针。”

中共中央七届一中全会我父亲被选为中央政治局委员、书记处书记。在8月23日中央政治局扩大会议上又被任命为中共中央军委副主席。

## Part.4 毛主席去重庆谈判的日子里，我父亲立即加紧调集部队和组织人员开赴东北，不到两个月，控制东北的战略部署基本完成。

1945年8月上旬至10月上旬毛主席离延安去重庆与蒋介石谈判。在毛泽东去重庆前，党中央、毛主席委托我父亲刘少奇代理党中央主席的职务。

在这段时间内，我父亲的担子更重了，他既要抓好中央领导工作，又要配合好毛主席在重庆同蒋介石面对面的斗争，还要沟通东北、华北、华中、华南等地区我军的相互联系与协同动作，指挥好前线的战斗。这段时间父亲的主要工作有：

及时指导全国各地党、政、军、群运的全面工作；

果断处理解放区附近地区的日军投降及有关事宜；

坚决回击国民党反动派的一切破坏和挑衅活动，并加强壮大我们的实力；

依据形势发展的要求，坚决迅速调整和积极部署我军主力，争取战略优势；

大力发动农民群众进行土地改革，努力做好城市接管工作；

尽力做好统战工作等。

毛主席在重庆谈判的日子里，形势是复杂而多变的。国民党军队对解放区的挑衅活动大大增多了。在双方矛盾冲突日趋尖锐的情况下，有些同志担心毛泽东主席在重庆的安全是否能有保障，这是完全可以理解的。我父亲同大家讲："蒋介石只懂得拳头，不懂得道理，前方对他的打击越坚决、越沉重，在实际行动中越能显示出我们的力量，他越不敢轻举妄动，不敢触动毛主席一根毫毛，毛主席的安全越有保障。"于是我们对国民党蒋介石的每次挑衅，都给予了异常及时而有力的回击，彻底粉碎其进攻。

在这段期间内最为紧迫的任务是控制东北。东北三省在1931年九一八事变后，由于国民党蒋介石的不抵抗主义，把东北让给了日本帝国主义长达14年之久。抗日战争胜利后，我们党所领导的东北抗日联军有了一定的基础，同时冀热辽根据地又连接华北，如果把东北建成巩固的根据地同华北连成一片，那对我党的战略地位极为有利。蒋介石也很清楚这点，也在想方设法控制东北，他利用中央政府同苏联订有条约的有利条件，在美国支援下加紧向东北空运部队，行政、军事、外交三管齐下，不惜一切代价要抢占东北。

这是一场战略部署的争夺。毛泽东离开延安后，我父亲立即加紧调集部队和组织人员开赴东北。8月28日从延安抽调一批干部去东北，8月下旬曾克林带领的冀热辽军区第十六军分区部队开进东北，9月6日进驻沈阳，组成了由曾克林为司令员的沈阳卫戍司令部。9月7日我父亲指示中共华中局要他们抽调一批东北籍干部，立即分别集中，指定负责人带队，经山东分局送往东北。9月11日，我父亲又以中共中央名义，下令中共山东分局抽调4个师12个团，共2.5万至3万人，由山东军区政治部主任肖华统一指挥，分散经海道进入东北活动。当时中共中央原来准备派他们南下去新四军和广东工作，正在延安待命的八路军第三支队政委张启龙，晋察冀军区第十二军分区司令员程世才、副政委伍晋南等一批干部，现在也改派去东北，立即启程。我的父亲刘少奇指示：我军进入东北后，首先进驻乡村、小城市及苏联红军尚未占领之中等城市和交通线，发动群众，壮大力量，建立地方政权，改编伪军，组织地方武装，协助苏联红军建立民主秩序。

正在我们加强部署的时候，9月14日上午，苏联红军东北前线总司令派苏军代表贝鲁罗索夫中校到延安向朱德总司令正式转达马利诺夫斯基元帅的意见：在苏联红军退出东北前，国民党军队和共产党军队均不得进入东北；八路军个别部队已到沈阳、大连、长春等地，请朱总司令命令这些部队退出苏军占领区。朱德同志立即将情况向我父亲刘少奇作了详细介绍。

下午，我父亲刘少奇召集政治局会议讨论苏方意见和东北工作。会议一致决定将我军战略重点放在东北，力争在东北建立根据地。为了照顾苏联的面子，可以撤的名义，或将一小部分撤到乡下，有的公开撤，秘密又去。但冀热辽军区所辖的热察一带八路军活动不能撤。由山东派去的 4 个师仍去东北。我父亲提议建立东北局以实现控制东北战略决策的任务。以彭真为书记，连同东北局成员陈云、伍修权和中央军委后勤部长叶季壮等同志 15 日乘苏军代表的飞机飞赴东北。

9 月 15 日晚，我父亲以中共中央名义向各中央局下达指示：目前我党的任务，就是迅速地坚决地争取东北，在东北发展我强大力量。现在最需要的是派遣大批军事干部到东北。华北、华中应派遣 100 个团架子的军事干部，从班、排、连、营、团到事务、政治人员都配齐，迅速陆续前去东北。100 个团干部的分配为华中 20 个，山东 30 个，晋察冀 25 个，晋冀鲁豫 25 个。

9 月 17 日，父亲代表中共中央给在重庆的毛泽东发电报，提出“向北推进、向南防御”的战略方针。他写道：我们全国战略方针必须确定向北推进、向南防御，否则我之主力分散，地区太大，处处陷于被动，提议新四军江南主力立即转移到江北，皖南、皖中新四军第七师也向北撤退，从山东、华中抽调 10 万至 15 万人北上，以控制冀东、热河。

中共代表团当天就复电，完全同意力争东北的方针。9 月 19 日，中共谈判代表团又发来电报，再次表示完全同意延安中共中央确定的方针，并提议：在此工作紧张时期内，政治局人员分散各地的情况下，全权委托中央书记处、中央主席及代主席，行使中央政治局职权。收到中共代表团的电报后，我父亲立即于当天召开政治局会议，会议结束顾不上休息，立即起草了三份电报，连夜发出。

一份是为中共中央起草的给全党的指示，提出“向北发展、向南防御”的全国战略方针。

第二、三份电报是写给毛泽东、周恩来的。一是向他们汇报几个战略区领导人的调配情况；二是提议长江以南部队迅速全部北撤，并以此作为向国民党谈判的一个让步条件。

毛泽东看后连夜发来回电，完全同意中共中央的部署，并且说，江南部队北撤“越快越好，此间已当做一个让步条件，向对方提出，且有好影响”。

9月20日我父亲以中共中央名义向中共山东分局发出指示：山东的部队和干部原则上要以全部力量来完成当前任务，要在两个半月内在东北组织起20万至30万的作战部队，在冀东屯集5万至10万的军队，以阻绝国民党蒋介石军队进入东北，时机紧迫，越快越好。望罗荣桓、肖华能很快到东北。在林彪来到冀东前，中央派程子华到冀东主持工作。

当天，又以中央名义发出第二个指示是给华中局的，指示他们：浙东部队及地方党政立即全部撤退，苏南及皖南、皖中新四军第七师部队和党政原则上亦须全部撤退。估计从江南、皖中可以撤出四五十万人，以此加强苏北、皖东，苏北、皖东主力即应迅速向山东开进，以便山东部队向东北开动。

就在这一天，我父亲还以中共中央军委主席团毛泽东、朱德、刘少奇、周恩来、彭德怀的名义向山东、华中军事指挥员下达命令：我军必须坚决先机夺取冀东全部，确实控制山海关、古北口、张家口、南口之线，以控制东北门户，堵截蒋军从陆路进入东北的企图。命令山东军区派3万基干兵团，限电报到后一星期内到乐亭、秦皇岛一线登陆，协同冀热辽军区扫清冀东的伪顽军；命令新四军抽调3.5万基干兵团，限电报到后20天内在鲁南蒙阴地区待命。

这样大规模的调动军队，由于时间紧，组织工作繁重，交通工具奇缺，进度不尽人意。但是东北军情紧急，我军绝不能坐失良机。父亲决定采取断然措施，9月29日，他以中央军委名义向山东、东北的领导人发出指示：山东部队和干部，如从陆路进入东北，两个月也不能达到，那时国民党军队必将进入东北，所以必须不顾美舰巡逻，胶东和辽东立即采取切实办法，全力组织渡海，再不能有片刻迟缓，要在20天至1个月内，渡过二三万部队和干部，否则，绝不能完成战略部

1946 年 11 月 11 日，刘少奇出席中共中央召开的保卫陕甘宁边区延安的干部动员大会，并发表讲话。图为刘少奇前往大会会场。

署任务，这是目前决定性的一环。

对此，我父亲还不放心，第二天又以中央军委名义追发一份电报提出更严密具体的部署，使部队进入东北的速度大大加快。

10 月 6 日又电令新四军三师师长黄克诚等，要第三师部队到山东后继续兼程北进，开赴东北。

10 月 17 日又急电林彪，要他率领已到冀东的部队速开东北。与此同时，其他各解放区、各军区也根据延安的指令，进行相应的调整和布防。

不到两个月，控制东北的战略部署基本完成。陆续开到东北的部队达 11 万人，干部 2 万余名。

这一次前所未有的军事大调动，打破了国民党企图抢占东北以便南北夹击关内解放区的图谋，同时又及时将分散在南方国民党心腹地带的兵力集中到江北，避免了被各个击破的危险，至此我军已处于有利的战略态势。

1945 年 10 月 10 日国共双方签署了《双十协定》，11 日毛泽东从重庆返回延安。在他离开延安的 40 多天中，情况已发生了很大变化。他不顾疲劳，急切地想要了解情况，但由于他连续奔波操劳身体顶不住了，只能住进医院治疗休养。在毛泽东主席 11 月住院到 12 月中旬出院前，这段时间的中央日常工作仍由我父亲负责。他在这期间根据东北形势的变化于 11 月 20 日、11 月 28 日、12 月 7 日、12 月 24 日连续给东北局发去电报，提出迅速建立东满、北满、西满根据地和“让开大路，占领两厢”的指示。

这个阶段是我军将在全国范围内与国民党反动派进行大决战的极其重要的准备阶段，形势复杂而多变，父亲成功地、卓有成效地完成了党和毛主席的重托。

## Part.5 我父亲和朱爹爹一到西柏坡，第一件事情就是进行土地改革。

人民解放军自 1946 年 7 月至 1947 年 2 月，8 个月共歼灭国民党军队 71 万多人，国民党蒋介石全面进攻解放区的计划遭到破产，被迫改为重点进攻，纠集 34 个旅 25 万多兵力，从南、北、西三个方向对陕甘宁解放区发动进攻。中共中央机关撤离延安。毛泽东同志说：我们要以一个延安换取全中国。

3 月 29 日中央在陕西清涧县枣林沟召开会议决定中央书记一分为二：毛泽东、周恩来、任弼时留在陕北指挥全国解放战争；由我父亲刘少奇和朱德组成中央工作委员会撤离陕西执行中央委托的工作。会议结束的第二天，我父亲就同朱爹爹等同志前往晋绥解放区，当晚在陕西绥德和山西临县的交界处东渡黄河，他们沿晋西北大地东行。

我父亲在东行的路上，发现晋绥一些地区的土地改革存在着不彻底的问题，写信给贺龙、李井泉、张稼夫同志，指出他们土改不彻底的原因和解决这些问题的办法。后来，毛泽东同志看到这封信并批转各地。毛主席指出：“少奇同志这封信写得很好，很必要。少奇同志在这封信里所指出的问题，不仅是在一个解放区存在着；他所指出的原则，则是

1946年，刘少奇和朱德在延安。

在一切解放区都适用的。应将这封信发到一切地方去，希望各地领导机关将这封信印发给党政军各级一切干部，并指示他们研究这封信，用来检查自己领导下的一切群众工作，纠正错误，发扬成绩，彻底解决土改问题，改造一切脱离群众的组织，支持人民战争一直到胜利。”

5月中旬我父亲和朱爹爹到达河北省平山县西柏坡村，察看地形和环境以后，决定将中共中央工作委员会设在这里。

他们一到西柏坡，第一件事情就是进行土地改革。

我父亲指出：土地问题，是解放区一切问题的基本环节，解决解放区的土地问题是我党目前最基本的历史任务。搞土地改革，就是为了打胜仗，打倒蒋介石。他亲自组织土改工作团，在平山、建平两县进行土地改革试点。通过土地改革来调动广大农民的革命生产积极性，大力支援解放战争，巩固解放区，以配合毛主席指挥的全国解放战争夺取全国胜利。

我父亲在亲自抓的平山县土改试点中，发现基层组织中存在着许多问题，为了保障土地改革运动顺利地进行，必须对农村基层组织进行整顿。我父亲在整顿农村基层组织时，采取了邀请党外人士列席会议的方式。这在当时，也是一个创举，曾被毛泽东同志肯定为“平山经验”。

在领导解放区土地改革的过程中，我父亲及时地将情况通报给在陕北指挥全国解放战争的毛泽东等中央领导同志，以便互通情报，及时发现和解决土地改革中发生的一些问题。

7月中旬我父亲主持召开全国土地会议。在会上，他提醒代表们：反映情况、总结经验要实事求是，好就好，坏就坏，开个老实会。如果根据假报告作决定就会害死人。

当各地代表汇报即将结束，将要转入讨论之前，我父亲把要讨论的问题以及如何解决这些问题，向中央作了汇报，并得到毛泽东同志的同意，他在代表中央起草的复电中说：“我们完全同意你的意见”，“我们认为你们提出的原则是正确的”。

土地会议经过近两个月的时间，讨论、制定并通过了有着重大意义和作用的《中国土地法大纲》。

《中国土地法大纲》规定：“废除封建性半封建性剥削的土地制度，实行耕者有其田的土地制度。”

我父亲在会议总结时说：从草案来看，政策已彻底了。依靠贫雇农团结中农的路线。

他还说：《土地法大纲》在政策上没有规定区别对待，但实行中可以有所区别。如对不同的地主、地主与富农、旧富农与新富农等，在实际执行中还是区别一下好。但不能因为区别而牺牲群众基本利益或不实行平分。《大纲》还要经中央修改批准后，与群众直接见面。

会后，我父亲又针对各地区情况，全面部署了解放区的土地改革运动，并针对党的基层组织情况，决定结合土改普遍整顿党的组织。

刘澜涛同志后来在谈到这段土改情况时，很有感触地说：“平山

1946 年，在延安祝贺朱德 60 寿辰晚会上，刘少奇（左二）为朱德斟酒。

这一经验，是少奇同志亲自领导下取得的，他却把成绩归于晋察冀中央局的同志。在土改中出现了问题，他则主动承担责任。”

我父亲就是这样一个人，他在许多事情上，也是这样，甚至在“文化大革命”派工作组的事情，他也是自己主动承担责任，免得其他同志受连累。

王首道同志在回忆我父亲的一篇文章中说：“有时，有的问题本来应当由中央或其他同志承担责任，他也常常主动分担责任。例如，1946 年 2 月 1 日，他在延安作的《时局问题的报告》中，有‘和平民主的新阶段’的提法。在这之前，党中央、毛主席在一些文件中已经有过这样的提法。后来，随着形势的发展，少奇同志也很快同党中央一起改变了上述估计，毛泽东同志也以自我批评精神，代表中央总结过经验教训。少奇同志到 1954 年还主动对此事做过自我批评。毛泽东同志

1948 年 8 月 21 日，刘少奇同王光美在西柏坡结婚。图为刘少奇、王光美和女儿刘涛（左）、儿子丁丁（右）在西柏坡。

曾经很谦虚地说，他自己并不是没有‘过’，把‘坏’的就写在少奇同志的账上，这是不公平的。”

在解放区开展的轰轰烈烈的土地改革，极大地调动了广大农民的革命积极性和生产热情，对解放战争的胜利有着极大的支援和促进作用。

土改后的解放区，人欢马跃，一派丰收喜悦的景象。这时，中国共产党领导的解放区已拥有 1.6 亿多的人口和 235 万平方公里的土地，成为人民解放军的可靠后方。

在党的七届三中全会上，我父亲又进一步阐述了土地改革的基本理由和目的，提出了新解放区土地改革的总路线和关于富农土地问题、债务问题、人民法庭问题等方面的方针政策，强调土地改革是

1949 年 3 月 12 日，刘少奇在中共七届二中全会上发言。

争取国家财政经济基本好转的条件之一，也是新民主主义革命必须完成的任务。

与此同时，我父亲与朱爹爹（朱德）认真研究了整个解放战争的形势和华北部队的情况后，决定正式组建晋察冀野战军，统一指挥晋察冀野战部队向国民党发起有力地进攻。关于野战军领导人的人选问题分别征求了聂荣臻、肖克、罗瑞卿同志意见，经晋察冀中央局讨论通过后上报中央，提议由杨得志任晋察冀野战军司令员，罗瑞卿任政治委员，杨成武任第二政治委员，负责全权指挥晋察冀野战军。中央很快复电同意。

# 06 Chapter

1955 年，刘少奇深夜工作。

## Part.1 在解放军大举反攻节节胜利的时候，我父亲在主持中央工委工作期间就开始筹划迎接全国胜利的各项准备工作。

在解放军大举反攻节节胜利，革命形势迅速发展，国民党蒋介石反革命统治已注定走向灭亡的时候，我父亲在主持中央工委工作期间就开始筹划迎接全国胜利的各项准备工作。

其中一项重要的工作就是如何把各个分散的解放区连成一片统一起来，更有利地支援西北、华中和华东，支援全国解放战争早日胜利，为全国胜利做好准备。我父亲原打算把晋察冀、晋冀鲁豫、山东和陕北都包括进来，因为遭到饶漱石的反对，只能把晋察冀、晋冀鲁豫两个解放区合并统一起来。我父亲首先致电正在晋察冀帮助工作的政治局委员彭真、晋察冀中央局书记聂荣臻、晋冀鲁豫中央局副书记薄一波，征求他们的意见，同意后再上报中央，正式提议将晋察冀和晋冀鲁豫两大战略区合并为华北解放区，两个中央局合并，成立中共中央华北局，管辖太行、太岳、冀鲁豫、冀南、冀中、北岳六个区党委。同时提出两个军区司令部、政治部、财经办事处、银行贸易机关、后勤机关、党校、大学、报纸等，亦都合并办理。两个边区政府暂时不宣布合并，但可合并办公，待召集两个区统一的人民代表大会通过后再宣布合并。电报发出第四天即2月20日，毛泽东回电答复他提议由中央工委组织讨论，大家一致同意晋察冀与晋冀鲁豫两区合并成立华北局。3月6日，中共中央正式批准两区中央局合并成立华北局，我父亲兼任第一书记，薄一波任第二书记，聂荣臻任第三书记。我父亲在华北局组成后举行的第一次会议上，就提出华北的工作方针是建设。他说过去的情况是从陕北出发落脚华北，今天是从华北出发走向全国；现在中央工委的工作主要是华北局的工作。华北工作带有全国性意义，要逐步走向正规化，建设各种制度，将来要为全国所取。他还要求大家要有全国眼光，要实干，务须团结一致，强调集中统一，反对分散主义和无政府主义。会后积极开展华北局的工作，具体指导组建华北政府机构，制定施政方针、确定代表大会的开法、起草各种法规、安排人选等，还具体指导起草和审阅修改了《华北人民政府组织大纲》、《村县(市)人民政权组织条例》等，在华北临时人民代表大会上决定将华北联合行政委员会改为华北人民政府，董必武任主席。

紧接着考虑的就是城市接管工作，以及新民主主义革命胜利以后到底要建设一个什么样的国家的问题，我父亲还在解放区只占全国半壁江山，胜利在望的时候，就进行了积极的探索。他认为：中国的人民解放战争，在战胜帝国主义、封建主义及官僚资本主义统治以后，除开建立新民主主义的政治以外，必须建立新民主主义经济。他说：现在人民解放战争还没有在全国胜利，但是已经在一万万六千万人口的地

1949 年 3 月，刘少奇在西苑机场检阅人民解放军。

区胜利了，在这里，必须立即从事新民主主义的经济建设。他历来主张应该把经济建设作为执政党和国家政权的中心任务，把发展社会生产力当成首要任务。

我父亲建国以前在他的多次讲话和著作中，认真地分析了中国的国情，阐述了新中国经济建设的构想。他在 1948 年 9 月中央政治局会议作的《关于新民主主义建设问题》的报告和 12 月 25 日在华北财经委员会上作的《新中国的建设方针与问题》的报告中，主要对新民主主义经济的构成、主要矛盾以及如何发展新民主主义经济和如何向社会主义过渡等问题进行了阐述。他认为我国现在的情况不同于当时的俄国，我们没有必要像俄国那样采取立即推翻资产阶级，取消生产资料私有制的做法。他认为新中国成立后，还不能马上采取社会主义的

实际步骤，而是要经过一个新民主主义的建设阶段。这个阶段既不同于资本主义经济，也不同于社会主义经济，是一种带过渡性质的特殊的历史形态。他认为在资本主义工商业还占有较大比重的情况下，消灭资本主义的做法是要不得的。只有适当地利用和发展资本主义工商业，才有利于国民经济的发展。他认为这个过渡阶段充满了矛盾和斗争，是过渡到社会主义，还是过渡到资本主义的斗争。在新民主主义经济中，基本矛盾是资本主义经济成分同社会主义经济成分的矛盾。而处理这一矛盾的方法，就是通过"经济竞争"来解决。

毛泽东赞同我父亲的意见，他说："新民主主义与社会主义问题，少奇同志的提纲分析得很具体，很好。两个阶段的过渡也讲得很好。各同志回中央局后，对这点可做宣传。"并嘱托我父亲草拟文件请中共七届二中全会讨论。父亲的这些意见，为七届二中全会讨论制定符合中国国情的经济建设方针，提供了有力的理论依据。

我父亲认为，接收城市工作标志着我们党的工作重心由乡村向城市转变。他说，虽然我们的党诞生在城市，但在相当长的历史时期内党的工作重点在乡村，因此，许多同志不熟悉城市工作，还有些同志难免用一种小生产者的观点在看待城市。在收复一些城市的过程中，也曾经发生过乱抓物资、乱抢机器等现象。在城市的管理上，自觉不自觉地搬用农村工作经验，混淆了封建主义和资本主义的界限，损害了工商业的发展。中央对这些问题十分重视。

我父亲由于多年从事工人运动和白区的工作，在城市工作时间较长，有较丰富的城市工作经验，因此他对接管城市工作非常重视，抓得很紧，特别是对北平、天津、上海、唐山等城市的接管工作抓得更紧。他认为接收城市工作主要是接收官僚资本；对民族工商业要好好保护，要采取谨慎的政策，保护好城市这一部分较为先进的生产力，作为今后经济建设的基础。

当时中共中央华北局负责人薄一波回忆说："那时我在少奇同志那里，谈得较多的是关于对待民族工商业的政策问题。后来中央陆续发出的几个有关城市接管工作的文件，例如中共中央关于接管官僚资本企业的指示、关于接管江南城市给华东局的指示等，都是他起草的。少奇同志同我谈的重点，是怎样利用私营工商业有益于国计民生的积极作用，以迅速恢复和发展生产的问题。”

天津，在 1949 年 1 月 15 日以战斗方式解放。北平，则是 1949 年 1 月 31 日和平解放的。党中央和人民解放军总部机关 3 月 25 日移驻北平香山。

中央对城市工作特别是对平、津接管工作是十分重视的。中央指出，平、津为全国观瞻所系，凡带政策性的决定，除中央已有具体规定者外，必须事先请示。用薄一波的话说：“中央对接管工作抓得很紧，过问也很细致。”

◀ 1949 年 4 月，刘少奇在天津碱厂。
▶ 1949 年 5 月，刘少奇从天津到唐山视察。

我父亲到北平后，几乎每天晚上都到毛泽东主席那里去开会，然后就是考虑和起草城市工作提纲，分别召集北平领导同志彭真、叶剑英、李葆华、薛子正、赵毅敏、刘仁、沙可夫、李立三、薄一波等同志以及北平文化接管委员会、物资接管委员会、各区委书记及工会干部会议，听取汇报和讨论有关城市工作等问题。4 月 1 日对北平市委工作作指示。4 月 3 日在北平党员干部会议上讲话，提出北平急需解决的学校、对待资本家、金融物价、私人房屋等问题。

他说：“北平工作千头万绪，我们必须抓住中心工作。二中全会指出，城市工作必须全心全意地依靠工人阶级，团结其他劳动群众，争取知识分子，争取尽可能多的能够同我们合作的民族资产阶级分子及其代表人物站在我们方面，或者使他们保持中立，以便向帝国主义者、国民党、官僚资产阶级作坚决的斗争，一步一步地去战胜这些敌人，同时开始着手我们的建设事业，一步一步地学会管理城市，恢复和发展城市中的生产事业。北平要执行这一路线，把城市管理好。”

天津，是我们党接管的华北最大的工商业城市，天津能否正确贯彻执行党的城市政策，迅速恢复和发展生产，不仅直接影响其他城市的接管，还关系着人民政权的稳固。因此，党中央十分重视天津的工作。

但当时天津的情况又是怎么样呢？

天津解放前，在国民党统治下，原有的工业基础已受到严重的摧残，到解放前夕，工厂生产普遍处于停顿状态，大批工人失业。解放后的天津亟待复工复业。然而当时资本家普遍对共产党的政策不托底，对“公私兼顾、劳资两利”的政策持怀疑态度，同时怕清算，怕共产党只照顾工人的利益，怕管不了工人而无法生产。也由于有些工人因革命胜利，在对资本家的斗争中有些过高的要求和一些过火的行动，例如一个月内曾发生53次清算斗争，有个别资本家甚至想弃厂外逃。正在接收的官僚资本企业，要恢复正常生产也还需要一个过程。私人企业开工的还不到30%，加上当时城乡阻隔，原料匮乏，产品滞销，通货膨胀，有上百万的城市人口生活无着落。

在这种情况下，中央派我父亲去天津。我父亲在去天津前曾做过一番调查研究，还特邀了刚从香港回来，熟悉贸易、金融工作的龚饮冰、卢绪章二位同行。天津之行的中心是讲明政策，澄清广大党员干部、工人群众的模糊认识，稳定团结，争取民族资本家，迅速解决好恢复生产、发展经济的问题。

在天津一个多月里，我父亲从各个方面进行调查，视察工厂企业，召集各方面人士的座谈会。他也讲了许多话，也引起了后来的一些不同争议，甚至成为某些人攻击的把柄。可我父亲那次去天津，不仅在当时起了很好的作用，而且历史也证明他是对的。请看，1949年7月4日《人民日报》是怎么说的：

“刘少奇在天津召集资本家谈话，透辟地阐明了中国共产党和人民政府关于发展生产的政策以后，使资本家更明确地认识劳资关系，消除或减少了疑虑，提高了经营情绪。同时，职工会也对工人进行了较深入的教育，提高了工人的政治觉悟和政策水平，使他们认识到目前只有在劳资两利的方针下，积极发展生产，才能更好地改善生活。由于劳资双方明确了劳资两利的方针，并经人民政府和职工会合理地解决了劳资间的一些具体问题，劳资纠纷显著减少，如在旧历五月节，即很少发生劳资纠纷事件。这对恢复与发展生产起了推进作用。”

薛暮桥在回忆我父亲在天津的讲话时说：“我听了少奇同志的讲话，认为他的讲话很及时，对恢复生产起了相当大的作用。那时谁都没有想到，少奇同志在天津的讲话，在‘文化大革命’中竟以‘鼓吹剥削有功’的罪名受到不公正的批判。”

天津人民，是忘不了我父亲的。他们不仅把我父亲在天津的讲话搜集整理成册，还专门出版了一本《刘少奇在天津》缅怀我的父亲。我深深地感谢天津人民对我父亲的热爱。

在新中国成立前这一段时间里，我父亲对新民主主义经济构成及经济等情况，进行了认真地分析，提出了新民主主义经济建设方针。并为中央起草许多文件和处理了许多问题，特别是经济方面的一些问题。其中有：对民族资产阶级的政策问题；接收官僚资本主义企业问题；建立中央财经委员会机构大纲问题；金融物价问题；工资问题；对外贸易问题；处理接收企业物资问题；改革旧税制的问题；海关进出口税制问题；私人房屋及房租等问题；外商银行在中国经营的问题。此外，还有党政军领导机关各级干部配备基数问题；提拔培养产业工人干部问题；改革学校教育问题；少数民族等问题。

## Part.2 共产党人不是只改造别人，不改造自己。

中华人民共和国成立后，中国共产党成为一个几亿人口大国的执政党。从打天下到坐天下，是一个很大的变化，这给共产党的自身建设带来一系列的新课题。

早在建国之前，我父亲就在思考这个问题。他说：

我们打倒蒋介石、打倒旧政权后，要领导全国人民组织国家，如果搞得不好，别人也能推翻我们的。唐太宗曾与魏征争论过一个问题：创业难呢，还是守业难呢？历史上从来有这个问题。得了天下，要能守住，不容易。很多人担心，我们未得天下时艰苦奋斗，得天下后可能同国民党一样腐化。他们这种担心有点理由。在中国这个落后的农业国家，一个村长，一个县委书记，可以称王称霸。胜利后，一定会有些腐化、官僚化。如果我们党注意到这一方面，加强思想教育，提高纪律性，就会好一点。我父亲还说，在革命取得胜利后，在人民感谢和拥护我们的情况下，更应该提高警惕，保持无产阶级纯洁的革命品质。只有这样，才不至于重蹈历代农民起义领袖和他们的政权在胜利后蜕化变质的覆辙。又说：我们反对国民党，是因为国民党欺压群众。如果我们自己执政，不代表群众的利益，脱离群众，甚至蜕化到欺压群众的话，那我们和国民党有什么区别。

“党外很多人担心：共产党没有当权是好的，当了权是不是会腐化？这的确是个问题，我们自己也应该提出这个问题。”“这个问题如果我们不注意，不留心，党也可以变质。”

建国后，我父亲开始研究解决这方面的问题。1951 年 1 月，在中国共产党第一次全国组织工作会议准备会议上，我父亲阐述了中国共产党在取得政权以后面临的新问题和加强党的建设的迫切性，对党的组织建设提出了一系列的意见。3 月他主持召开了党的第一次组织工作会议，会上，他分析了党的组织状况和存在的问题，阐述了整顿党的基层组织、发展新党员、改进干部管理制度和加强党的组织机构等问题。着重论述了加强执政党的建设问题，指出：由于中国革命已经胜利，新的更伟大更艰苦的革命任务已经被提了出来，因此今后共产党员必须比过去具有更高的条件，并提出了“共产党员标准的八项条件”。会议研究部署了在新的历史条件下党的建设问题，通过了《关于整顿党的基层组织的决定》，对所有党员进行一次“怎样做一个共产党员”的教育，要求每个党员对照党员“八项标准”认真检查自己，开展批评与自我批评。由此在全国逐步开展整党工作，到 1954 年春基本结束。通过这次整党，大大提高了党员的政治思想觉悟。这对于保持党在思想上、组织上的纯洁起了很大作用。

他还指出：思想改造，不只是对一般人们需要，首先对于共产党人就是需要的。共产党人不是只改造别人，不改造自己。共产党人在过去长时期内进行了思想改造，在现在，仍然在进行改造，在今后，还要进行思想改造，直到完全改好为止。

我父亲还十分强调党员尤其是党员干部更要接受群众的监督。他说："如果我们对于我们党的人民政府及所有经济机关和群众团体的缺点和错误，不能公开地、及时地在党和广大人民中展开批评与自我

1949 年 10 月 1 日，刘少奇在天安门城楼上出席中华人民共和国开国大典。右起：刘少奇、张澜、朱德、毛泽东。

批评，我们就要被严重的官僚主义所毒害，不能完成新中国的建设任务。由于这样的原因，中共中央特决定：在一切公开的场合，在人民群众中，特别是在报纸刊物上展开对于我们工作中一切错误和缺点的批评与自我批评。"他还强调，为了提高党和国家机关工作，要号召群众监督，要坚决反对那些认为告了状就不得了的看法和做法，有些人不

1949 年秋，刘少奇同王光美在中南海。

准别人告状，追查写匿名信的人，实际是反对监督。不要把提意见告状看做闹事。我父亲认为：群众多说话是民主积极性的表现。发扬社会主义民主，反对官僚主义是好事，不是坏事。他还说："好的干部如果没有经常的监督也可能变坏。因此对一切国家机关工作人员都应当实行监督。除了广大人民的监督以外，还必须加强各级监察机关和检查机关，认真实行国家的监督。"

我父亲在1956年党的八届二中全会上曾经讲过：要扩大社会主义民主，反对干部中的官僚主义特权思想，要限制领导人的权力，取消领导人的特殊待遇，加强对领导人的监督。他还说："为了把我们的工作做好，要特别注意一个问题，就是我们党的以及我们国家的领导机关和领导人员，无论如何也不要脱离工农劳动群众。这是一个根本问题。""在干部中间要用整风的办法进行教育。要批判特权思想、站在人民头上的思想、社会沙文主义的思想、主观主义和命令主义的思想、官僚主义思想。""还要规定一些必要的制度，使我们这个国家发展下去，将来不至于产生一个特殊阶层，站在人民头上，脱离人民。"

1957年，我父亲视察河北时，知道他们没有盖楼堂馆所，就称赞他们说："你们的做法很好，要坚持下去，我们执法者就是要带头勤俭建国、勤俭治国，并使之蔚然成风。宋朝范仲淹有句名言：'先天下之忧而忧，后天下之乐而乐。'几百年前的封建官吏都有这样的思想境界，难道我们今天的共产党人都做不到这些吗？"然后他用肯定的语气说："能！我们一定要比古人做得更好。"

我父亲还针对1958年以后出现的不实事求是的一些情况，指出："近几年来，由于某些领导机关和领导人的错误，有些说老实话、做老实事、敢于反映真实情况、敢于实事求是地说出自己意见的人，没有受到应有的表扬，反而受到了不应有的批评和打击；有些不说老实话、作假报告、夸张成绩、隐瞒缺点的人，没有受到应有的批评和处分，反而受到不应有的表扬和提拔。这就在党内不少干部的心目中造成了一种不正常的印象，以为'谁老实谁就吃亏'。有些人甚至把作假当做聪明，把老实当做愚蠢。我们必须用很大的努力，彻底改变这种情况。""我们要正告那些不老实的人，必须迅速地彻底地改正错误，

1950 年 9 月 26 日，刘少奇出席第一次全国战斗英雄代表会议和全国工农兵模范代表会议，为参加会议的代表签名。

做一个真正有共产主义思想的共产党员。否则，他们的前途是很危险的。”“我们所有的领导干部，都应该听老实话，听老实人的话。同时，必须在党员中间大力提倡说老实话、办老实事、当老实人，坚决反对弄虚作假。对于一贯作假、屡教不改的人，必须给予纪律处分。”他强调必须把树立实事求是的作风，作为加强党性的第一个标准。

我父亲还深情地提醒大家，他说：“同志们应该记住，我们党是掌握了全国政权的执政党，许多党员是国家政权的各级领导人。处于这种执政党的地位，很容易滋长命令主义和官僚主义的作风。事实上，这些脱离群众的作风，在有些地方、有些部门、有些同志身上，表现得相当严重。党和国家的一切机关，都应该密切联系群众，严肃地处理关系广大群众利益的问题，认真地对待人民群众的来信、来访。有的同志对于群众向党、向中央反映情况，不看做是党和群众之间的一种必要的联系，而看做是告自己的状，这是极端错误的。有的地方、有的单位，公然扣压群众来信，甚至追究反映真实情况的人，对他们实行打击报复，这是党的纪律和国家法律所绝对不能允许的。还有少数地方，使用对付阶级敌人和坏分子的专政工具，任意扣押、监禁群众，甚至对群众施行肉体上的处罚，这更是严重的犯罪行为。”“一切共产党员，不论职位多高，都是人民的勤务员，都应该把自己看成普通劳动者，没有任何特权，都必须关心群众生活，和群众同甘共苦。每一个共产党员，都应该以艰苦朴素为荣，以铺张浪费为耻。值得注意的是，有不少干部处处讲究生活上的享受，对群众的疾苦漠不关心。在不少的干部中间，那种摆排场、闹阔气、假公济私、明目张胆地挥霍人民财产的特殊化作风，在最近一个时期内有了滋长。这种旧官僚的恶习，在我们的队伍里是完全不能允许的。”“只有打掉了这些官气，彻底纠正了这些恶劣作风，党同群众的联系才能够进一步加强。”

关于党内生活问题，他早在 1955 年就曾说过：“书记和委员，应当不怕有人反对，你反对得正确，对党有利，很好；反对得不正确，只要不是有意地制造分裂，也不怪罪于你，因为有反对的权利，党章允许嘛！”“党内有意见不能怕争论，而应当公开地争论。只有公开地争论才不会破裂，才能达到真正的团结。有意见不能展开争论，就是党内生活不健全。”

1962 年 1 月我父亲在七千人大会上的报告中，又专门讲了党内生活问题。他也用较长的篇幅谈了党内民主问题。

“应该指出，近几年来，党内生活存在着一些不正常的现象。这种不正常现象的主要表现是：

“有些党组织，不容许党员提出不同的意见，把敢于提意见的人，随便说成是有思想问题，甚至指为‘反党分子’。

“有些党组织，不容许党员在党的会议上自由地、切实地讨论工作问题和政策问题，不容许党员批评工作中的缺点，特别是批评党组织领导人员的缺点。有些党组织，甚至把党员对具体工作的具体意见，错误地说成是政治问题和路线问题，把党员对党组织领导人员的批评，错误地说成是反对党的领导。

“有些党组织，采取过火斗争和惩办主义的办法，斗争和过重地处分了有一些缺点和错误的党员，甚至斗争和处分了坚持真理、敢于说真话的党员。

“有些党组织，对于向上级反映真实情况的党员，进行打击报复。

“有些党组织，不按照党章的规定，随意吸收不够条件的人入党，随意把党员开除出党。

“有些党组织，混淆了敌我矛盾和人民内部矛盾这两类不同性质的矛盾，竟然用对待敌人的手段，审判和惩罚了一些有缺点和错误的党员，甚至审判和惩罚了敢于说真话、敢于坚持真理的党员。

“由于有些党组织犯了党内过火斗争的错误，就严重地损害了党的民主集中制，损害了党的团结，损害了广大党员的积极性，使许多党员不敢说真心话，不敢提不同意见，互相戒备，造成隔阂，心情很不舒畅。

“党内这些不正常现象，绝对不能允许继续存在。”

我父亲还说：“近几年来，在党内生活中发生了许多不正常现象，这并不是由于我们党内无章可循，无法可守，也不是由于党所制定的章程、制度不正确，而是这些章程、制度在一些党组织中没有被执行，或者被歪曲了、被破坏了。”“根据党章的规定，任何党员都不准向党说假话，作假报告，欺骗党；任何党组织和党的负责人员，都不准侵犯党员的权利，压制批评，压制民主；任何党组织的负责人员，都不准滥用职权，任意斗争和处罚党员。今后，任何党员如果犯了这类错误，都必须给予纪律处分，直到开除党籍；违反了国家法律的，还应该依法处理。”

他最后指出：“上面所说到的在我们党内的各种不正常情况，是党内绝大多数同志都已经觉察到，都认为是必须纠正的，而且有许多是已经纠正或者正在纠正的。在我们纠正了缺点、错误，改变了那些不正常的情况之后，由于我们不仅有了正面的经验，还有了反面的经验，我们党的战斗力就会加强。”

我父亲说：“没有充分的民主，不可能集中，不可能实行集中统一。”“我感觉，我们这几年的主要经验之一是这一条。如果我们这几年根据群众的意见，充分发扬民主，走群众路线，有许多错误不会犯，即使犯了，也可以早发现。”

1962年底，在我父亲的关怀和直接指导下召开的全国组织工作会议，再一次着重讨论了执政党的建设问题。会议指出："在社会主义建设时期，党的建设任务，不是比过去更轻，而是更重了。党的建设仍然是我们的主要法宝之一。党要管党，必须对干部和党员施以严格的监督。执政党必须认真地建立和健全党和国家的民主集中制，这是保证党和国家不变色的根本制度。"

我父亲指出：组织部门的工作就是要把干部管好，首先是要把成为"统治阶层"的几十万干部管好。要经常了解他们的思想情况，了解他们的工作和生活情况，看他们是否脱离群众，是否有特权，并且规定一些制度，限制他们的权力，要他们把工作做好，要他们永远不脱离群众。这是组织工作、干部工作的根本问题。

## Part.3 中国革命胜利了，不读书，可不成。以前在山头上，事情还简单，下了山，进了城，问题复杂了，我们要管理全中国，事情更艰难了。

开国初期各种工作千头万绪，国家事业百废待兴。党的中心任务由武装斗争转到了国家建设。这一转变，带来的突出问题是人才奇缺，尤其是经济管理和技术人才更为缺乏，极不适应国家建设的需要。

早在建国之前，我父亲就多次指出："中国革命胜利了，不读书，可不成。以前在山头上，事情还简单，下了山，进了城，问题复杂了，我们要管理全中国，事情更艰难了。"他对出国留学生也非常关心，一再勉励他们努力学习，待新中国建立后，回到祖国参加建设。他还专门给东北发电，请他们关心和帮助国外留学生。他在电报中说："最近接到一些小孩子从莫斯科寄来的信，他们都在中学快卒业或已入大学与专门学校或在大学快卒业。请你们代表中央对他们的学习加以可能的指导，要他们学习工业、农业、采矿、医学等各种技术，同时尽可能参加共青团、职工会及其他组织的活动。并请你们把《东北日报》及其他报纸书籍分别各学校按期寄给他们，使他们多知道一些祖国的情形。"

1950 年 10 月，刘少奇在中国人民大学开学典礼上讲话。

1949 年我父亲到莫斯科还专门接见了在莫斯科的留学生，关心和鼓励他们，还当场把即将在莫斯科组建中国大使馆并担任大使的王稼祥介绍给大家，请他来关心和帮助这些在国外学习的学生。

新中国成立不久，他就着手主持创办一所新型的大学——中国人民大学，以培养国家的建设人才。

我父亲在新创办的中国人民大学开学典礼上讲：我们是以为工农服务为目的的，我们国家的教育也应该是为这一目的，我们的大学要教育出为人民服务的干部。我们不只是破坏旧中国，而且还要建设新中国的经济、政治、文化，因此要培养建设新中国的干部。为了培养建设新中国的干部，创办了中国人民大学。

同时，他还要求人民解放军开办专门学校，帮助干部、战士学习文化、学习技术，为建设现代化的军队培养人才。1950 年 5 月 16 日，我父亲在全军参谋会议上讲：“部队和地方老干部，是我们党的精华，是中华人民共和国的骨干。”但也有缺点，其缺点“就是文化水平低，技术知识少，业务能力差，因而应付新的工作有困难”，所以“我们必须想办法，提高他们的文化和技术水平”。他还提出：部队每个师要开办一个学校，把文化程度低的抽上来学习，只要他们愿意学，我们就给他们提供学习的条件和时间。部队原有的技术人员，也可以进专门学校进一步提高。他说：我们将来就要靠这些干部来管理国家各方面的技术工作。军队要建设海军、空军、炮兵及各种技术兵种，也有赖于这些干部的提高和掌握军事技术。

同年 9 月我父亲在马列主义学院开学典礼上也讲道：“现在，我们的一个重要任务是提高干部的文化水平和理论水平。这是一项经常性的任务，不可能一下做好，大约要花十年的工夫才能前进一步。”他还说：缺乏理论是很大的弱点。“掌握了理论才能正确地指导工作。

1958 年 9 月 28 日，刘少奇接见中国人民解放军南京高级步兵学校的教职员工。

有些人不懂理论，又要站在指挥台上指挥，行吗？不行。”“仅仅读了几本书，有了一些理论知识，并不等于就有了理论。”“我们学习马列主义，要学习它的立场、观点、方法，不要把马列主义变成教条。”

我父亲后来写信给马列主义学院副院长陈伯达、教育长杨献珍时，很关心工厂管理问题的教学情况。他说：“马列主义学院对工人运动及工厂管理问题的教学情形，不知怎样？应认真地教一教这一门课。因为我们多数党员对于工人中的问题太生疏了，这就使他们不能很好地领导工人群众。”

我父亲对培养干部是十分关心的。他有一次对赴苏留学的学员讲：去苏联学习是一种投资，建设工业需要投资，首先是投资在干部的培养上。要去学习，首先要下定一个决心：为人民学习，为国家学习，学得了以后为人民工作，为国家工作。

同时，我父亲对旧有技术人员的使用也非常注意，他在1953年8月底阅改一份中央文件中指出：“在国家建设事业中，必须十分重视争取和改造中国旧有技术人员的工作，他们中间的许多人即使还有许多错误的观点需要改正，但一般地说来，他们对于我国过去的经济恢复工作已有不少的贡献。在今后的建设事业中还会有更多的贡献，恰当地估计他们过去的功绩，诚恳地妥善地改正他们的缺点，认真地团结他们，逐步地改造他们，使他们安心地更好地为今后的建设事业服务，对我们是十分重要的。”

国家建设要有干部。训练干部，一个要看可能，一个要看需要，数量和质量要结合起来，增加招生人数一定要有限度，要逐步增加，既不要右倾保守，也不要急躁冒进，工作要做得又多又快又好。

## Part.4 傲慢的赛扬和傲慢的苏联人低头了，他们认识和承认了伟大的中国共产党和中国人民的光荣地位，承认和认识了伟大的无产阶级政治家刘少奇同志的杰出才能。

新中国刚刚诞生一个多月，亚洲、澳洲工会代表会议就要在北京举行。这是我们中华人民共和国成立后在北京召开的第一次国际性会议。参加这次会议的有亚洲、澳洲一些国家的工会代表100多人。我父亲是世界工联副主席，又是中华全国总工会名誉主席，就被推选为这次亚澳工会代表会议的主席来主持这次会议。

在开幕式上，我父亲致开幕词时，响亮地说：“亚洲、澳洲工会会

1949 年 11 月 16 日 —12 月 1 日，亚洲澳洲工会代表会议在北京召开，图为刘少奇在会议开幕式上致词。

议，今天能够在中国召开，这是由于亚洲和澳洲进步的工人运动和民族解放运动强大发展的结果。这是世界工联所领导的世界民主工会力量的发展壮大，反对美、英、荷反动工会领袖的分裂政策，坚持国际工人运动团结统一，以保卫世界和平、民主与工人阶级权益的一个伟大胜利。同时，这也是由于中国人民大革命在中国这一块广大的土地上获得了决定性胜利的结果。在这样的基础上召开的亚洲、澳洲工会会议，无疑的，它将推动亚洲、澳洲进步的工人运动和广大发展的民族解放运动更加向前发展，并在国际工人阶级亲密团结的基础上促进亚洲、澳洲各国工人阶级的亲密团结。”

出席这次大会的是来自亚澳 31 个国家的代表，他们中有的是共产主义者，有的是工团主义者，还有的倾向于社会民主党或社会党，各国的国情也不相同，因此，对工人运动的要求自然不会一致。

原苏联总是摆出一个老大的样子，想把会议的方向完全纳入他的轨道，在大会的议程上，特别是通过一些决议时发生了尖锐的争执。据当时出席会议的金凤回忆：法共中央委员、世界工联总书记赛扬是跟着苏联走的，他看到会议不大符合他和苏联的要求，大发脾气。赛扬甚至想甩手不干，声明他马上要回欧洲去！一些苏联代表也摆出一副不合作的样子。“少奇同志此时显示出他非凡的组织才能和高度灵活的政治策略。他不慌不忙，几句话就平息了赛扬的怒火，然后少奇同志和所有到会的，包括不同政治倾向但要求进步和维护工人阶级利益的各国代表充分协商，终于顺利通过了大家满意的议程和决议。”“傲慢的赛扬和傲慢的苏联人低头了，他们认识和承认了伟大的中国共产党和中国人民的光荣地位，承认和认识了伟大的无产阶级政治家刘少奇同志的杰出的才能。在告别宴会上，我亲眼看到傲慢的赛扬举着酒杯走到少奇同志面前翘起大拇指说：‘伟大，中国共产党！伟大，中国工人运动久经考验的领袖！请你一定干杯，亲爱的刘少奇同志。’”

这次国际会议就这样圆满结束了。会议最后通过了《关于建立世界工联亚洲联络局的决议》和《告亚洲各国工人和一切劳动者书》等文件。

## Part.5 我们中国情况不同，我们现在不搞“母亲英雄”，就是“将来也不搞，可能永远也不搞”。

开国初期，国际、国内事情千头万绪，清剿土匪、镇压反革命、稳定物价、救济失业、恢复经济、进行土地改革、巩固新生的政权……党和国家领导人昼夜操劳，日理万机。当国民经济恢复好转，进行有计划的经济建设的时候，就不能不考虑我国人口众多，且繁殖增长较快，给落后的农业国所带来的严重后果。

我父亲深深为中国人口众多而且还在不断继续增长给国家带来的困难而焦虑。为此，他于 1954 年 12 月 27 日召集国务院第二（文教）办公室、卫生部、轻工业部、商业部、中央宣传部和全国妇联等单位的负责人座谈节制生育问题。

我父亲在会议上从节制生育的意义讲到如何宣传，怎样组织生产避孕药品、器具的生产供应等具体问题。并建议成立一个经常工作部门。

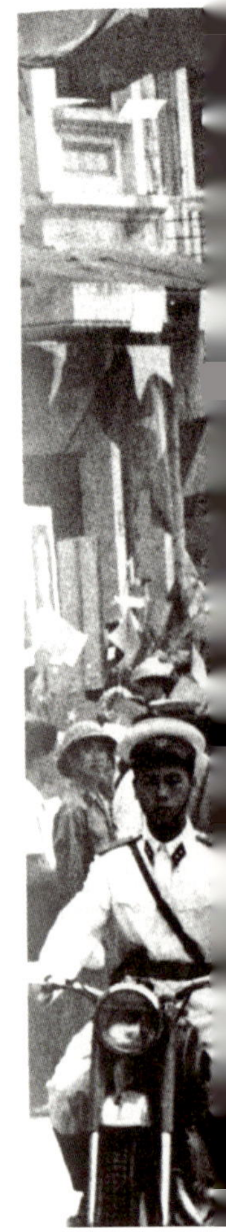

我父亲针对座谈情况在总结讲话时，首先提出了对节制生育是提倡还是反对的问题。他说，有些人反对，有的还写文章反对。可我们党是赞成的，这点是肯定的。我父亲进而还说明了苏联开始也是搞节制生育的，第二次世界大战后，人口减少，又有大量荒地需要人来开垦，所以才提出"母亲英雄"的口号。我们中国情况不同，我们现在不搞"母亲英雄"，就是"将来也不搞，可能永远也不搞"。"我们在陕北时提过'人畜两旺'的口号。据我所知，当时陕北婴儿死亡率很高，生下来的小孩有百分之五十都死了，人们要求改变这种情况，我们才提出'人畜两旺'。我们并未提倡多生，主要是设法降低婴儿死亡率。""但就在那时'人畜两旺'在干部中也没有提倡。""我们已经有了六万万人，每年生的比死的多得多。全国每年出生二千多万人，除掉死的还增加一千多万人。""全世界的人口增加，以中国为最快，现在每年平均增长率为百分之二。如果不节育，增加还要快。人口增加后有没有困难？有困难，困难很多，而且一下子解决不了。例如北京的粮食、布匹、药品就都不够。国家在这方面有很大负担，很多个人也有困难。总之，小孩生多了困难很大，父母、家庭、小孩子本身都困难，社会和国家也困难。衣、食、医药、学校等等都不够，而且一下子也解决不了。因此，应当赞成节育，不应反对。反对的理由都不能成立。说节育不人道，这不对。说节育影响不好，这不是实际问题。"

在谈到节制生育的宣传问题时，他考虑到有相当一部分人不赞成甚至抵制节育问题，我父亲说："首先搞一个党内指示，在党刊上发表，先把党内思想统一起来，使干部看法一致。卫生部可以用卫生常识的名义专门编些技术指导小册子。""医药公司卖些避孕药品和器具，生意好得很，也用不着登广告。"

他还指出，"在卫生机关和医院中，对医务工作人员讲清楚道理是必要的，以澄清思想。"

我父亲还对当时卫生部门一些不合理的规定提出了意见："堕胎、绝育等问题，卫生部应有具体规定。现在结扎输卵管要生过六个孩子，限额太高了。特别是有病的人，最好一个小孩也不要。还有难产的，据说上海有剖腹生过三个小孩子的人要求结扎输卵管，医生还不

1963 年 5 月，刘少奇和夫人王光美到达河内时受到越南人民的热烈欢迎。

干。其实，这样难产的，不必等第三个就应该结扎了。”

在谈到避孕药品与器具的供应的时候，我父亲说：“避孕药品与器具的供应，不要从商业问题上着眼，这是个人民需要的带政策性的问题。商业部门和生产部门要努力供应，力求满足，尽可能做好。国家控制有必要。私人工厂也要加工订货。扩大生产有困难，可以克服。这生意不会亏本，但不赚很多。自己生产不足，允许进口，从苏联、人民民主国家进口，也允许从资本主义国家进口，也不禁止到香港去买。”

谈到农村节育时，我父亲说：“现在乡下人也在叫苦，他们不知道如何节育，也不知道可不可以不生孩子，溺婴的很多，特别在贫苦农

1959 年，刘少奇同孩子们在庐山。

民中更多。可见农民中也不是没有人要求节育的。做妇女工作的同志就应该采取适当办法，告诉他们如何节育。”

最后，我父亲指示有关部门：根据今天讨论的结果，起草一个报告，叫中央批下去登党刊。同时指出，节育的经常工作主要由卫生部负责。

1955 年 2 月，中共卫生部党组，根据我父亲在这次座谈会上讲话的精神，起草了关于节制生育的报告。3 月 1 日中共中央在批转这个报告的批示中指出：“节制生育是关系广大人民生活的一项重大政策性的问题。在当前的历史条件下，为了国家、家庭和新生一代的利益，我们党是赞成适当地节制生育的。各地党委应在干部和群众中（少数民族地区除外），适当地宣传党的这项政策，使人民群众对节制生育问题有一个正确的认识。”

这一指示下达后，并没有引起全党的重视，1957 年北大校长马寅初的《新人口论》被错误地说成是“新马尔萨斯人口论”加以批判后，人口增长速度迅速。直到党的十一届三中全会，马寅初先生的观点才得到肯定，对他的错误批判得到平反，计划生育才被提到基本国策的高度。

## Part.6 有意识地在民族和宗教问题上作一些让步，以换取整个社会改革的胜利，是完全必要的。

关心和帮助少数民族，是我父亲一贯重视的问题。

中华人民共和国刚成立不久，就明确指示：少数民族事务必须细心地注意处理，要保护他们的利益，多和他们发生关系，不论他们是上层或是下层，是僧侣或平民，以求得更多地了解他们，处好关系，安定他们，然后再慢慢帮助他们。

当我父亲发现在这方面出现问题时，就立即指出并加以处理。1950 年 6 月 13 日，他在为中央起草的关于处理少数民族问题的指示中指出："最近由于若干下级党委和干部处理少数民族问题不慎重，不将所要处理的问题向上级报告和请示，因而发生了不少的事件。""以后各地有关少数民族问题，应集中由各中央局处理，重要的问题则报告中央处理。如遇紧急情况发生，各地除立即向上级报告和请示外，亦应只作防御和退却的处理，不得采取进攻的步骤。此外，关于各少数民族内部的社会改革，特别是有关少数民族的宗教信仰、风俗习惯及土地制度、租息制度、婚姻制度的改革等，必须从缓提出。""在少数民族中进行工作. 必须首先了解少数民族中的具体情况，并从各少数民族中的具体情况出发来决定当地的工作方针和具体工作步骤。必须严格防止机械搬用汉人地区的工作经验和口号，必须严格禁止以命令主义的方式在少数民族中去推行汉人地区所实行的各种政策。"

1951 年 9 月 4 日，我父亲又在他亲自起草的中央给新疆分局的指示中提出："由于新疆是多民族地区，又有严重的宗教问题，在这些地区内进行消灭封建的土地制度的斗争，是一件十分严重的需要周密考虑后来进行的事情。"随着形势的发展，1952 年 5 月 17 日父亲在中央起草的《对新疆若干工作方针的指示》中说："在新疆农业地区，今年实行土地改革、消灭地主阶级，这是一个坚决的革命的进攻，不容动摇。但在实行这个进攻的具体步骤上，必须

1951 年 5 月 24 日，刘少奇出席为庆祝西藏和平解放而举行的宴会，刘少奇同朱德会见班禅额尔德尼·确吉坚赞。

1955 年 7 月，刘少奇同全国人大代表果基木古交谈。

十分慎重，切戒急躁，必须准备充足的力量，一步一步地去实行进攻，以便获得全胜。在新疆实行社会改革，充分地估计到民族和宗教的特点，有意识地在民族和宗教的问题上作一些让步，以换取整个社会改革的胜利，是完全必要的。”

后来，他又指示新疆分局，应“在你们的土改法令上明文规定保留清真寺、拱北和喇嘛寺的土地。在土改进行中，所有党和政府的工作人员及土改工作队均应向群众明白宣布这条法律，不许含糊或不予宣布，更不许宣布其他办法。”“因为今年要集中最大的力量去进行土地改革，在牧区和半农半牧区就不要同时进行改革。在土地法令上也应有一条规定：土改法令不适用于牧区或畜牧经济，并应在牧区和半农半牧区广泛宣传这条法令，以稳定牧区。”

我父亲还多次强调，汉族干部要尊重少数民族干部，不能有大民族主义；少数民族干部也要欢迎汉族干部，要相互帮助、真诚团结。

1958年我到内蒙古支边之前，父亲也一再嘱咐我要尊重当地少数民族的风俗、习惯和民族礼仪，要虚心向少数民族群众和干部学习，要全心全意地为内蒙古广大人民群众服务。父亲让我多到农村牧区调查了解情况，真正地关心他们，努力把工作做好。父亲还说：“你在那里工作，就要学蒙语，这样才能更好地了解他们、帮助他们，为他们服务好。”我每次从内蒙古回来，爸爸都要问我你到过牧区吗？学了多少蒙古话？和那里的同志们团结得好不好？有没有不尊重少数民族同志的生活习惯？等等。

## Part.7 在农业社会主义改造上，父亲反复强调要运用合作社来同资产阶级争夺对农民小生产者的领导权，逐步领导农民走向社会主义。

1952年，在取得土地改革、抗美援朝、镇压反革命、“三反”（反贪污、反浪费、反官僚主义）、“五反”（反行贿、反偷税漏税、反盗骗国家财产、反偷工减料、反盗窃国家经济情报）等胜利后，国家也顺利完成了国民经济的恢复任务。从1953年开始，一方面实施第一个五年计划，进行大规模的社会主义经济建设，一方面对生产资料私有制进行全面改造。毛泽东和党中央提出了党在过渡时期的总路线和总任务，是要在十年到十五年或者更多一些时间内基本上完成国家工业化和对农业、手工业、资本主义工商业的社会主义改造。

我父亲在1951年5月中国共产党第一次宣传工作会议上提醒说，“现在有人就讲社会主义，我说这是讲早了，至少是早讲了十多年”，“十年之后，就可以采取某一些社会主义步骤；也可能十年之后，还不能采取这种步骤，还要等几年。”

◀ 1958年10月，刘少奇同劳动模范陈素贞（右一）、电影演员张瑞芳（左一）在安徽宿县农村。
▶ 1955年12月，刘少奇同农村基层干部交谈。

我父亲1954年9月作宪法草案的报告时也讲道：“实现农业、手工业和资本主义工商业的社会主义改造，是一种很艰巨的任务。我们决不可能在一朝一夕完成这种改造。我们必须根据群众的经验和觉悟程度，根据实际的可能性逐步前进。”

实践的结果，原定在三个五年计划即用15年左右时间才能完成的任务，由于毛泽东不断地批评“右倾”，到1956年，仅3年的时间，就完成了对农业、手工业和资本主义工商业的改造任务。

现在回过头来看看这段工作，正如中央十一届六中全会通过的《关于建国以来党的若干历史问题的决议》中所指出的那样：“要求过急、工作过粗、改变过快、形式过于简单划一”，给后来的工作带来许多问题。

在农业社会主义改造上，我父亲认为：“中国不仅是一个小生产占极大优势的国家，还是一个农业国。”“一个最重要最有决定性又最难实现的要求，就是中国无产阶级与共产党如何去帮助、教育与组织中国最大多数的农民及其他小生产者，使他们紧紧地跟随自己前进。”也就是说，如何来教育、团结、改造千千万万极其分散的农民小生产者，是一项极其艰巨的任务。特别是处在过渡时期无产阶级不去联合他们，组织他们，资产阶级就必然会争夺他们。我父亲反复强调要运

1959 年 5 月 18 日，刘少奇在中国农业科学院观察原子能照射的小麦。

用合作社来同资产阶级争夺对农民小生产者的领导权，逐步领导农民走向社会主义。我父亲说：“合作社问题对于今后农民的趋向和我们国家的前途是一个具有决定意义的问题。”

在建国初期，我父亲把组织农村供销合作社放在优先和重要的地位，他认为，“没有合作社，无产阶级就不能在经济上领导农民，不能实现无产阶级与农民的联合，”“合作社办得好坏，对于新民主主义国家建设的成败，是起着决定作用的。”我父亲还认为：“合作社应该成为全体人民所易于接受和了解的一种经济组织形式和一种普遍的社会制度。应该采用各种适当的方式，很有条理地、很周密地、在自愿

1958年9月24日，刘少奇在江苏常熟县农村。

的条件下，将一切消费者与绝大多数的小生产者组织到各种合作社中去。”他认为。在一个小生产占极大优势的农业国家中，“千千万万的分散的独立小生产者，是经过一种商业关系把他们联系起来，并使他们与大工业联系起来，构成国家和社会的经济整体。这样的经济体系，与工业发达的国家比较起来，其内部的联系和结构，自然要松散得多。但它既然是有细密的社会分工，既然是要依靠商业关系来把整个社会和国家的经济联结成为整体，那么，商业就在这种经济体系中占有极端重要的地位，足以决定小生产者的命运。因为小的商品生产者远离市场，不能不经过和依靠商人出卖自己所生产的商品，并购买自己所需要的生产资料与生活资料。商业的社会任务，就是分配各种各样的生产品。很明显，这种任务，如果是由无产阶级领导的新民主主义国家的机关和合作社来进行，又如果它们是执行坚定的新民主主义的经济方针和路线，不利用小生产者及消费者的弱点去剥削他们，而决心去为他们服务，决心去促进这些小生产的发展，并逐步地引导这些小生产向着集体方向发展，并能与整个国民经济配合，而促进整个国民经济向新民主主义的方向发展”。

要办什么样的合作社？我父亲在1950年7月召开的全国合作社工作者第一届代表会议上说：“合作社种类很多，不能样样都办。根据合作社法（草案），目前主要应办三类合作社：（一）在工人和城市劳动人民中组织消费合作社；（二）在农民中组织供销合作社；（三）在城市和乡村独立生产的手工业者及家庭手工业者中组织手工业生产合作社。”

“上面这三种合作社是主要的，其他合作社也允许办，农业、林业、茶业、渔业等特种合作社根据当地特殊需要与可能，都是可以办的。信用社、运输社单独办很难办好，如果交给供销社来办，规模大些，就容易办好。”

为什么在农村要农民组织供销社？我父亲1951年9月在一篇文章中说：“由于农村经济的日益商品化，农民有大量的农产品和副业产品需要出卖，并购买他们所需的生活资料和生产资料。但是由于长期战争和土地改革的影响，过去在农村中的商业组织有了很大的破坏，而国营贸易又不能普遍解决农民的这种需要，因而就使农民的产品卖不出去，而农民所需要的商品又无从购买。在这种情形下，农民就只有自己组织起来，凑集股金，建立供销社，来解决自己的供销需要。”

农村供销社的基本任务，一方面，是农民把自己当做生产者组织起来，以便为自己推销除自己消费以外的多余的生产品，并供应自己所需要的生产工具及其他生产资料；另一面又是农民把自己当做消费者组织起来，以便供应自己所需要的生活资料（即日常生活用品）。因此，农村供销合作社有以上供销两方面的任务。

我父亲主张建立供销社并通过供销社用商业的办法来战胜资本家。他说，我们今天要同资本家竞争，看谁来领导市场，谁领导了市场，谁就领导了国民经济。用什么办法领导市场？不能用行政命令，而必须通过供销合作社，用商业的办法战胜资本家。新中国成立后，无产阶级同资产阶级谁战胜谁的斗争，在很大程度上将取决于谁能够领导几亿小生产者，而供销合作社是组织和团结小生产者最好的工具。

我父亲认为办好供销合作社“就使广大的农民经过供销合作社与国营经济机关密切地结合起来，使国家和农民都能在一定的限度内避免商人的中间剥削，使农民与合作社成为国营经济的同盟军，使合作社成为国营经济机关与广大农民小生产者密切合作的纽带。最后，还便于合作社中的共产党员和先进分子利用合作社工作中每一个显著的成绩去教育广大农民群众，用事实在农民面前证明集体经济是优于个体经济和私人资本主义经济，使农民逐步地了解和接受社会主义的经济原则。”

我父亲的设想是，在土地改革以后的一段时间里，在农民私有制的基础上，先发展低级形式的劳动互助组和小型手工业生产合作社，特别是要发展群众乐于接受的供销合作社，让农民获得土地以后发展一下个体生产的积极性，经过物质上和思想上充分准备后，再建立类似苏联集体农庄式的生产合作社。他认为“在私有财产基础上的劳动互助组织，生产资料和生产品都归个人私有，只实行集体劳动或变工互助，这也是一种初级的农业生产合作社”。

对在土地改革以后，要不要起步向社会主义过渡，1950 年、1951 年在党内发生过两次争论。

一次是 1950 年春围绕东北富农问题展开的，一次是围绕山西发展农业生产合作社展开的。

东北大部分农村在 1948 年末完成了土地改革。1949 年秋我父亲从莫斯科回国途经哈尔滨时，曾对东北农村的新情况作过调查。年底在东北农村工作座谈会上有人反映一些地区出现了两极分化的现象，高岗主张土改后立即起步向社会主义过渡，无须有一个新民主主义阶段。

我父亲认为，“东北土改后农村经济开始向上发展了，有三匹马一副犁一挂大车的农民，不是富农，而是中农。在东北，现在这种农户大概不会超过农民的百分之十。其中真正富农所占的比例，必然更少。”“现在东北，应该使这种中农得到大量的发展。今天东北的变工互助是建筑在破产、贫苦的个体经济基础上的，这是一个不好的基础。”“现在的变工互助能否发展为将来的集体农庄？我认为是不可能的。这是两个不同的阶段，要防止急性病。正因为是两个阶段，所以不能混为一谈，转变得早了，是不对的。”“由个体生产到集体农庄，这是一个生产方式上的革命，没有机器工业的集体农庄是巩固不了的。”“我们现在的变工互助、供销合作社，具有培养农民的集体观念的作用，将来加上机器工具的条件，才能够领导实行集体农庄。”“富农雇人多，买了马，不要限制他，现在要让他发展，没有坏处，这不是自流。将来我们对富农有办法，让他发展到一定的程度，三五年之后再予以限制，用国家颁布的劳动法，把雇农组织起来，提高雇农的待遇，征土地税，多累进一些，多加公粮等办法，予以限制。”“党员成为富农其党籍怎么办？这个问题提得过早了。”“即使东北将来有一万个富农党员也不可怕，因为过几年，东北可能会有一百万党员，这一万若都不好，被开除也不要紧。”“但能单干与应该单干是两回事，我们允许党员单干，并不是我们鼓励他们去单干。”

高岗把这份记录稿送到北京面交毛主席，毛主席批给陈伯达看。后来，这个谈话记录就成为高岗反对我父亲的重要借口。

事实已经证明，高岗的讲话在《东北日报》和各省报全文发表后，几个月内，东北农村互助合作运动出现了严重的强迫命令和形式主义。

1951年围绕山西省发展农业生产合作社问题又发生了争论。山西省委认为山西老区农村经济的恢复和发展，一部分农民已达到富裕中农的程度，农民的自发力量是向着富农方向发展。省委主张扶植与增强互助组内“公共积累”和“按劳分配”两个新因素，以逐步战胜农民的自发趋势，引导互助组走向更高一级的形式。省委认为：“增强公共积累，按照成员享用，这一原则在互助组见诸实施。它虽然没有根本改变私有基础，但对私有基础是一个否定的因素。对于私有基础，不应该是巩固的方针，而应当是逐步地动摇它、削弱它，直至否定它，所以公积金应当是出组不带。”农业生产合作社“按土地分配的比例不能大于按劳力分配的比例，并要随着生产的发展逐步地加大按劳分配的比重”。

华北局和我父亲都不同意山西省委的意见。我父亲明确表示：现在采取动摇私有制的步骤，条件不成熟。没有拖拉机，没有化肥，不要急于搞农业生产合作社。4月下旬华北局召开5省互助合作会议，讨论山西省委的意见，除山西代表维护省委的意见外，其他几省代表都不同意山西省委的意见。

华北局根据5省互助合作会议多数同志的意见，正式批复山西省委并报中央。华北局认为，"一般地动摇私有财产，是社会主义革命时期的任务"，"和党的新民主主义时期的政策及共同纲领的精神不相符合"。同时指出，"提高与巩固互助组的主要问题，是如何充实互助组的生产内容"。而山西全省"亦还有近一半农户未组织起来"，应"加以注意"。

我父亲认为："农民的自发势力和阶级分化已开始表现出来了。党内已经有一些同志对这种自发势力和阶级分化表示害怕，他们幻想用劳动互助组和供销合作社的办法去达到阻止或避免此种趋势的目的。山西省委提出'逐步地动摇、削弱直至否定私有基础，把农业生产互助组织提高到农业生产合作社，以此作为新因素，去战胜农民的自发因素'。这是一种错误的、危险的、空想的农业社会主义思想。"

毛泽东主席支持山西省委的意见，他批评了互助组不能提高为农业生产合作社的观点和现阶段不能动摇私有基础的现点，他认为，中国的合作社依靠统一经营形成新生产力，再动摇私有基础也是可行的。

1953年8月，毛泽东主席在全国财经会议上指出华北局对山西省委报告的批评是违反党的七届二中全会决议的。

毛泽东主席让陈伯达组织起草一个互助合作决议，准备召开一次互助合作会议。

9月20日中央召开全国第一次互助合作会议。会议讨通过了《关于农业生产互助合作决议（草案）》。12月25日中共中央将决议（草案）发给各级党委试行，并通知全党"把互助合作当做一件大事去做"。

当时合作社只有1.4万多个，决议发出后几个月到第二年春，合作社就发展到10万个。

1954年11月，刘少奇同周恩来、陶铸（左二）、罗瑞卿（右三）等在广州郊区视察椒园。

1954年12月，中央批准第四次全国互助合作会议报告中的建议，到1955年秋收前发展到60万个，改变了当年4月第二次全国农村工作会议所定的发展30万—35万个社的计划。当时的中央农村工作部部长邓子恢认为新建立的38万个社（另外还有10万个老社）大部分没有立住脚，能按原计划完成60万个固然好，如果达不到，只要不出废品，完成50万个也应该是最大的胜利。

中央采纳了邓子恢的建议，于1955年1月10日由我父亲签署发出了《关于整顿和巩固农业生产合作社的通知》。通知指出：现在全国农业生产合作社已发展到48万余个，其中30多万个新社，有相当部分是在无准备或准备很差的条件下建立起来的，因而"在许多地方陆续发生新建社垮台和社员退社的现象"，"许多地方发生大批出卖耕畜、杀羊、砍树等现象"，当前合作社运动，"应当基本上转入控制发展、着重巩固的阶段"。

当时浙江的问题比较突出，全省农业社，1954年秋收前为3800多个，1955年春猛增到5.3万多个，不少地方发生了强迫命令等许多问题，农民生产情绪不稳定。3月25日中央农村工作部负责人和中央书记处二办主任谭震林、副主任刘建勋一起同浙江省委书记江华商议后，由中央农村工作部发电报给浙江省委，提出收缩、巩固农业社的建议，并派中央农村工作部秘书长杜润生、华东处处长张维诚和二办副处长袁成隆到浙江了解情况，帮助整顿农业社。经过整顿浙江农业社减少1.5万多个。全国农业社由67万个减到65万个。据各地汇报，农村情况已经稳定，浙江情况好转，春耕生产正常。

这就是在"文化大革命"期间1967年11月23日两报一刊编辑部文章《中国农村两条道路的斗争》中批判我父亲所谓"停""缩""整"的反动方针和砍掉了20万个合作社的罪状。从这里也不难看出，"四人帮"连人所共知的历史真实情况都能任意篡改，可想而知，那些鲜为人知的历史情况在他们那里更可以随意伪造了。"文化大革命"中许多同志莫须有的罪名，不就是被他们随意强加在头上的吗！

1955年4月至6月，我父亲约集中南各省、华东各省、华北、东北各省负责人谈话，当谈到农业合作化问题时，其基本精神是：办好现有的农业生产合作社，树立旗帜，建立信仰，总结经验，培养干部。对农民，对我们，都很重要。今后的方针，应该是巩固地向前发展。合作化的要求是又快又好，以好为第一，因为好了就可以快。这一批办不好，就不能快，为了快，必须把这一批办好。所以合作化的快慢，决定于这一批办得好不好。只要巩固好现有的，就会有农民要求入社，所以为了发展，就要巩固。今年明年少发展些，因为干部没有训练出来，经验不成熟，再快了就要发生危险。

6月中央政治局会议，批准将农业生产合作社在现有65万个的基础上发展到100万个的计划。我父亲在会上发表意见说：明春发展到100万个，关一下门，办好了让中农自愿来敲门，关键是保证中农自愿。

毛主席察觉浙江收缩合作社的问题后，5月上旬曾向邓子恢提出警告："不要犯1953年大批解散合作社的错误，否则又要作检讨。"

7月31日，毛泽东在各省、市、自治区党委书记会议上作《关于农业合作化问题》的报告。毛主席批评说：浙江由于采取所谓"坚决收缩"的方针，一下子就将5.3万个合作社中解散1.5万个包括40万户的合作社，引起群众和干部很大不满，这是很不妥当的。这种"坚决收缩"的方针，是在一种惊慌失措的情绪支配下定出来的。胜利冲昏头脑，犯出"左"的错误，当然不好，胜利吓昏头脑，来一个"坚决收缩"，犯出"右倾"错误，这也不好。有些同志从资产阶级、富农或者具有资本主义自发倾向的富裕中农立场出发，错误地观察了工农联盟这样一个极端重要的问题。他们向我们提出了警告：如果不赶快下马，就有破坏工农联盟的危险。这里看来只有一字之差，一个要下马，一个要上马，却是表现了两条路线的分歧。毛主席认为全国农村社会主义群众运动的高潮就要到来，某些同志却像小脚女人东摇西摆地在那里走路，老是埋怨旁人走快了。

10月中央召开七届六中全会（扩大），根据毛泽东7月31日《关于农业合作化问题》的报告的精神，会议听取了陈伯达代表中央政治局所作的《关于农业合作化问题的决议草案的说明》。

在这次会议上，批评"右倾"更趋尖锐，邓子恢和一些同志在会上作了自我批评。我父亲也就农业合作化问题作了自我批评。

1955 年 10 月 1 日，刘少奇同毛泽东、朱德、周恩来在天安门城楼上。

在会议的最后一天，毛泽东作题为《农业合作化的一场辩论和当前的阶级斗争》的总结报告，随后通过了《关于农业合作化问题的决议》。《决议》认为，我们有些同志对于农民问题的看法还停留在老阶段上，看不见现在农村中的两条道路的尖锐斗争，看不见大多数农民群众愿意走社会主义道路的积极性。他们提出了“坚决收缩”的右倾机会主义的方针，并且在有些地方用强迫命令的方法大批地解散合作社。这种右倾机会主义实质上只是反映了资产阶级和农村资本主义自发势力的要求。《决议》认为只有彻底地批判了这种右倾机会主义，才能促进党的农村工作的根本改变。《决议》对合作化运动作了新的规划。

在这种“反右倾”的形势下，到 1956 年底入社农户已从 60%发展到 96%，同时又实现了并大社转高级社。

在实现农业合作化不久的1957年2月,我父亲到河南新乡视察时就发现一些问题。他对新乡地区农业生产合作社实行包工包产到队,固定三年不变,超产奖励的办法十分赞赏。指出:这也是农村生产关系的一种调整。基本的所有制已经定下来,基本不变,但不是生产关系中的一切都不变,时时会有些变动,主要是在分配制度上变。他认为现在大社办多了,社太大了与落后的生产力不适合。他说:"生产力只是那么个水平,就适宜生产单位小一点,特别是分配单位小一点好,太大了则生产关系超过了生产力。"他还主张说:"社员劳动要有一定的自由,太集体化了不行",可以"实行分组分户小包工,分给社员的农活只要求他几天内做完,随便他什么时候上地,有个劳动自由。有很多小活适于个人劳动,不能完全否定个体劳动。和工业一样,农业也可以实行个人负责制。"

他的这些主张和新乡地区的一些做法,在当时那种"反右倾"实现并大社转高级社的高潮中被冲垮了。

## Part.8 要保留一部分私营工商业,"过早地采取社会主义政策是要不得的"。

在对待资本主义工商业问题上,从建国初期一直到"社会主义改造基本完成"期间,我父亲根据中国经济落后的国情,在1949年天津讲话时就说,"今天中国资本主义是年轻时代,正是发挥它的历史作用、积极作用和建立功劳的时候","在目前整个国民经济中,是一个不可缺少的部分,它的适当发展,对于国民经济也是有利的。"也就是说,对那些不危害国计民生的资本主义工商业还要允许其发展。对待资本主义是采用"和平的经济竞争"。"所谓经济竞争,就是不以行政手段为主,但对投机事业与垄断事业,也要采取行政手段。"对资产阶级"总有一天要消灭它,"但"过早地采取社会主义政策是要不得的。"

在对资本主义工商业的社会主义改造基本完成的1956年12月,我父亲在全国人大常委会上讲:"我们国家有百分之九十几的社会主

1955 年，刘少奇在北京郊区与路过的小商贩交谈。

义，有百分之几的资本主义，我看也不怕……有这么一点资本主义，一条是它可以作为社会主义的补充，另一条是它可以在某些方面同社会主义经济作比较。”

著名经济学家薛暮桥在回忆对资本主义工商业进行社会主义改造问题时这样写道：“1956 年社会主义改造基本完成时，少奇同志提出要保留一部分私营工商业，让他们来‘钻社会主义经济的空子’，满足国营经济不可能满足的社会需要。空子钻得大了，国营经济就来填

1955 年 5 月，刘少奇在北京清河制呢厂视察。

补，让私营企业再去钻新的空子。少奇同志的主张是完全正确的，可惜没有被采纳，‘文化大革命’中还被当做‘修正主义’来批判。”

# 07 Chapter

1959 年 3 月，刘少奇在办公室查看地图。

## Part.1 我父亲在起草和修改中共第八次全国代表大会政治报告期间是思想最集中，责任最大，担子最重，也是最繁忙的时候。

1956年9月召开的中共第八次全国代表大会，标志着全面建设社会主义时期的开始。党中央根据毛泽东的建议，“八大”会议准备工作的中心是反对“右倾”保守思想，提早完成社会主义工业化和社会主义改造。

“八大”召开前夕，全国绝大部分地区基本上完成了生产资料私有制的社会主义改造，“一五”计划的执行也取得了相当大的成绩，许多重要指标已有确实把握提前完成。在国际上苏共“二十大”揭露斯大林的错误，激起轩然大波，接着波匈事件发生。

历史的发展，国内形势的变化，国际共产主义运动中出现的新情况、新问题，要求党必须对“七大”以来的工作，特别是建国以来的工作，进行全面的系统的总结，做出正确的分析和结论，对国际形势做出正确判断，从而制定党在新的历史时期的正确路线，提出社会主义建设、党的建设、国家建设、对外关系等方面的任务和完成这些任务的方针政策。探索怎样避免苏联等国的错误，走自己建设社会主义的道路。为此，我父亲担负起了起草“八大”政治报告的重任。

为起草好中共中央向“八大”的报告，我父亲从1955年12月7日到1956年3月8日先后召集和听取了30个部委的汇报，在2月14日毛泽东主席听取各部委汇报之前，我父亲已经听了国家建委、城建局、一机部、二机部、三机部、中央农村工作部、煤炭部、电力部、地质部、石油部、建工部、重工业部、计委、地方工业部、纺织部、轻工部、手工业管理局、财政部、粮食部、商业部、外贸部、农产品采购部、中国人民银行、劳动部、全国总工会等25个部委负责人的汇报并发表了自己的一些意见。薄一波在《若干重大决策与事件的回顾》中说：“少奇同志在听取汇报时，就提出过要重视发展轻工业和农业，重视发挥沿海工业的活力，重视发挥地方的积极性，重视发挥技术人员的作用，学习苏联应该有所学、有所不学等观点。这些观点对后来毛主席概括十大关系提供了重要的参考。”

毛主席从杭州回到北京后，听到我父亲在听取一些部委的汇报，他很感兴趣，也组织了30多个部委向他汇报。我父亲参加了毛主席召开的汇报会，一同听取林业部、国家气象局、中央财贸部、商业部、财政部、中国人民银行负责人的汇报。

我父亲于2月16日听取了铁道部滕代远、刘建章、余光生等同志的汇报。2月17日听取了交通部李运昌、朱理治、马辉之等同志的汇报。2月18日听取了邮电部范式人、钟夫翔等同志的汇报。2月21日听取了民航局邝任农、李平、沈图等同志的汇报。3月5日听取了高教部杨秀峰、刘凯风、刘子载等同志的汇报，同时同中国作家协会周扬、刘白羽同志谈话。3月6日听取教育部董纯才、柳湜等同志的汇报。3月7日听取卫生部徐运北、张凯、傅连暲、崔义田、郭子化等同志的汇报。3月8日听取文化部钱俊瑞、陈克寒、刘芝明、夏衍等同志的汇报。3月9日听取国家体委蔡树藩、荣高棠等同志的汇报。3月30日同中央监察委员会刘澜涛、王从吾、刘锡五等同志谈工矿企业监察工作问题。4月1日听取中央农村工作部邓子恢、陈正人、廖鲁言、王观澜等同志的汇报。5月28日听取新华通讯社吴冷西、朱穆之、缪海棱、邓岗、石少华等同志的汇报。同日还听取了广播事业局梅益等同志的汇报。6月19日召集胡乔木、吴冷西、朱穆之谈新华社的工作问题。6月27日、7月2日两次约中央高级党校杨献珍、侯维煜谈党校教学工作。7月7日听取最高人民检察院张鼎丞、梁国斌同志的汇报。

毛主席和我父亲听过34个部委汇报后，政治局开过几次会议，进行讨论归纳。据薄一波同志讲：

“政治局会议的讨论，除了概括出十大关系之外，中心是分析国际形势，估计战争爆发的可能性的问题。

“4月25日到28日，政治局召开扩大会议，毛主席于25日第一次讲《论十大关系》，他讲后连续讨论3天。

“5月2日，毛主席召开最高国务会议。上午，第二次讲《论十大

1956 年 9 月 15 日至 27 日，刘少奇出席中国共产党第八次全国代表大会，同毛泽东在大会主席台上。

关系》，下午讨论。讨论结束时，作了结论。

“两次讲十大关系的记录，十个小标题相同，但内容有所不同。4 月 25 日的讲话，批评斯大林内容多些，5 月 2 日的讲话，理论分析多些，补充了政治局扩大会议 3 天讨论和 4 天省市委书记汇报时提出的一些意见。

“1965 年 12 月 27 日，根据少奇同志建议，并经毛主席同意，中央将《论十大关系》作为党内文件印发给县、团以上党委学习。”

现在《毛泽东选集》中收入的《论十大关系》是 1975 年邓小平同志主持中央日常工作期间向毛主席建议，由胡乔木同志主持重新整理的。

这次大规模的调查研究，主要是以苏联为借鉴，总结建国以来各方面的工作经验，探索适合中国国情的社会主义建设道路的问题。

我父亲在起草和修改中共第八次代表大会政治报告期间是思想最集中，责任最大，担子最重，也是最繁忙的时候。据在我父亲身边的工作人员刘振德秘书讲：“他在着手起草报告期间，本来就没有规律的生活就更被打乱了。他博览了各种有关的资料，找了许多有关人士谈话，征求意见，进行调查研究。据我们的工作日记记载，他约请中央和国务院有关部门的领导同志谈话先后达几十人次。动笔后，他的身心简直就是一架不知疲倦的机器，废寝忘食，夜以继日地连轴转。那时，我们只有一个心愿，就是希望他能吃好、睡好，但是在他开动了脑筋，把自己全部投入到写作中去的时候，即使是热腾腾香喷喷的饭菜已摆好，甚至热了又热，即使明明知道了他已很长时间没有合一下眼皮，该休息片刻了，但谁也不敢去打扰他。因为大家都知道，这个时候，他的思想、他的智慧、他的情感已全部凝聚于笔端，全部倾注于政治报告的起草之中。我们谁还敢、而且谁还忍心去打断他那像黄河一泻千里、奔腾不息的思绪！每当这时，我们只能把对他身体的担心变成一种祈祷，由衷地祝愿他身心永远那样健康，精力永远那样充沛。”

刘振德秘书还说：“他写出几页，就叫我马上送到机要室打印。他习惯随写、随修改、随打印，然后再作修改。一个问题或一个章节写完后，还要随时送给毛主席审阅。”

据《刘少奇年谱》记载：“8 月 24 日就中共‘八大’政治报告稿的起草问题致信毛泽东：‘这是我写的关于无产阶级专政和统一战线的一段，下面还有民族问题和国家工作的若干问题在继续写。特先送上一部分，请审阅，看是否可以这样写？’当日毛泽东批示：‘退少奇同志：此件已经看了一遍，改得很好。我又作了一些小的修改，请酌定。’”

8 月 29 日，又致信毛主席：“昨天早起把以前写的稿子推翻了，所以这段稿子今天才写好。有 4700 多字。请审阅，看是否可以这样写？请看完后要高志通知我到主席处谈一谈如何修改这一大段的问题。前面统一战线部分有些同志提了修改意见，其中有些原则性的问题，要请示后才好修改。”当日，毛泽东主席指示：“字数不多，清爽好看。前一部分盼能迅速加以修改。”

刘振德秘书还讲道：“当时，少奇同志负责起草《政治报告》，周总理负责起草《关于发展国民经济的第二个五年计划的建议的报告》，邓小平同志负责起草《关于修改党的章程的报告》。所以在此期间，他们互相来往较多。他们经常互相提供材料、交流思想。有时碰头开个小会，有时通电话谈个问题，通报点情况。

“1956 年的盛夏，北京酷热难熬。《政治报告》的起草工作也进入了关键阶段。为了更加集中精力把报告写好，我们随少奇同志来到了北戴河海滨。

“夏日的北戴河，风景迷人，气温凉爽，带着咸味的习习海风使我们心旷神怡，湛蓝的海水更令我们无限向往。但我们却无暇领略这美丽的海滨风光，更无暇享受大海的温柔抚慰，因为少奇同志还是那样废寝忘食地工作着。”

他还讲：“少奇同志对《政治报告》的起草和修改特别认真仔细，一直到离开会时间很近了，他还在逐段逐句逐字地斟酌推敲，甚至对每一个标点符号，他都要反复琢磨。当时任中央办公厅主任的杨尚昆同志曾几次打电话对我说：‘你要催催少奇同志，请他尽快定稿。因为他不定稿，我们大会秘书处的许多工作就无法进行。’我将尚昆同志的意见报告后，少奇同志才说：‘那就这样定稿吧！’”实际上中央领导同志在起草、讨论、修改《政治报告》的同时，就是交换意见、沟通思想、统一认识的过程。

## Part.2 如果能够认真贯彻执行“八大”精神，我们国家的社会主义建设绝不是今天这样。

我父亲代表第七届中央委员会在“八大”作的《政治报告》是党中央领导集体智慧的结晶。《政治报告》概述了中共第七次全国代表大会以来国内外关系发生了一系列根本变化，阐述了党在过渡时期的总路线，总结了建国后 7 年社会主义建设和社会主义改造的经验，分析了社会主义改造完成以后国内阶级关系的变化，提出了党在社会主义建设、国家政治生活、国际关系、党的领导等方面的方针和任务。

《政治报告》中指出：“现在，革命的暴风雨时期已经过去了，新的生产关系已经建立起来，斗争的任务已经变为保护社会生产力的顺利发展”，“我们党现实的任务就是要依靠已经获得解放和已经组织起来的几亿劳动人民，团结国内外一切可以团结的力量，充分利用一切对我们有利的条件，尽可能迅速地把我国建设成为一个伟大的社会

1964 年 7 月 7 日，刘少奇同毛泽东、周恩来等在北京机场。

主义国家。”

大会一致通过的关于《政治报告》的决议指出：“我们国内的主要矛盾，已经是人民对于建立先进的工业国的要求同落后的农业国的现实之间的矛盾，已经是人民对于经济文化迅速发展的需要同当前经济文化不能满足人民需要的状况之间的矛盾。这一矛盾的实质，是先进的社会主义制度同落后的社会生产力之间的矛盾。党和全国人民当前的主要任务，就是要集中力量来解决这个矛盾，把我国尽快地从落后的农业国变为先进的工业国，逐步满足人民日益增长的物质需要和文化需要。”

“八大”继续坚持 1956 年 5 月党中央提出的既反保守又反冒进，即在综合平衡中稳步前进的经济方针。周恩来在大会上的报告论述了这个方针。他指出：“应该根据需要和可能，合理地规定国民经济的

1960 年，刘少奇同李先念（右二）在一起。

发展速度，把计划放在既积极又稳妥可靠的基础上，以保证国民经济比较均衡的发展。”

在国家的政治生活方面，“八大”《政治报告》提出：“在国家工作中的一个重要任务，是进一步扩大民主生活，开展反对官僚主义的斗争；加强国内各民族的团结，继续巩固人民民主统一战线，使一切积极因素都能够动员起来，使他们对于建设社会主义事业都能贡献一份力量，逐步地完备法律，健全国家法制。”

在党的建设上，鉴于国际共产主义运动和我们党的经验，这次代表大会强调了反对个人崇拜的马克思主义原则，要求全党各级组织健全集体领导，避免个人专断。

“八大”是我们党和国家历史上的一件大事，如果能够认真贯彻执行“八大”精神，我们国家的社会主义建设绝不是今天这样。遗憾的是，1957年出现了反右扩大化，1958年的“大跃进”和人民公社化运动，1959年的庐山会议，以及后来阶级斗争扩大化，直到长达十年的“文化大革命”，接二连三的政治运动，白白浪费了许多大好时光。在党的十一届三中全会之后才拨乱反正，开创了一个改革开放、经济高速发展的新时期。

毛泽东同志提出的反对右倾保守思想，扩大和加快工业化的规模和速度，迅速建成社会主义，被作为“八大”的中心问题。他在许多会议上的讲话，主要锋芒是批评右倾。

反右倾保守的结果，出现了急躁冒进。

1955年5月，我父亲主持会议，讨论为第一届全国人民代表大会第三次会议起草文件问题，主要讨论起草1956年国家预算报告。有些同志已经觉察到经济建设中的冒进。因此会议提出，我国经济发展要实行既反对保守又反对冒进，坚持在综合平衡中稳步前进的方针。我父亲提议中央宣传部就此方针代《人民日报》写一篇社论。

6月10日，我父亲主持中央政治局会议，会议讨论并基本通过《关于1955年国家决算和1956年国家预算的报告（初稿）》，指定胡乔木同志根据讨论中的意见对报告稿的修改加重了反冒进的分量。

6月20日，《人民日报》发表了根据中央政治局会议精神撰写的并经过我父亲和陆定一、胡乔木同志修改审定的社论《要反对保守主义，也要反对急躁情绪》。社论指出：当前“一方面是在一些工作中仍然有右倾保守思想在作怪，另一方面是在最近一个时期中有些工作又发生了急躁冒进的偏向，有些事情做得过急了，有些计划定得太高了，没有充分考虑到实际的可能性。这是在反保守主义之后所发生的一种新情况。这种情况是值得我们严重注意的。”“只有既反对了右倾保守思想，又反对了急躁冒进思想，我们才能正确地前进。”我父亲将这篇社论改完后批示“主席审阅后交乔木办”。毛主席接到此稿，批了三个字“不看了”。毛主席1958年1月在南宁会议上讲，社论送给他看，他批“不看了”。他说：“骂我的，为什么看。”尽管如此，经过我父亲、周恩来总理、陈云副总理等同志的努力，中共“八大”坚持了既反对右倾保守，又反对急躁冒进，在综合平衡中稳步前进的经济建设方针。

1956 年底，我父亲在听取李先念副总理报告 1956 年国家预算调整和预算执行情况时说：整个情况是我们步子跑快了一点，明年要稍许慢一点，稳当一点。我们总的方针就是：国家要发展，物价要稳定，只有稳定了物价，才能保持人民生活水平不降低。根本问题是积累和消费要保持平衡，保持适当的比例。

毛主席对“反冒进”是十分不满的。他在南宁会议上说：1956 年 6 月一篇社论，既要反右倾保守，又要反急躁冒进，好像有理三扁担，无理扁担三，实际重点是反冒进的。他提出以后不要提“反冒进”这个词，他说：“反冒进”是政治问题。说“反冒进”使六亿人民泄了气，是方针性错误。

在 3 月成都会议上，毛主席又不止一次地批评“反冒进”。他说：冒进是马克思主义，反冒进是反马克思主义的。

同年 5 月，在“八大”二次会议上，他又批评右倾保守，批评 1956 年的“反冒进”。

## Part.3 河南河北之行，广泛听取群众意见。

1956 年，在国内是社会主义改造激烈的一年，各种问题不断暴露出来。在国际大气候影响之下，从下半年开始，我国一些地区也出现了不安定的因素，连续发生工人罢工、学生罢课、农民退社等群众闹事的风潮。

为了研究和处理好在国际国内新形势下发生的新问题和新矛盾，我父亲从 1957 年 2 月到 4 月近 70 天的时间到河北、河南、湖北、湖南、广东等省的城市、农村进行了调查研究。主要目的就是调查研究如何正确处理人民内部矛盾的问题。

这一次随同我父亲进行调查研究的还有全国总工会、共青团中央、教育部的同志和邓力群同志。

1957年2月18日，刘少奇在河北清苑县农村视察。

出发前，我父亲把工作人员召集起来作了认真的交代。据刘振德和吴振英两位秘书回忆，我父亲对他们说："这次去地方比较多，时间比较长，为了少给地方上增加麻烦，我们吃、住、开会都准备在火车上。自己自带生活用品。到地方上不要在生活上向人家提出这样那样的要求。我们是去工作的，不是去给人家找麻烦的。"他还特意嘱咐吴振英同志："你要同铁道部说好，我们的车在铁路上运行时，不能影响其他客车货车的正常运输，停车时要停在不用的道岔子上。"

临行前我父亲同调查组的同志谈话，指出：

——现在有些地方发生了工人、农民、学生闹事。我们要好好地研究一下他们为什么闹事，如何才能使他们不闹或少闹，对那些闹事群众采取什么政策，如果没有正确的政策，势必发生像波匈事件那样的情况。

——现在地主阶级已经消灭，反革命已基本肃清，帝国主义也赶走了，因此，和敌人的矛盾已经不是主要矛盾，人民内部的矛盾突出了，它是主要的了。

——由于我们是领导党，什么事情办不好，群众就怪在我们身上。

群众怪我们的原因有两条：一是我们有官僚主义，二是我们的政策有错误。当然某些情况下，可能有敌我矛盾。

——有些地方发生了工人、农民、学生闹事。对于闹事者我们的政策不是高压，也不是退让，而是采取说服教育的办法。要求正确就接受，不正确就解释和批评。

——不要把提意见、告状看做闹事，群众多说话是民主积极性的表现。发扬社会主义民主，反对官僚主义是好事，不是坏事。

——所有制解决了，生产关系的问题出在分配上，表现得很尖锐复杂，我们要十分注意研究分配问题。真正做到分配公平，讲清道理，人民是不会闹事的。

在对每个同志进行了简单分工之后，我父亲说："我看我们可以采取集中和分散相结合的方法：分头调查，集中汇报，各有侧重。集中汇报时可以相互交流情况。"

我父亲他们这次长达70来天的调查研究就这样开始了。

我只用流水账的方式记下他们这次调查的日程和主要活动，从中就可以看出这次调查接触面之广，研究讨论问题之深，同时也可以看出他们的调查是多么认真，时间安排得又是多么紧凑。请看他们调查的日程：

2月18日，调查组沿京广铁路南下。当晚到达河北省保定，在火车上听取河北省委书记林铁等汇报有关工会、农业、教育、青年工作等方面的情况。深夜又同周恩来总理通话，简要地把河北灾情及省委要求支援粮食的意见转告了总理。总理答复"我马上请有关部门办理"。我父亲对灾区人民一颗沉重的心才算平静了一些。可这时已经是凌晨两点了。

2月19日下午，同保定的中学教职员工和中学生代表座谈。晚上，同保定地区大学的教授和大学生代表座谈。

2月20日下午，去保定重灾区石桥村农业生产合作社访问，并和社员代表座谈。

2月21日下午，听取随行调查组的汇报。晚上同河北省委负责人及调查组同志座谈。

2月22日凌晨，到达石家庄。下午同石家庄市委负责人座谈。晚上，同石家庄的中学教职员和中学生代表座谈。

2月23日，听取随行调查组的汇报。晚上，同石家庄工人代表座谈。

2月24日，听取石家庄地委、石家庄市委及栾城、正定、获鹿等县县委负责人的汇报，指出：各方面提出了很多矛盾，主要是领导与被领导之间的矛盾。这个矛盾突出了，阶级的矛盾降为次要的矛盾。这是新的情况。群众起来闹事，第一是不好，第二也是好事，可以纠正我们的官僚主义，纠正我们的错误。

2月25日，视察河北栾城贾村农业生产合作社。

2月26日下午，到达邯郸。听取邯郸地委、邯郸市委、邢台地委负责人的汇报，指出：凡是中央决定的东西，在地方上如行不通，就应当改变，硬要行下去，就要出乱子。因此，不论任何中央机关来的东西，甚至中央政治局的决议，在你们地方上行不通，都可以报告中央，要求改变。你们地委、县委决定的东西，也应该允许下边提意见，不合情况的，应该允许下面顶你们，当然，也要小心下边顶了不应该顶的东西。

2月27日下午，视察河北峰峰煤矿并同矿区的干部座谈。晚上，同矿区工人、技师、职员的代表座谈。

2月28日，到达河南新乡。听取新乡地委负责人汇报了农业生产合作的情况。赞赏他们实行的包工包产到队，固定三年不变，超产奖励的办法。

3月1日，到达郑州。先后听取河南省委、郑州市委、洛阳市委负责人的汇报。

3月2日，在河南省委召开的领导干部座谈会上讲国际形势问题。

3月3日下午，同郑州的中学教职员工和学生代表座谈。晚上，同河南省委书记处的同志讲话。

3月4日下午，视察郑州纺织机械厂、国棉三厂。晚上，在河南省干部大会上作关于正确处理人民内部矛盾问题的报告。

3月5日，到达河南许昌。下午，听取许昌地委、许昌市委负责人的汇报。晚上，同许昌市的中学、师范学校教职员工和学生代表座谈。

3 月 6 日，先后约许昌地委、许昌市委、确山县委、信阳地委负责人谈话。

## Part.4 南下湘鄂粤三省，解决民生问题。

3 月 7 日，到达武汉。下午，同湖北省委书记王任重谈话。

3 月 9 日，听取随行调查组的汇报。

3 月 10 日，同武汉市委负责人谈话。

3 月 11 日，听取王任重关于大学工作的汇报，指出：群众闹事的原因主要是领导有官僚主义。没有官僚主义，即使群众有过高的要求，一讲就通了。群众提出过高的要求，领导又有官僚主义，那就糟了。

同日，还听取湖北省委书记王延春关于农村工作的汇报，指出：合作化和技术改革互相起作用，合作化是基本的，没有合作化不能搞技术改革，但光搞合作化不搞技术改革也不行。改良农业、手工业的劳动工具，就可以使劳动生产率提高，要把设计新的劳动工具作为提高生产力的一项重要任务。

3 月 12 日，听取武汉重型机器厂负责人的汇报。

3 月 13 日下午，听取武汉钢铁公司负责人的汇报。晚上，和随行调查组讨论《关于中小学毕业生参加农业生产问题》一文的初稿。

3 月 14 日，听取随行调查组的汇报。

3 月 15 日，参观武汉长江大桥建筑工地。视察裕华纱厂，接见私方代表，并同厂长、党委书记谈话，指出：要真正信任技术人员，发挥他们的特长，使他们有职有权。对他们的工作不要随便干涉，技术上实行总工程师负责制。要为工程技术人员配备助手，订购外国书刊，为充分发挥工程技术人员的才智创造条件。

3 月 16 日，在湖北省委扩大会议上作关于如何正确地处理人民内部矛盾的讲话，分析了群众闹事的几种情况，强调要诚心诚意地同人民群众商量、讨论，解决他们的问题，从团结的愿望出发，经过批评达

1957 年 3 月 4 日，刘少奇视察郑州国棉三厂时同工人亲切交谈。

到团结。

3月17日，同武汉地区的大学校长、教授以及民主党派组织负责人座谈。

3月18日，离开武汉去长沙。途中先后同湖北咸宁县委、湖南岳阳县委书记谈话。

3月19日，到达长沙。下午，同湖南省委书记周小舟、谭余保等同志谈话。晚上，听取周小舟关于农村工作的汇报。

3月20日下午。听取周小舟、谭余保等同志关于教育工作的汇报，指出：对人民群众自己办学采取禁止态度是不对的，应该放手让群众办学。在农村是社员办学，而不是合作社办学。在工厂是工人办学，而不是工厂办学。提倡勤劳读书，无论大、中、小学生，均可在星期日及假期做零工、上山采茶果，赚点钱作为学习费用。

3月21日，听取湖南省委、长沙市委负责人的工作汇报，指出：市政建设的大项目，如自来水、电站、下水道等等，需要由国家投资；那些零零星星的项目，如市民住宅、理发馆、商店、澡堂、电影院等，应该发动群众，可以由群众自己办。现在除了国家办学校以外，还可以集体办学、互助办学，也可以由一些自由职业者办"私塾"。总之，群众自己的事，要走群众路线。

3月22日，同长沙市中学生代表座谈，作关于中小学毕业生参加农业生产问题的讲话。

3月13日，听取随行调查组关于长沙工人宿舍问题和基本建设情况的汇报。

3月24日，在湖南省干部会议上讲话。指出："社会主义制度下的分配问题是一个很重要的问题，这个问题，反映了生产力跟生产关系之间的矛盾，也反映了上层建筑跟经济基础之间的矛盾。这两个矛盾是永远存在的，过去存在，现在存在，将来还存在。在私有制度的社会里，这两个矛盾主要表现为阶级矛盾；在社会主义公有制的社会里，这两个矛盾主要表现为人民内部矛盾。"在我国，社会主义制度已经基本上确立起来了。"所有制问题基本解决了，分配问题就大量地、突出地产生出来了。"必须按照按劳付酬的原则，公平合理地分配人们劳动所创造的价值，以促进生产力的顺利发展。要很好地处理积累与消费的比例，工人与农民的消费比例，国家预算的分配比例，以及部门之间、地区之间的投资比例，生产人员与非生产人员的比例等全社会中的分配问题。人民内部矛盾，归根到底表现为人民群众与领导上的官僚主义、主观主义、宗派主义的矛盾。“在基本的社会制度——生产资料的公有制已经基本上确立以后，就要花很大的力量去注意解决分配当中的问题，不能犯主观主义、官僚主义和宗派主义的错误，这样可以使全国人民团结起来，高高兴兴，一心一意建设社会主义，发展生产。”

3月25日，到达株洲。下午，视察湘江机器厂。晚上，听取湘江机器厂负责人的汇报。在谈职工住房问题时，我父亲说：我们国家底子薄，人口多，基建投资大，职工住房问题国家只能有计划有步骤地加以解决。凡是青年要结婚的，都要他们参加房屋合作，实际上公家也要补助一点。自己盖房子，我看青年工人能办到。自己盖房子就节省多了。房子属自己所有，也不用房租，将来如果工作调动，还可以出卖、出典、出租，本钱可以捞回来。

3月26日，视察株洲六〇一厂和麻纺厂的基本建设工地。

3月27日，听随行调查组关于株洲建设情况的汇报。

3月28日，同株洲市委书记谈话指出：随着城市人口的增长，吃菜问题必将成为城市人民生活中的一个突出的问题，要把蔬菜生产当成大事来抓，有的同志对工厂工作并不熟悉，满足于一知半解，其实没有认真钻进去，连大门都没有入，这样是不好的。搞建设、搞工业，这是很不简单的事情。由外行变内行，还有一个艰苦的过程，要虚心，要努力学习。

晚上，离开株洲去广州，途中和衡阳地委、衡阳市委书记谈话。3月29日，到达广州，同广东省委书记处同志谈话。3月30日，同广东省委第一书记陶铸谈话。3月31日，修改、审定《关于中小学毕业生参加农业生产问题》一文，并致信中央办公厅主任杨尚昆，请他将此文报中央审定后发表。

3月31日下午和4月1日连续听取广东省委负责人陶铸等同志

汇报，指出：以前我们主要是搞阶级斗争，现在阶级斗争已基本结束。今后党和政府的任务就是管理经济，政府日益成为管理经济的机构，当然也还有政治思想工作的保证。

4月2日，听取广州市委负责人的汇报，指出：职工家属宿舍的问题是方针上的问题，要从根本上解决。国家为职工提供的房子，要收房租，而且不能太低，要包括折旧费。建议试办房子合作社，划出地皮来，让工人自己建房子。4月3日，听取省委文教部负责人汇报教育工作，指出：办学有几种办法：第一是国家办学，要搞得正规一些；第二是合作办学、集体办学，城乡都可以办，可以叫教育合作社；第三是私人办学，个体办学。今后不要提民办公助，就是大家来办，群众自己来办。实际上公家还可以助一下，不过不要公开提倡。4月4日、5日分别听取广东省委农村工作部负责人、广东省农林水利办公室负责人和广东省委统战部负责人的汇报。

4月6日，会见在广东省的民主党派人士。

4月7日，听取广东省副省长魏今非汇报商业工作、广东省财政厅负责人汇报税收工作，指出：

——国营商业部门机关化、官僚化，不根据实际情况办事，私商小贩做生意能赚钱，国营商业为什么就不行？国营商业应当放下架子，向私商小贩学习，采取一些灵活的办法。例如下乡采购、晚间营业等等，搞好对市民的蔬菜供应，国营商业都让群众方便地买到又便宜又新鲜的蔬菜，才能显出社会主义的优越性。

——自由市场对我们有利，可以暴露我们的缺点，补充国营商业的不足，方便人民。社会主义搞计划只能搞大的项目，凡我们计划不到的，自由市场就可以钻空子，这可以使我们发现问题，逐渐把计划工作做得周到一些。自由市场开放，可以使经济生活组织得更好一些，计划经济更完善，有多样性。

——税收是调节经济生活、保护生产、保护社会主义、限制资本主义的武器，不会掌握原则、对社会主义没有热心的人是搞不成的。税收不是简单收几个钱的问题，首先是考虑生产，其次是调节人民生活。要由有眼光的人去研究，必须多方面考虑，片面性会出毛病。

1957 年 4 月，刘少奇、王光美同宋庆龄在上海。

4 月 8 日，听取广州军区政委刘兴元、副司令员梁兴初、詹才芳的汇报。

4 月 9 日，听取随行调查组的汇报。

4 月 10 日，在广东省和广州市直属机关干部大会上讲话。讲话分析了当时人民群众反映比较大的一些问题，如中小学毕业生升学难、工人和农民生活水平悬殊、城市工人要求盖家属宿舍、副食品供应紧张、临时工要求转正等问题，指出：生产关系与生产力之间的矛盾突出地表现在分配问题上。上层建筑与经济基础之间的矛盾突出地表现在主观主义、官僚主义、宗派主义问题上，解决人民内部矛盾不能用过去解决阶级矛盾的办法，必须用新的办法、新的方针、新的路线。必须允许人民群众采用小民主的办法来解决他们所要求解决的问题，不允许小民主、不经常采取小民主的办法，势必要来个大民主。

4 月 11 日，到达长沙。同湖南省委书记周小舟等同志谈话。

4 月 12 日，到达武汉。同湖北省委书记王任重等同志谈话。

4 月 13 日，到达郑州。同河南省委书记潘复生谈话。在谈了可以集体办学校和正确处理人民内部矛盾问题之后，又讲了劳动制度的问题。他说：只要一进了工厂、机关的大门就不准解雇，所有正式工人、机关干部都是这样，这种制度只有中国有。苏联也不是这样，资本主义国家当然不是这样。我们是铁饭碗，没有工作做或工作完了，都不解雇。这个制度保障工人长期不失业，是最大的好处。这个制度是否可以改或应该允许解雇，现在大家不赞成，可以不这样办。既然不解雇，国家有权要求多余的工人去做别的工作，比较苦一点、待遇低一点的工作。只愿意做拿钱多的事，不愿做拿钱少又比较苦的事，而且又不让解雇，这样下去是不成的。好事只有那么多，苦事没人做，国家是要垮台的。

4 月 14 日下午，到达保定。同河北省委书记林铁等同志谈话。当谈到农业社集体饲养耕畜情况的时候，我父亲说：农业社要放弃集体喂养耕畜的方式。一搞合作化就实行集体喂养，没有经验就普遍推广，这就搞冒了。分散喂养并不是倒退，因为所有制还是集体的，只是经营管理方式改变一下。

晚上回到北京。

这次调查研究走了河北、河南、湖北、湖南、广东5省24个地、市、县，10个厂矿，2个农业生产合作社和6个单位。分别听取了省、地、市、县、工厂、部队、农业社负责人的汇报达20次之多，同各级领导同志谈话21次，召开大、中、小学师生、员工代表以及工厂工人、技术人员代表座谈13次，听取随行调查组汇报9次。在河南、湖南、湖北、广东省干部会议上作了5次大型讲话，集中讲了如何正确处理人民内部矛盾的问题。

我父亲1957年2月至4月在河北、河南、湖北、湖南、广东等省视察时就曾提倡“勤工俭学，开展课余劳动”。回到北京后，经过认真思索又在中共中央政治局会议上进一步提出“我国应有两种教育制度、两种劳动制度”。他认为：学生中间，青年中间，强烈地要求升学，要求多读书，是正当的。“国家应该想法子，创造条件，尽可能地满足他们的升学要求。我们国家不怕知识分子多，不怕学校多，而怕学校太少了。”我父亲分析说：“当然有个经费问题，办那么多学校，国家拿不出那么多钱。此外，还有不少的家庭不能供给所有的子女读完中学和大学。”接着他就提出了他的想法和主张，他说：“我想，我们国家应该有两种主要的学校教育制度和工厂农村的劳动制度。一种是现在的全日制的学校教育制度和现在工厂里面、机关里面八小时工作的劳动制度。这是主要的。此外，是不是可以采用一种制度，跟这种制度相并行，也成为主要制度之一，就是半工半读的学校教育制度和半工半读的劳动制度。就是说，不论在学校中、工厂中、机关中、农村中都比较广泛地采用半工半读的办法。”

我父亲还讲述了他青年时在保定育德中学上过一年半工半读的情况和收获。他提出现在的学校可以不可以办类似的半工半读的学校呢？他提出：“比如新设的中学，可以盖几个作坊，配几件机器和一些工具，使那些家庭无法供给上学的青年搞半工半读。中等技术学校可以半工半读，某些大学也可以半工半读。可以有全部半工半读的大学，也可以在现有的大学里面办几个半工半读的班。要把这也当成一种正规的学校制度。当然，学习的年限以及课程、待遇等等，需要加以相应的调整。这样，就可以多办学校，国家经费不至于增加很多，但要盖些房子，并且提供教员。”

然后，我父亲又提出：学校可以这样办，工厂是不是也可以这样办呢？他说，“我参观过一些工厂，青年工人很多，都是高小和初中毕业的，但是他们的劳动操作大都很简单，就只会那一门。他们现在情绪很高，但是工作七八年上十年以后，还是做那一门，我看会要闹情绪的。既然有这么多青年工人，他们的家庭负担又没有或者很少，他们强烈要求学习，有些工厂人又多，社会上还有些青年需要就业，因此，是不是可以在这些青年工人中间搞半工半读，四小时工作，四小时上学，给半工资。愿意干的就干，不愿意干的还是八小时工作制。……可以办中学，也可以办中等技术学校，一直到办大学。”

然后，我父亲又讲了农村已经开始搞半工半读的情况和他的一些想法。

他说：“如此看来，乡村里面，城市里面，都可以搞半工半读。就是说，势必会有这么两种主要的学校教育制度同时并行：一种是现在全日制的学校制度，一种是半工半读的学校制度。在工厂中，也是两种主要的劳动制度同时并行：一种是八小时工作的劳动制度，一种是四小时工作的劳动制度。其他还有夜校、业余学校、函授学校等等，那些也是需要的。”

我父亲说：“如果半工半读的制度能够普遍实行起来，那就可能解决很多问题，可以比较充分地满足许多人的升学需求，工厂里人多的问题也可以解决，劳动就业的人可以多些。这是采用群众路线，多快好省地培养工人阶级和劳动人民的知识分子的一种方法。这样，我们就可以在很短的时间内训练大量有文化的技术工人、技术员、大学毕业生。”他建议在一些单位中试办。

长达56天的调查研究圆满结束，父亲向中央政治局汇报了这次调查研究的情况。

4月27日，中共中央发出了《关于整风运动的指示》，决定在全党进行一次以正确处理人民内部矛盾为主题，以反对官僚主义、宗派主义和主观主义为内容的整风运动。

# 08 Chapter

1959 年 4 月，刘少奇在第二届全国人民代表大会第一次会议上投票，并当选为中华人民共和国国家主席。

## Part.1 父亲当选国家主席的当天回到家里，可他的表情却十分严肃，脸上没有一丝笑容，他深知自己肩上担子的分量。

1959年毛泽东主席退居二线，由我父亲主持中共中央一线工作。同年4月，在第二届全国人民代表大会上，我父亲当选为国家主席。用邓小平的话说：刘少奇的地位，是在我们党的历史进程中形成的。

自从1922年初我父亲离开苏联回到上海以后，几十年的斗争考验证明他是我们党和国家卓越的领导人之一，是中国工人运动最早的领袖之一。人们都知道是他领导了安源路矿工人大罢工，领导了武汉、上海、青岛、天津、哈尔滨的工人运动。以后又先后主持领导过中共顺直省委、满洲省委、北方局、华中局工作。参与了新四军的重建，多次临危受命，显示出"无畏的革命精神"、"正确分析形势把握局势的能力"和"出众的组织领导才能"。长征胜利到达陕北后，1935年12月在瓦窑堡政治会议上，张闻天同志就赞赏我父亲"善于从实际出发，有独立见解，敢于坚持原则。在党内干部中，很少有人像刘那样对白区工作，特别是职工运动熟悉，富有斗争经验。实践已经证明，30年代初临时中央将刘少奇的正确主张作为机会主义来批判，并进行组织处分，完全是'左'倾路线错误。从那以后，刘少奇在党内的作用就没有得到充分发挥。"又据1941年9月政治局扩大会议记载，当时许多中央领导人都赞赏和推崇我父亲。会议结束后，毛泽东在起草《关于四中全会以来中央领导路线问题结论草案》和《关于1931年9月至1935年1月期间中央路线的批判》两个重要文件里，多处肯定我父亲，称赞"他是很好的与很老的群众领袖"，"刘少奇同志的见解所以是真理，不但有当时的直接事实为之证明，整个'左'倾机会主义路线执行时期的全部结果也为之证明了。"1945年4月中共中央通过的《关于若干历史问题的决议》中，也明确地肯定了"刘少奇同志在白区的策略思想，同样是一个模范"。

1945年8月毛泽东在重庆谈判期间，中央决定由我父亲代理中央主席职务，他成功地、卓有成效地完成了党和毛主席交给他的重要任务，充

1960 年 9 月，刘少奇同朱德、董必武等接见中国人民解放军的代表。

分显示了他驾驭全局的能力。1947 年任中共中央工委书记时召开全国土地会议，在解放区开展了轰轰烈烈的土地改革，有力地支持了全国解放战争，同时将晋察冀、晋冀鲁豫两大解放区合并，为建立统一的全国政权奠定了基础，并为全国胜利做好准备工作和筹划新中国的经济建设问题。1949 年代表中共中央秘密访苏，为开国做准备，以及新中国成立后在诸多方面的工作中，都证明了他是我党我国我军的卓越领导人之一。

1961 年英国陆军元帅蒙哥马利来华访问，曾问毛泽东主席"谁是你的继承人"时，毛泽东主席回答说："很清楚，是刘少奇。他是我们党的第一副主席，我死后就是他。"后来毛泽东在审阅一篇《关于斯大林问题》的文章时，把"以毛泽东同志为代表的中国马克思列宁主义者"改为"早在 20 年代末期和整个 30 年代，随后又在 40 年代的初期和中期，以毛泽东同志和刘少奇同志为代表的中国马克思列宁主义者"，就再次说明了刘少奇在党和国家中的地位。

我父亲在当选国家主席的当天回到家里时，工作人员和家人都非常高兴，跑出来迎接并向他表示祝贺。可我父亲的表情却十分严肃，脸上没有一丝笑容，只向大家点了点头。他的心情是十分沉重的。他深知

1961年9月22日，刘少奇在北京会见英国二战名将蒙哥马利元帅。

自己肩上担子的分量。那时，“大跃进”，高指标、浮夸风、共产风所造成的严重后果已开始显露。经济比例失调，生产资源遭到破坏，拆城墙建小高炉，砍伐山林大炼钢铁，假造高产卫星田，粮食被糟蹋、浪费，有些省已出现饿死人的事情，连鱼米之乡的湖北也不例外。当时的湖北省委第一书记王任重30年后回忆道：“到1955年春节后，挨饿的人多起来了，开始发生饿死人的事情。”可是在那个“天天出奇迹”、“一天等于二十年”的年代，谁都不甘心落后，头脑发涨，牛皮越吹越大，口号越来越离奇。许多干部，包括一些领导干部，都沉浸在“大跃进”的热潮中，在批判“反冒进”、“右倾保守”、“观潮派”和“插红旗，拔白旗”的浪潮中争当促进派。有些领导人虽然也发现一些问题，但在那种形势下也无能为力。1959年1月中央召开的各省、市、自治区党委书记会议上，仍全盘肯定1958年的“大跃进”，并认为以后年年都会“大跃进”。2月底、3月初第二次郑州会议，对人民公社化过程中所发生的平均主义和过分集中的倾向有所纠正。4月2日在上海召开的中共八届七中全会上调整了农村基本核算单位，但仍认为实行供给制、办公共食堂，符合广大农民群众的要求，还必须坚持下去。大会审定的1959年国民经济计划，

1961 年 4 月—5 月，刘少奇回到家乡了解经济困难的真实情况和农民的要求。

仍是一个继续“大跃进”的计划，其中不少生产指标的增长速度甚至比1958 年还要高，钢的指标仍高达 1800 万吨。1959 年以来粮油供应全面紧张。据粮食部报告，6 月份全国各大、中、小城市和工矿区供应的粮食，都是随调随销，已挖了 1958 年的库存，预支了 1959 年的库存，全国范围内几乎无粮可以周转调运。1958 年冬，在全国农村普遍开展的“拔白旗，插红旗”彻底批判“资本主义自发倾向”和大破“右倾保守思想”，大力批判“观潮派”、“秋后算账派”的社会主义教育运动还在进行中。我父亲要想扭转困难的经济形势谈何容易。

为了总结“大跃进”以来的经验，扭转困难局面，在年初我父亲就有计划地分别召集冶金部、第一机械工业部、煤炭工业部、化工部、水利电力部、铁道部、轻工业部、纺织工业部、石油工业部、建筑工程部、林业部、交通部、国家计委、水产部等负责人会议听取他们的汇报。

他指出：当前在工业建设中，要注意只抓加工工业和制造工业，忽视原材料工业的问题。现在要优先发展原材料工业，如除钢铁外的农业方面的原材料和化学方面的原材料。原材料工业有能力、有库存，生产就会很快上去。这是经济工作的规律之一。

在听取轻工业部工作汇报时，我父亲指出，轻工业的技术革命任

务很重，现在有 280 万职工，以后不要再增加人了，要靠技术革命来解决，努力提高劳动生产率。轻重工业并举要注意轻工业，原料、生产、收购、价格要照顾到轻工业，这个行业差了不行，这是涉及千百万人生活的大问题。

在听取石油工业部负责人汇报后，我父亲指出：政治鼓动不是生产力，只是解放生产力。如说“人有多大胆，地有多大产”，好像人的“胆”就是生产力，这是唯心的。

在听取康生、胡乔木、胡绳、邓力群等人汇报学校教育工作和知识分子问题时，他说：“‘拔白旗’不要乱拔，是拔那些反党反社会主义、拒绝党的领导、要党听他的人。至于学术问题，要百家争鸣，造成一种百家争鸣的环境和气氛。要允许人家讲话，要让人家讲完，做到畅所欲言。发现知识分子有些沉默，要注意。”

也就在这一年，我父亲撰写了《经济建设工作中若干经验总结》一文，他认为：“1958 年大跃进之后，1959 年计划应该订低一点，留有余地，较为主动。但在年初是办不到的。我们的认识是逐渐接近实际的。当时对 6 亿多人民的积极性发动起来之后到底有多大的力量，还没有摸到底。在北戴河会议时，在人民群众中唤起了伟大的生产潜力，我们大家都感到惊奇和兴奋，似乎一切都是顺利的，对于 1959 年生产 3000 万吨钢的计划是接受了的。这就埋伏了被动。不论计划指标是高是低，在人民群众中鼓足干劲都是必要的，也是可能的。指标可高可低，气不可泄。我们现在和明年都要适当降低指标。但不可泄气，这要注意。”

## Part.2 尽管我父亲也为彭德怀同志说了话，但在庐山会议上，他还是批评了彭德怀同志。

我父亲被选为国家主席不久，中共中央就召开了著名的庐山会议。其实在庐山会议前，中共中央一些主要领导已经发现并着手解决在“大跃进”、人民公社化运动中出现的一些“左”的错误。庐山会议召开的主要目的也是总结经验，纠正“左”的错误。在会议开始前，毛

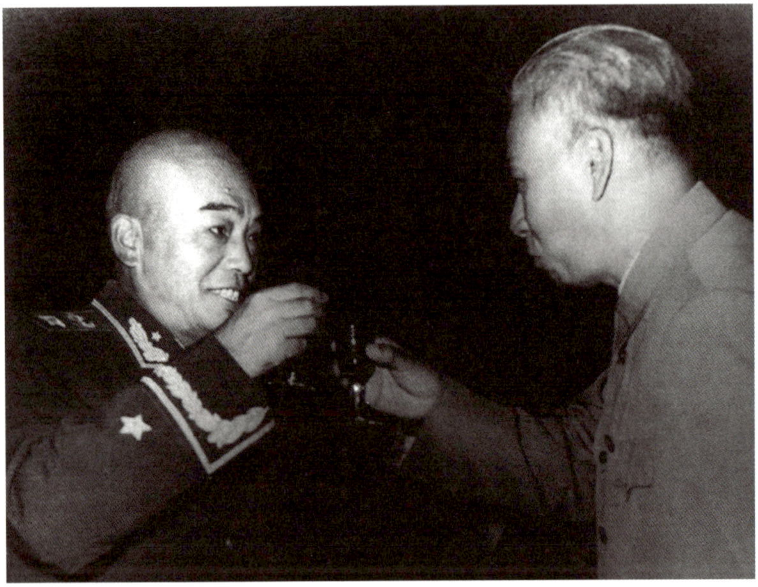

1955 年 9 月 27 日，刘少奇向被授予元帅军衔的彭德怀敬酒祝贺。

泽东主席就定了调子，他明确地讲："成绩伟大，问题不少，前途光明。"同时还讲了九个指头与一个指头的关系。也就是说，对总路线、"大跃进"、人民公社还要坚持，还要鼓劲。

我父亲则认为"1958 年经验丰富，教训深刻"，他主张庐山会议上大家应该畅所欲言，认真总结经验教训。会议一开始，他就提出"成绩要讲够，缺点要讲透"。在小组会上他又说："毫无悲观、抱怨的必要，不要责备下边。""不要轻信，要有具体办法使人不说假话。去年一股风，批评右倾保守，拔白旗，老在帽子威胁下，说老实话的人，去年不好混……五八年跃进，吃了五七年的库存，预支了五九年。"同时他也提醒说："不要泄气，泄一点也难免，以不泄为好。"

7 月 9 日，我父亲在华中、华南组发言说：1958 年出了一些乱子，得到了极有益的教训，碰了钉子知道转弯，这是真正的聪明人。不碰钉子而知道转弯的"聪明人"是没有的。碰了钉子就转弯，转弯的时候不要泄气，而要更好的鼓气。

他还说：国民经济的发展是要综合平衡的，你不管它，它要管你。什么叫经济工作越做越细，就是要做到有计划、按比例、有组织、有节奏地均衡生产。高速度发展，这是从总的形势来说的，它的发展规律，

1955 年 11 月，刘少奇同彭德怀在大连观看军事演习。

只能是波浪式前进，而不能是直线上升。不能要求每一年都是同样程度的大跃进，还要准备出现马鞍形的可能。

毛泽东的兼职秘书、水电部副部长李锐同志也认为，去年的教训在于没有综合平衡或有了也不起作用，“万马奔腾”都是脱缰野马。他还说，去年是唯心主义、小资产阶级急性病大发展的一年。

毛泽东同志的秘书田家英同志在会前被派到四川进行调查，他看到了四川饥荒的真实惨状，钢的生产指标过高，全民炼钢、一窝蜂的做法并没有停止，1959 年继续“大跃进”，人力、物力实在过于紧张。田家英到庐山把调查情况向毛泽东作了汇报，但却受到四川省主要负责人和一些搞高指标的人的批评。田家英同志听了十分气愤。他说：“我们党一向提倡说真话，现在是假话满天飞，越说越离奇。可是越弄虚作假，越受表扬。说真话的，倒不断受批评。”他在 4 个月的调查中，得出一个结论，就是“搞大跃进、搞人民公社，是脱离实际，急躁冒进，犯了‘左’倾错误”。

毛泽东主席在会议刚开始时，心情是轻松的，称庐山会议是“神仙会”。

可是，在小组会上议论的问题越来越多，牢骚也开始发起来。而另一部分在“大跃进”以来积极压任务、搞高指标、搞浮夸、向上级报假成绩的人，则不允许批评。

毛泽东主席开始没有讲话，他在思索问题，观察动向。

7 月 3 日至 7 月 10 日，彭德怀元帅在西北小组会上前后有 7 次发言和插话，批评得比较尖锐。华东局书记柯庆施把这个讲话记录稿悄悄地呈送给毛泽东主席。

7 月 10 日，毛泽东主席在小组会上讲：“大跃进、人民公社运动中发生的问题，经郑州会议到庐山会议，已经逐步解决了，不应抓住不放。会议在 15 日如期结束。”

7 月 14 日，彭老总（彭德怀）给毛泽东主席写了一封信。彭老总在《自述》中说道：“从 7 月 1 日起，除参加会议外，就是坐在室内看中央部门有关财经的文件、群众来信、会议简报。到 7 月 12 日晚，在我的思想上已形成目前国家计划工作严重比例失调，毛主席的两条腿走路的方针没有贯彻到各方面实际工作去的看法。这也就是我 7 月 14 日那封信的主要内容。本决定 13 日晨向主席反映。去时，警卫员说，主席刚睡……13 日晚饭后，就开始写那封信。”“1959 年 7 月 14 日我写给主席的那封信，主要是将我在西北小组会上不便讲的一些问题，提要式地写给主席。这些问题是涉及到执行总路线、大跃进和人民公社的一些具体问题，以及某些干部工作方法问题。……我当时对那些‘左’的现象是非常忧虑的。……我想这些问题由我在会上提出来，会引起某些人的思想混乱，如果是由主席再重新提一提两条腿走路的方针，这些问题就可以轻而易举地得到纠正。”毛泽东主席阅后，将这封信加上“彭德怀的意见书”的标题印发给到会人员。善于整人的康生就在意见书下发的当天，给毛泽东主席写了一个字条“我斗胆建议，不能姑息”。彭老总万万没有想到他的这封信却惹起了影响历史的一场轩然大波。会议在最初讨论意见书时并没有像毛泽东想象的那样，不少同志赞同彭老总的看法，或是沿着意见书的思路提出一些相关的问题。7 月 21 日张闻天在小组会作了长达 3 个小时的发言，他说：“缺点定要讲透，缺点要经常讲，印象才会深刻……对缺点不要轻描淡写，要采取郑重态度……应该从思想观点、方法和作风上找原因……强调主观能动作用是对的，但强调过了头，以致不顾实际可能性，这就成了主观主义。好大喜功也是好的，但要合乎实际，否则就会弄巧成拙，欲速不达，好事变坏事。……有的人公然反客观经济规律，说是不用算经济账，只要算政治账。这是不行的。”

7月23日召开全体会议，毛泽东主席讲话，他指责意见书是“资产阶级动摇性”，是“右倾性质”的问题，是自己把自己抛到右派边缘，只差30公里了。许多人对毛泽东主席的这种指责不理解。湖南省委第一书记周小舟，过去是毛泽东的秘书，听了主席的这个批评，心情也是十分沉重的。他怀疑毛泽东主席的讲话是否经过常委讨论，他认为按照毛泽东主席讲话的精神发展下去，很像斯大林的晚年，没有真正的集体领导，只有个人独断专行。

7月26日，毛泽东主席又提出：“党内右派在猖狂进攻，要划清界限。”这一声令下，批判开始升级。许多曾支持和同意彭德怀意见的人，也划清界限转过头来批判彭德怀。林彪7月29日才上山，他看到这种形势，一开始就声色俱厉地指责彭德怀是野心家、阴谋家、伪君子。康生也把《斯大林论苏共党内的右倾危险》两份摘录送交毛泽东说：“可供我们这次反右倾斗争的参考。”会议到了最后阶段，又从北京中央书记处送来了一份毛泽东和列宁有关怎样对待革命群众运动的语录。8月15日毛泽东同志为此作了批语：“共产党内的分裂派，右得无可再右的那些朋友们，你们听见炮声了吗？打中了你们的要害没有呢？你们是不愿听我的话的，我已到了‘斯大林晚年’，又是‘专横独断’，不给你们‘自由’和‘民主’，又是‘好大喜功’、‘偏听偏信’，又是‘上有好者，下必有甚焉’，又是‘错误一定要错到底才知道转弯’，‘一转弯就是一百八十度’，‘骗’了你们，把你们‘当做大鱼钓出来’，而且‘有些像铁托’，所有的人在我面前都不能讲话了，只有你们的领袖才有讲话的资格，简直黑暗极了，似乎只有你们出来才能收拾时局似的，如此等等，这是你们的连珠炮，把个庐山几乎轰掉了一半。好家伙，你们哪里肯听我的那些昏话呢？但是，据说你们都是头号的马列主义者，善于总结经验，多讲缺点，少讲成绩，总路线是要修改的，大跃进得不偿失，人民公社搞糟了，大跃进和人民公社都不过是小资产阶级狂热性的表现。”事实不是这样吗？党的十一届六中全会通过的《关于建国以来党的若干历史问题的决议》，对1958年党的八大二次会议前后的工作作了正确的结论。《决议》指出："在这次会议前后，全党同志和全国各族人民在生产建设中发挥了高度的社会主义积极性和创造精神，并取得了一定的成果。但是，由于对社会主义建设经验不足，对经济发展规律和中国经济基本情况认识不足，更由于毛泽东同志、中央和地方不少领导同志在胜利面前滋长了骄傲自满情绪，急于求成，夸大了主观意志和主观努力的作用，没有经过认真的调查研究和试点，就在总路线提出后轻率地发动了'大跃进'运动和农村人民公社化运动，使得以高指标、瞎指挥、浮夸风和共产风为主要标志的'左'倾错误严重地泛滥起来。"

我父亲虽然对庐山会议有过不同的看法，他认为"左"的错误并未得到纠正，他主张把反右的决议只发到省一级，另搞一个继续反"左"倾错误的文件发到县以下单位。但在那种浓烈的反击右倾机会主义的战斗硝烟中，是毫无结果的。据胡乔木同志讲："庐山会议毛主席讲话以后，少奇同志主张批彭只在小范围内进行，另外发一个反'左'的文件。他要我起草，我感到不好写。我对他说，是不是同毛主席谈一下，少奇同志生气了，说你写出来，我自然会去谈。后来我请彭真同志找少奇同志谈，决定不写了。现在看，如果写出来，少奇同志也要牵连进去。"尽管我父亲也为彭德怀同志说了话，但在庐山会议上，他还是批评了彭德怀同志，八届八中全会通过的《为保卫党的总线路、反对右倾机会主义而斗争》的决议，也有他的一票。无论是主观上还是客观上如何，我父亲都是有一定责任的。

## Part.3 "1959年庐山会议，我们又走了弯路，又失去了一次纠正错误的良机，而且使错误继续发展。"

庐山会议后，在全党掀起"反击右倾"的高潮，严重影响了对国民经济的调整。

8月7日，中共中央发出《关于反对右倾思想的指示》，错误地判断"现在右倾思想已经成为工作中的主要危险"。要求八九两个月鼓足干劲，坚决反对右倾保守思想。

毛泽东写了《关于诗的一封信》，其中说，“近日右倾机会主义猖狂进攻”，“国内挂着共产主义招牌的一小撮投机主义分子，不过捡起几片鸡毛蒜皮当旗帜，向党的总路线、大跃进、人民公社进攻，真是‘蚍蜉撼大树，可笑不自量’了。”

《人民日报》、《红旗》杂志连续发表社论，批驳所谓“右倾机会主义分子”的“得不偿失”“有失无得”“国民经济比例关系失调”等言论。社论说，大炼钢铁的群众运动是一次“宏伟的革命运动”，“这个斗争已经取得了我国历史上前所未有的辉煌的胜利”，“我国国民

1960 年 4 月，刘少奇在洛阳第一拖拉机制造厂视察。

经济中主要比例关系是协调的、正常的”。

与此同时，各省、市、自治区党委陆续召开扩大会议或三级（省、地、县）干部会议，传达庐山会议精神，揭露并重点批判本地区、本部门的“右倾机会主义分子”或有“严重右倾思想的人”。

10 月 15 日，中共中央批转农业部党组《关于庐山会议以来农村形势的报告》，批示认为，今年五、六、七月间农村出现的“生产小队所有制”、“包产到户”、去掉部分供给制、取消公共食堂等做法，“实

际是猖狂地反对社会主义的逆流”，是“反动的、丑恶的东西”，是一股“右倾的邪风、歪风”，要求各地“彻底加以揭发批判”。

同日，中共中央在批转湖南省委一个整社试点即进行两条道路斗争的经验材料时提出：中央要求各省、市、自治区党委，都应安排一个适当的时间，以进行两条道路的斗争，以社会主义教育为纲，有计划、有步骤地进行一次整社、整风运动，并且结合进行整党整团工作。

大体从10月开始，全国各级机关逐步进入“反右倾”整风运动，广大城乡基层单位也陆续开展了整党整社运动。

庐山会议后，在全党开展的那场“反右倾”的斗争，其后果是严重的，“在政治上使党内从中央到基层的民主生活遭到严重损害”，使许多坚持纠正“左”倾错误的同志被打成“右倾机会主义分子”和“右倾保守分子”，受到不应有的伤害，“在经济上打断了纠正‘左’倾错误的过程，使错误延续了更长时间”，进一步加剧了“大跃进”、“共产风”、“浮夸风”等“左”倾错误。1960年1月在上海召开的中央政治局扩大会议，仍认为1959年的“大跃进”是全面的“跃进”，1960年还将是一个“大跃进”年。还脱离实际地提出“八年完成人民公社从基本队有制到基本社有制的过渡”的设想。会后，全国又纷纷大办县社工业、大办水利、大办养猪场等，反对右倾机会主义在全国展开，许多地方抓起“小彭德怀”，致使高指标、浮夸风、命令风和共产风更为泛滥，全国的人力、物力、财力都处在超负荷运转状态。国民经济开始出现大的滑坡，农业生产遭到严重破坏。1959年比1958年粮食减产15%，1960年又减少15.6%，跌落到1951年的水平，1961年比1957年减少1000亿斤。棉花1959年比1958年减少13.2%，1960年又减少37.8%，也跌落到1951年的水平。油料减产更为严重，只相当于建国前的水平。以农业原料为主的轻工业生产也急剧下降，人民群众的吃、穿、用严重不足。到1960年3月，北京、上海、天津和辽宁的粮食供应频频告急，调入的粮食都不够销售，库存几乎挖空，到了6月6日，这些地区的存粮只够销售的时间分别是北京7天，天津10天，上海几乎无大米库存，辽宁8至9天，各地情况十分严重。现在50岁以上的人，都还清晰地记得那个时期的困难情景。那时我在内蒙古，内蒙古的情况比有些省要好些，但同样也是吃不饱。甜菜渣子、橡子面，还有什么小球藻等等都成了必不可少的充饥物，吃得我们都得了浮肿病。但即使这样也比当时河南、安徽有些地区好，因为那些地方已经饿死了许多人。

1960年，我父亲抽出近两个月的时间到全国各地调查研究。3月到天津、河北视察，4月中旬到河南郑州的工厂和农村，然后又到洛阳视察了第一拖拉机制造厂等3个大型国营工厂。之后，还参观了三门峡水电工程和未来水电站大坝坝址。4月24日到达西安，在听取陕西省委书记的汇报后，视察了西安和宝鸡的9个工厂和五机部第三研究所。4月30日到5月15日视察了四川省的德阳、成都、自贡、重庆等地的工厂和农村。5月17日到19日去湖北武汉视察，5月20日途经长沙、南昌时分别同湖南省委、江西省委的负责同志谈话。5月21日到杭州出席中央政治局常委会议，5月23日至27日在上海视察。27、28日途经南京和济南时，在火车上同江苏、山东省委负责人谈话。

6月10日主持有各大区和各省、市、自治区以及中央一些部门主要负责人参加的座谈会。在座谈开始时，我父亲讲了一些意见。他说："最近半年以来，我们在工作中发生了比较多的问题，这些问题是比较严重的。有粮食问题、浮肿病问题、非正常死亡问题、事故问题、计划完成情况的问题，还有其他一些问题。"接着，他分析了问题发生的原因和应吸取的教训后，又说："这个问题不纠正，继续下去，将来还可能慢慢扩大，今天这个会议就是要研究这个问题。"

1961年3月，我父亲出席在广州召开的中央工作会议，会议讨论了《农村人民公社工作条例(草案)》。在3月15日、19日、21日的中南、华北地区小组会上讲话。他说："从1958年以来，在执行三面红旗的过程中，犯了不少大大小小的错误，受了相当大的损失。这些损失，有些是不可避免的，有些是可以避免的。如果做好了调查研究，工作作风好，工作方法对，损失可能减少，时间可以缩短，不至于陷于现在这样的被动。""中央有些政策，决定前缺乏很好的调查研究，根据不够；决定之后，又没有检查执行情况，发现问题，及时纠正。""调查研究是今后改进工作的最根本的方法，要提到这样一个高度。""调查研究，

▸ 1960 年 4 月，刘少奇在郑州棉纺四厂视察。

▸ 1960 年 5 月，刘少奇在三斗坪考察长江三峡水电站大坝坝址。

无非是决定政策，解决问题。首先是提出问题，我们提不出，群众是可以提出的。经过调查，决定了政策，解决了问题，然后还要检查。我们决定的政策是否正确，是否需要补充，还得到群众中去考验。”

会议上，中央发出《关于认真进行调查工作问题给各中共局、各省、市、自治区党委的一封信》，同时印发了不久前发现的毛泽东同志于 1930 年春写的《关于调查工作》。

◂ 1960 年 5 月，刘少奇视察重庆钢铁公司。

会议结束后，我父亲离开广州到湖南农村进行深入的调查研究。

对于这一段调查，有许多同志写了文章，也拍了电影。

随着这次调查的深入，我父亲的心情也越来越沉重。一天我父亲在农田边发现一堆人粪，马上蹲在地上认真观察起来，当看到粪便中有草根和树皮的残渣而没有粮食时，连声说："这里的农民也饿饭了，这里的农民也饿饭了。"从内心深处发出呼喊："对你们不起，对你们不起。"

这个时期，恰是我父亲最繁忙、劳碌和身体也差的时候。他对我们说："我们革命的目的是要解决人民群众的吃饭、穿衣、住房问题，人民受了这么多苦，要为他们分忧啊！"作为主持一线工作的他，心情非常沉重。我父亲说："1958年我们犯错误的根本原因，就是把实事求是的作风丢了，因此导致了高指标、浮夸风和瞎指挥泛滥成灾；1959年庐山会议，我们又走了弯路，又失去了一次纠正错误的良机，而且使错误继续发展。有的同志敢讲困难，敢讲天灾，就是不敢讲人祸，不敢讲错误，更不敢承认中央有错误，这是极不正常的现象。"造成困难的原因，"无非是一天灾，二人祸。所谓天灾，就是连续三年的自然灾害；所谓人祸，就是我们指导思想的失误，造成了国民经济的严重失调，这是国内因素。还有国际上的因素，苏联背信弃义撤专家、毁协议、逼债款，也为我们雪上加霜。"

我父亲同总书记邓小平、国务院总理周恩来和副总理陈云等一些中央领导同志，为了纠正"左"倾错误造成的严重后果，扭转危难局面，日夜操劳。他们深入调查研究，针对"五风"严重、生产遭到严重破坏的情况，强调在农村要建立生产责任制和坚持按劳分配的原则，要允许社员搞些家庭副业；主张零星生产可以包给社员；重新开放在1958年关闭的农村集市；停止农村办公共食堂等措施；主张农村在困难时期实行"包产到户"；城市压缩人口，禁止在农村招工；调整1959年主要物资分配方案；调整基本建设计划，降低了钢及其他产品的计划指标；制定和坚决贯彻执行国民经济"调整、巩固、充实、提高"的八字方针。压缩基本建设，清理劳动力，加强农业第一线，保证农业生产，坚决贯彻执行按农轻重的次序来安排国民经济计划等措施。同时还决定了对在反右倾中受到错误批判和处分的党员、干部进行实事求是的甄别平反。

在这个时候，毛泽东同志虽然也说他自己也曾犯了错误，并开始纠正错误，但对我父亲开始不满。他说："从1960年下半年、1961年到1962年上半年都讲困难，越讲越没有前途了。"他还批评我父亲说，在庐山会议主张"成绩要讲够，缺点要讲透"的要点是"缺点要讲透"。还指责《中共中央关于加速进行党员、干部甄别平反工作的通知》"是他们（指我父亲、邓小平等几个常委）搞的，同意发布之后，才给我看的。"其实他们之间的分歧在1956年"反冒进"时就已开始，庐山会议后比较明显，七千人大会开始明朗化，而在接受苏共斯大林的教训，防止个人崇拜以及后来"四清"运动更为明显。如果追溯更早，在建国初期关于发展一段新民主主义，以及主张农村土改后应当鼓励农民发家致富，不要急于集体化，先发展供销合作社再发展生产合作社等，也都受到毛泽东的批评。我父亲对上述这些都曾作了自我检查。也许他认为自己的主张有某些错误，也许是为了照顾大局或其他原因。

## Part.4 我们人民政府要对每个公民的政治生命负责。绝不能拿人的生命开玩笑，更不能草菅人命！

1960年4月，我父亲带领几位水利专家，从重庆乘坐一艘中型客轮顺江而下，考察长江流域和葛洲坝坝址，白天他忙碌了一整天，晚上还要在船上阅读和批示文件。一天晚上客轮刚过湖北宜昌不久，突然乌云翻滚，霎时间，闪烁的星空变成漆黑一片，狂风怒吼，暴雨倾盆，江面波涛汹涌呼啸着向他们乘坐的客轮猛扑过来。舵手知道龙卷风要来了，他紧紧地把握着舵轮，为了不偏离航线，船上的探照灯直射向江面。就在探照灯光柱穿过漆黑夜晚的雨帘照在江面上时，发现江面上有几条小木船在波涛中任狂浪摆布，陡然跃起到浪峰上，忽而又跌落到浪谷里，时隐时现，处在十分危险的境遇。随船同行的工作人员从未见到过浪峰击船的情景，又加上听到求救呼叫声，都感到有些毛骨悚然。有人提议"赶快救人"，有人主张"我们不能冒险，要保证国家主席的安全"，也有人提议"迅速通知其他过往的船只来营救"……

1960年5月，刘少奇等人在长江三峡三斗坪坝考察。

刘振德同志当时是同我父亲一起乘这条船的，据他说："这时，少奇同志在船舱里聚精会神地批阅文电，对舱外发生的一切，他全然不知。当我们把这些情况向他报告后，少奇同志立即站起来，当机立断地说：'就因为这是国家主席坐的船，更应该抢救落水群众，请船长指挥，立即行动！'说着就大步走出船舱。船员们和工作人员看到少奇同志把自己的安危置之度外，都立即奋不顾身地投入到抢险搏斗之中。"

为了使客轮尽量接近小木船，经验丰富的老舵手利用他那娴熟的技术，沉着迅速而巧妙地擦过一段浅滩，到达了小木船遇难的地点。水手们把链索的一头拴在船栏上，另一头系在自己身上，纵身跃入江

1960年6月1日，刘少奇同粤剧演员红线女亲切交谈。

中，把落水者从死亡线上一个个地救了上来。

我父亲站在舷窗前指挥抢救落水的群众。

探照灯光不断地在江面上搜索。狂风暴雨仍凶猛异常，汹涌的巨浪一浪高过一浪咆哮而来，不停地击打着船舷，有的巨流飞奔到甲板上，浪花四处飞溅。

我父亲凝视江面，注视着漂在江面的一条条小船时刻都有被风浪吞没的危险时，他又向船长下了命令："把客轮横在江心"。刘振德同志说：当我父亲下这个命令时，他并不明白少奇同志的用意是什么？"当客轮转过身来横在江心时，我豁然开朗了，少奇同志这不是用客轮拦住汹涌的巨浪，让这些小木船在这挡风港里免遭灭顶之灾吗？”他说，“客轮横在江面停好后，水手们又把那些小木船用缆绳牢牢地拴在了客轮的围栏上。这一条条缆绳就像一条条生命线，一端系着少奇同志的心，一端连着群众的命啊！”他说到这里，似乎松了一口气。接着刘秘书又说：“风雨过后的清晨，两岸的景色更加秀丽，湿润清新的空气沁人心脾，江水又恢复了往日的平静。我们走出船舱，为战胜这场突如其来的暴风雨而欢呼，而雀跃。被救起的那几名落水者激动地握着水手们的手，在挥泪告别；系在客轮船舷上的那一条条小木船正在解开缆绳，慢慢悠悠地披着朝霞向四处散去。”

刘秘书深情地说：“我们的客轮起锚开航了。我站在甲板上，望着小船上的群众在用无声的语言向我们挥手致意时，我突然想到，假如昨晚没有少奇同志的果断指挥，假如我们的客轮没有横在江心，眼前的这些小木船，船上的这些群众，又该是怎样的结局啊？我的眼眶湿润了。我转身向着为救这些群众而临危不惧、沉着指挥的刚刚入睡的少奇同志的住处，深深地鞠躬、致敬……”

刘秘书说完这段故事后，又讲道：“后来，当这些被救起的群众得知拯救他们生命的客轮是刘少奇主席乘坐的客轮，抢救他们生命的命令是刘少奇主席下达的时，一个神奇的故事便在祖国万里长江的航道上传开了，也在亿万人民的心中传颂着！”

父亲关心爱护人民，不仅体现在这种小事上，还体现在深入基层，亲自体察民情，秉公办事上。

1960 年 7 月的一天，在北京中南海北门口墙上出现了“打倒人民公社”“消灭人民公社”“铲除人民公社”和“中央首长们，你们睁开雪亮的眼睛到下面去看一看吧”等标语。贴标语的是一位 20 多岁的女青年。她操一口湖南话，若无其事地向哨兵讲：“这是我贴的，你去报告吧！”

这种行动，在当时看来是“反动至极”甚至还很“嚣张”。哨兵立即向上级作了汇报。很快，北京市公安局来人将她带走了。

在公安局里，公安人员又从她的书包里搜出了六条写好的标语。审讯中，她对自己的所作所为毫不隐瞒。她说：“现在，农民的生活苦极了，这些情况只要能让毛主席、党中央知道，能尽快改善农民生活，把我枪毙了也心甘情愿，死而无悔。我知道贴这样的标语一定会把我当反革命抓起来的，我也早已做好了坐监狱的准备……”

我父亲看了公安部门关于这位女青年的情况和处理意见的报告后，在公安部门的报告件上批示：“不要匆忙判她的罪，先送回原籍，调查一下她反映的情况是否属实，然后再作处理。”

经查，这位女青年名叫刘桂阳，共青团员，是湖南省郴县鲤鱼江电厂的运煤工人。6月份她回家探望因缺粮而患了浮肿病的父亲，发现全村的人都在挨饿，而且许多人都患上了浮肿病。昔日可爱的家乡，今天变得如此贫穷冷落，实在惨不忍睹。她难过，她气愤，难道报纸上广播里每天宣传的人民公社好，全国农村形势一片大好就是这样的吗？毛主席、党中央知道这个情况吗？知道我们湖南农民忍饥挨饿，被疾病折磨的困苦情况吗？不，他们不会知道我们这个偏僻封闭的小村庄的情况的。我要想办法叫毛主席和党中央知道这个情况，解救这里忍饥挨饿挣扎在生死线上的父老乡亲。

她下定决心，含泪告别了生她养她的家乡，给她爱人留下一封信：“准备献出生命为民请愿”。然后装好她已经写好的几条标语，怀着极其复杂的心情踏上通往党中央和毛主席所在地——北京的列车。

这就是事情的经过，而且经过当地有关部门调查，证明她反映的情况是属实的。但郴县人民法院还是判她5年有期徒刑。

我父亲看到这个处理结果后，很不满意地说：“既然她反映的情况属实，为什么还把她当反革命分子判刑？真正的反革命能这样舍命请愿吗？当然，她的这种做法是错误的，但我们要看其实质嘛！”随即把这个报告又批给湖南省委，请省委再次进行复查。

刘秘书说，“时隔不久，湖南省公安厅送来了复查报告：‘刘桂阳到中南海大门前贴的标语，有些内容是反动的。但鉴于她本人过去一贯表现是好的，她贴标语的动机，不是以推翻人民民主专政为目的，对她可按人民内部矛盾处理。由原判单位撤销对她的判决，予以释放，并与她原单位协商，仍留在郴县鲤鱼江电厂工作，也不要歧视她。但要对她进行耐心的批评教育。’”

我父亲对这个报告很满意，并作了批示："同意湖南省公安厅的处理意见，并建议湖南省委张平化同志亲自找刘桂阳谈一谈，一方面适当鼓励她敢于向党中央反映情况的精神，另一方面也批评她对人民公社在认识上和做法上的错误。"我父亲还深有感触地对刘振德同志说："人民敢于讲真话，敢于向上级机关乃至中央反映真实情况，这是对我们党的信赖，也是我们的事业兴旺发达的基础。我们可不能叶公好龙。如果有几条标语就动摇了人民公社，那就说明人民公社已经丧失了存在的基础。当前处理好这样的案件，是有普遍意义的。"

还有一个案件，也是当地群众关心和反映强烈的。

1961 年我父亲回故乡炭子冲调查时，群众对齐海湘案件反映强烈，认为政府给他判刑太重了。

经过调查，齐海湘过去家里很穷，下煤窑挖过煤，当过长工，是个加入过会道门的一般道徒。前些年得了重病，由于他迷信思想浓厚，求神治病，乞求用神的力量解除自己的痛苦，减轻疾病的折磨。他的这些所作所为被干部发现，司法部门以他复辟反动会道门的罪名将他逮捕，并判处 8 年有期徒刑。不久他因病死在狱中。齐海湘的家属对这个判决一直不服，群众对他也非常同情，议论纷纷。

我父亲了解到这一情况后，把湖南省公安厅李厅长找来："请你马上去查一查，齐海湘事件是不是这么回事。我们人民政府要对每个公民的政治生命负责。人死了也要搞清楚，要作出实事求是的结论。当事人死了，还有子孙后代嘛！我们要严格区分和正确处理两类不同性质的矛盾，绝不能拿人的生命开玩笑，更不能草菅人命！"

省公安厅的同志经过充分调查和反复核实，证明群众反映的情况是真实的，家属的不服是有道理的，司法机关确实是混淆了两类不同性质的矛盾。我父亲听到这一报告后指示："立即在该大队当众进行平反，向家属道歉并做好工作。"

这件事对司法机关的干部是一次很好的教育，使广大群众对党更加信任和拥护，对家属是一个很好的安慰。

刘振德秘书回忆说："还有一件事，给我们留下的印象更深。"他说："我们在天华大队时，群众向少奇同志反映说：天华大队在 1957

年 2 月间死了一头耕牛。剖腹之后，在牛肺内发现有一根三寸多长的铁丝。大队干部没有作认真调查就武断地说，铁丝是饲养员冯国全钉进牛肚子里的，便以破坏耕牛罪定了案，并将冯国全批斗得死去活来。但冯矢口否认，一直不服。

“少奇同志知道此事后，便对李强同志（时任湖南省公安厅厅长）说：‘请你们把此案件再复查一下。要从多方面进行深入细致的调查，不仅要查当事人，还要向老兽医和专门学过这种医学的人请教。你们想想看，牛皮那么厚，牛劲那么大，它就能俯首帖耳地让人将铁丝钉进自己的肚子里？你们查清后给我写个报告，好不好？’‘好’，李强用坚定的口气回答，并对少奇同志的分析连连点头表示同意。

“少奇同志回到北京后不久，就收到了湖南省公安厅的报告。报告说：‘原来这头耕牛是长沙县清田大队的。当时牛的主人的一个 10 岁男孩因年幼无知，出于好奇心，用青草包着一根铁丝喂了牛。从此这头牛就逐渐发生腹泻等症状。当时有经验的兽医说，这是吃下铁丝的现象。后来他们把牛卖到湘阴县桃花大队。1956 年 6 月天华大队又从桃花大队把这头牛换回来，几个月后就死了。牛的肺内确实有一根三四寸长的十八号铁丝。但两端是圆形的，证明是从嘴里吞进去的。因为长时间损伤胃壁，最后穿过胃壁和横膈膜刺入肺的下部而死亡。原来认为是从胸部直接插入肺部或从鼻子插入气管而进入肺部的说法都是不能成立的。

“我将这个报告送给少奇同志后的第三天，他突然问我：‘牛是不是反刍动物？’‘是啊，我们家乡的土话叫倒嚼。’我回答。

“少奇同志透过这个案件，察觉到我们司法机关的某些同志在办案时存在着粗枝大叶、责任心不强的问题，如果不引起重视，将会酿成更大的错误。他沉思良久，然后在湖南省公安厅的报告上作了如下批示：‘此件发至县以上公安、政法部门阅读，对各地几年来所有由于死牛的胃内、肺内发现铁丝、铁钉等而定为破坏耕牛罪的案件都要进行一次认真的调查，以便使我们的结论都符合实际情况。牛是反刍动物，吃草不嚼就吞下，因此铁丝、铁钉等混入饲草内，牛是可以吞下去的（马和猪就不能吞下去）。牛在吃草时可能把掉在青草上的铁丝、铁钉吃进去，也可能由于饲养员的疏忽，饲草内混入铁丝铁钉被牛吃进去，也可能是坏分子故意把铁丝铁钉放进草内被牛吃进去。牛在吃进金属后，有经验的兽医可以诊断出来，可以进行手术取出治好。从死牛的胃内和肺内发现铁丝铁钉等物，有的是破坏案件，但并不都是破坏案件，更不能肯定当时的饲养员就是耕牛的破坏者。因此，各地如有类似这样的案件应由各地公安、政法机关进行认真的调查研究，作出符合实际的结论。'”

刘秘书最后感慨地说："对人民、对党的事业，这是何等高度负责的精神啊！作为一个国家的最高领导人，少奇同志能以小见大，能从局部出发而指导全局工作，这种工作作风谁能不敬佩！"

## Part.5 七千人大会后，大刀阔斧进行调整。

1961 年，我们国家正处在严重的经济困难之中。农业生产连续三年歉收，粮、棉、油都大量减产。粮食产量 1961 年比 1957 年还减少 500 亿公斤，家畜、家禽的数量也越来越少，不少农村发生了饥荒，出现了"非正常死亡"。城市口粮已减少供应，副食品也非常紧张，许多人得了浮肿病。以农业原料为主的轻工业生产从 1960 年起急剧下降，重工业生产从 1961 年也开始下降。1961 年工业总产值比 1960 年下降 40%，许多工厂停产，市场上日用百货品严重短缺。面对这种情况，干部、群众、党内党外议论纷纷。虽然中央自 1958 年冬开始纠正已经认识到的工作中的错误，但自庐山会议以后，"左"倾错误又有发展。许多干部，包括一些负责干部对"大跃进"以来的工作评价也褒贬各异，因而贯彻执行也不得力。考虑到这种情况，中央政治局常委决定召开中央工作会议，总结经验教训，开展批评和自我批评，统一思想，加强党的民主集中制，进一步纠正"大跃进"以来工作中的缺点错误，切实贯彻执行调整国民经济的方针，团结全党和全国各族人民，集中力量，克服困难，争取国民经济早日好转。并决定扩大会议范围，包括中央、各中央局、各省市地县及大厂矿企业党委书记七千余人参加了于1962年1月11日在北京召开的扩大的中共中央工作会议，又称“七千人大会”。

根据中央政治局决定，由我父亲负责准备提交会议讨论的书面报告，写好后送交毛主席。原来设想是，毛主席看过并认为大体可用后，再提交政治局讨论。因为我父亲写的这个报告初稿，涉及过去四年工作成绩与缺点错误的分析和经验教训，涉及对当时经济困难的看法和今后的任务，涉及加强集中统一和反对分散主义，涉及党的作风和党内生活等重大问题。而参加会议的七千人，工作岗位不同，工作阅历不同，自然对这些问题的看法不一致。毛主席提出，把报告稿先发给到会人员提意见修改，然后再交政治局讨论，通过后再向大会作正式报告。

会议第一阶段主要是讨论修改我父亲代表中央所作的“书面报告”。与此同时，由我父亲主持，并组织彭真等21人起草委员会根据大家讨论的意见修改“书面报告”。在大会过程中，我父亲又重申他在1959年庐山会议前半段说的“成绩要讲够，缺点要讲透”。两者都要摆开来讲，有多少，讲多少，既不夸大，也不缩小，都要实事求是。

“应该说，经过了过去四年的工作，我们建设社会主义的经验不是更少，而是更多；我们不是更弱，而是更强。”同时他又强调说，当前的问题是不少同志不敢正视或者低估“大跃进”以来工作中缺点错误的严重性。他尖锐地指出，不能用九个指头与一个指头的套话来概括这四年工作中的成绩与缺点错误的关系。就全国总的情况看，“三七开”比较合乎实际。就是说成绩是七分而不是九分，缺点错误是三分而不是一分。至于有些地方，也许工作得比较好，缺点错误比较少，那里可能是九个指头和一个指头的关系，或者是八个指头与两个指头的关系。同时，也可能有些地方工作做得特别差，错误犯得特别多，那恐怕连“三七开”也打不住，甚至可能是倒“三七开”。各地情况不一样，要实事求是，由干部群众去评价。

我父亲认为，农业连续3年遭灾减产给我们带来很大困难是事实。但是，过去四年工作中的错误，特别是1959年庐山会议后继续大刮“三风”（共产风、浮夸风、瞎指挥风）所造成的危害更加严重。吴

1962年1月11日—2月7日，召开扩大的中共中央工作会议（又称“七千人大会”）。大会主席台前排左起：朱德、刘少奇、毛泽东、周恩来、陈云、邓小平。

冷西同志回忆七千人大会时的情况说：“少奇同志是经过充分的调查研究才得出这样的结论的。”“少奇同志坚持实事求是作风的气魄和毅力也就显得特别突出。少奇同志素以观点的鲜明性和尖锐性著称，他在讨论问题时毫不隐蔽自己的观点，而且力求明确地表达自己的观点。”“也素有以理论充分、逻辑性强见长，他的讲话具有很大的说服力。”“少奇同志提出和坚持这两个‘三七开’的观点，在当时的情况下是很不容易的。需要非常的胆略、卓识和韧性，又需要十分耐心和细致的说服工作。”这两个观点，先在起草委员会，后在中央政治局得到了一致的赞同。朱德、陈云也都在各自的大组讲了话，涉及党内斗

争扩大化和党内生活不正常所带来的严重后果等问题。我父亲先后主持起草委员会八次讨论修改这个报告，经中央政治局通过后正式印发与会人员。书面报告指出 1958 年以来工作中主要缺点和错误，分析了这些缺点错误产生的原因，指出“国民经济中存在困难还是相当严重的”，“对于当前实际存在着的困难，应该有足够的估计”。同时我父亲根据毛主席的意见还对书面报告作了补充说明，重申了两个“三七开”的观点（七分成绩，三分缺点错误；“三分天灾，七分人祸”）。这次会议历经 28 天，在这次会议上，毛泽东、刘少奇、周恩来、邓小平各自都作了自我批评。会议统一了思想，加强了党的民主集中制，团结

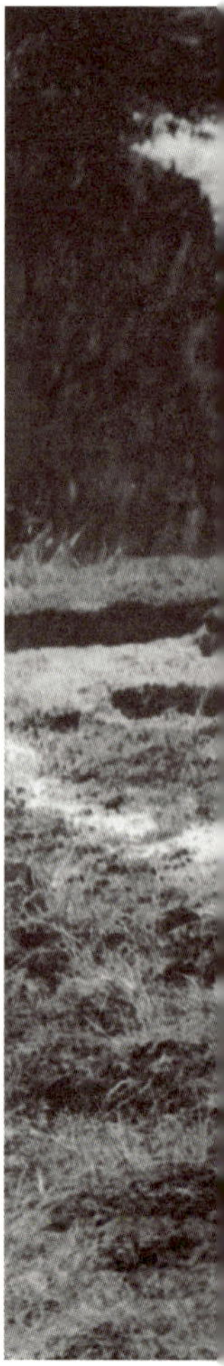

◀ 1962 年 1 月，刘少奇同陈云、邓小平出席扩大的中央工作会议——七千人大会。

▶ 1961 年 7 月，刘少奇同王光美在镜泊湖。

了全党和全国各族人民，集中力量去克服困难。

这个时候我正在内蒙古自治区人民政府计划委员会工作，听到参加会议的内蒙古自治区负责人传达会议精神后很高兴，觉得扭转国民经济严重的困难局面有了希望。可万万没有想到那时毛主席对我父亲已经有了怨气，产生了分歧。

在 1962 年 8 月北戴河会议（也就是七千人大会刚刚开过半年），毛泽东同志提出了“阶级、形势、矛盾”问题，并大批所谓“黑暗风”、“单干风”、“翻案风”。他认为党内一部分人对形势估计过于悲观。他在 8 月 6 日会上讲，有些同志曾经是认为一片光明，现在是一片黑

暗，没有光明了。我们倾向于不那么悲观，不是一片黑暗。现在一片光明的看法没有了，不存在。有些人思想混乱，没有前途，丧失信心，不对。他认为还是回到 1959 年庐山会议上的三句话：“成绩伟大，问题不少，前途光明。”

七千人大会统一了全党思想，认识到需要进一步调整国民经济，迅速扭转困难局面。但怎么调整，如何扭转困难局面，却没有认真地研究。七千人大会后，毛泽东离开北京南下，这个担子自然落在了主持中共中央日常工作的父亲肩上。1962 年 2 月 21 日中央政治局召开常委扩大会议。常委当中除毛泽东、林彪不在北京外，其余都参加了，加上有关部门负责人共几十人。

会议首先讨论国家计委和财政部提出的年度报告，发现当年财政收支将出现30亿元的赤字，这是原先没有预料到的，他感到问题十分严重，批评经济部门没有揭露矛盾和提出解决问题的办法。他说：“有赤字要提出来警告大家，采取措施来弥补。过去几年没有揭露赤字是不对的。搞不好，经济还要恶化。只有暴露了问题，才好解决问题。”他还说：“中央工作会议对困难情况透底不够，有问题不愿揭，怕说漆黑一团！还它个本来面目怕什么？说漆黑一团，可以让人悲观，也可以激发人们向困难作斗争的勇气。”

在这次会议上，周恩来提议下决心对国民经济进行大幅度调整。陈云同志详细分析了财政经济情况，提出了克服困难的措施。

经过3天讨论，参加会议的常委和有关部门负责人的意见完全一致。大家都认为陈云同志提出的几项办法是切实可行的。我父亲对陈云说：“光是你在这个会上讲，我们赞成还不行，建议召开一次国务院的会议，更充分地讲一讲，让参加国务院会议的全体成员都了解我们的经济情况，了解我们的方针政策。”

两天后，国务院召开各部委党组成员会议，传达贯彻中央常委扩大会议精神，陈云同志作了《目前财政经济情况和克服困难的若干办法》的报告，得到与会者的赞同。然后以中共中央名义把陈云同志的这个讲话批转全国，同时也恢复了中央财经领导小组，陈云任组长，并决定立即向毛泽东同志汇报。第二天我父亲同周恩来、邓小平专程飞往武汉，毛泽东听了汇报，看了文件，表示同意。

我父亲对陈云关于经济工作的一系列意见一直很赞赏，为了让更多的同志了解陈云对经济工作的意见，我父亲让有关人员把陈云同志几年来有关经济工作的言论收集起来，编辑印发给财经小组成员、政治局常委和书记处同志看一看。为此，我父亲还特地给毛泽东同志写了封信，推荐这些论述。

5月初我父亲主持召开中央政治局常委工作会议，出席会议的有中央政治局常委、政治局委员、书记处书记、各中央局书记、中共中央和国务院各部门负责人100多人。我父亲对当时的经济形势作了分析，他说："我看，应该说是一个很困难的形势。从经济上看，总的讲，不是大好形势，没有大好形势，而是一种困难的形势，一部分地区的经济形势比较好，但那是部分的。总的来讲，是一种困难的形势。这一点我看要跟干部讲清楚。""对困难估计不够，自己安慰自己，那不是马克思主义者。我看对困难形势估计过分，危险性不大，对困难估计不够就危险，我们多少年都是因为对困难估计不够而陷于被动。"

会议讨论通过了中央财经领导小组提出的1962年调整计划，下决心对国民经济做大刀阔斧的调整。提出：

一、坚决精简职工，减少城市人口。在1961年已经下放1000万城市人口的基础上，1962年再下放1200万。

二、大力压缩基本建设规模。1962年基本建设投资由384亿元减为67亿元，施工项目减少三分之二以上。

三、缩短工业战线，关、停、并、转一大批企业。1962年绝大多数重工业生产指标比原计划分别降低5%—20%。全年减少企业1.8万多个。

四、调动各行各业支援农业，增加农业生产和日用工业品的生产，保证市场供应。

会议之后，各条战线都开始行动起来。

8月的庐山工作会议，主要是讨论工业问题。我父亲又进一步指出"调整、巩固、充实、提高"的方针，虽然提出已经一年多，但是由于情况不明、认识不足、经验不够，一直没有按照实际情况降低指标，不能有效地进行。提出在必须后退的地方，坚决后退，而且必须退够，会后调整速度加快。

与此同时，政治关系也在改善，为在"拔白旗"、"反右倾"、整风整社、民主革命补课等运动中受处分的干部、党员进行了甄别平反，为右派摘掉"右派分子"帽子的工作也在加快进行。

整个经济形势到年底开始恢复。农业生产比上年增长6.2%。当年财政收支平衡略有节余，连续4年的财政赤字已抹掉，市场供应有了好转，人民生活有所改善。

在农村，为了克服困难，全国许多地方的农民自发地搞起了包产到户，到 1962 年年中已超过 20%，有些省的地县超过 70%，安徽全省达到 80%。

我父亲是支持这种做法的，他和陈云、邓小平同志也都同意搞包产到户，支持中央农村工作部部长邓子恢和毛泽东的秘书田家英的意见，并让田家英起草有关文件。当毛泽东从邯郸回来后，他明确表示反对并批评我父亲为什么不顶住。

## Part.6 北戴河会议之后，国民经济继续进行调整，但同时阶级斗争步步升级，扩大化也越来越严重。

1962 年 7 月，北戴河会议把包产到户和纠正“左”倾错误的一些做法，严厉地批判为“黑暗风”、“单干风”、“翻案风”。毛泽东说：现在有一部分同志把形势看成一片黑暗了，没有好多光明了，引得一些同志思想混乱，丧失前途、丧失信心了。农村集体化还要不要？是搞分田到户、包产到户，还是集体化？他还说：地主、富农、反革命残余都还存在，既然阶级存在，就要出反革命，而他们总是想复辟的。彭德怀要翻案，要求平反，我看 1959 年反右倾不能一风吹。

会议气氛一下子紧张起来，开始批判起邓子恢、彭德怀同志了。有些领导同志不得不在各种场合说明情况、解释问题或作自我批评。

我父亲在中心小组发言中也不得不承认他前一段对困难看得重了。他说 5 月会议自己对困难有两点估计过分了，一是说 1962 年夏收减产已成定局，一是说单干在全国估计已占 20%。

由于会议中后期阶级斗争的调子越来越高，我父亲担心又会重犯 1959 年庐山会议由反左转为反右的毛病，打乱正在进行的国民经济的调整，他在会议结束前几天在中心小组发言提议说：“这次会议如何传达？这次会议讨论阶级和阶级斗争，一讲阶级和阶级斗争就联系很广，传达时要联系到对干部的教育问题，讲好了，对干部教育有好处。但是，这是个复杂问题，闹不好在实际上可能发生反右。阶级斗争一联系，什么问题都联系上了，比如自留地多少，生产责任制，包工

1963 年 11 月 17 日 —12 月 3 日，刘少奇出席第二届全国人民代表大会第四次会议，图为刘少奇和毛泽东在大会主席台上交谈。

包产。现在实际上是研究的问题容易划分不清，把什么都联到阶级来分析。”

8 月 24 日北戴河工作会议结束，26 日又转到北京召开党的八届十中全会。预备会议开了 29 天。以阶级斗争为纲，批判“单干风”、“翻案风”、“黑暗风”，把支持写《刘志丹》小说的习仲勋、贾怀志、刘景范打成“反革命集团”。9 月 24 日至 27 日正式召开全会，毛泽东再次作了阶级、形势、矛盾问题的报告。对阶级斗争的论述更加果断、明确、系统，提出资本主义复辟的危险性。后来，毛泽东同志的这段讲话被归纳为：“社会主义社会是一个相当长的历史阶段。在社会主义这个历史阶段中，还存在着阶级、阶级矛盾和阶级斗争，存在着资本主义同社会主义两条道路的斗争，存在着资本主义复辟的危险性。要认

1964年10月16日，刘少奇同毛泽东、周恩来、朱德等接见大型音乐舞蹈史诗《东方红》的全体人员。

识这种斗争的长期性和复杂性，要提高警惕。要进行社会主义教育。要正确区别和处理敌我矛盾和人民内部矛盾。不然的话，我们这样的社会主义国家，就会走向反面，就会变质，就会出现复辟。我们从现在起，必须年年讲，月月讲，天天讲，使我们对这个问题，有比较清醒的认识，有一条马克思列宁主义的路线。”在几天的大会发言中，大家都表示同意毛泽东的理论观点和对形势的分析。

我父亲一方面赞成毛泽东的意见，认为现在两个阶级谁战胜谁的问题还没有解决，另一方面又尽力维护5月中央工作会议的正确性。会上他虽然检查了对困难估计过重的问题，但他又提出：在宣传上不要把形势说得太好了，还是有困难，还要继续克服。他再次重复他在北戴河会议上的提议：会议精神的传达应该有个范围，不向下面传达，免得把什么都联系到阶级斗争上来分析，也免得把全党的力量都用去对付阶级斗争。毛泽东接受了这个建议。

会议之后，国民经济继续进行调整，生产逐渐恢复和上升，渡过了三年困难时期。但同时阶级斗争步步升级，扩大化也越来敲严重。

1963年2月，中央又决定在农村进行“四清”，在城市开展“五反”运动。

1964年底在中央政治局扩大会议上，围绕“四清”运动性质等问题，毛泽东同我父亲产生了严重分歧，并已表面化。我父亲认为当前社教运动中四清与四不清的矛盾是主要的，运动的性质就是人民内部矛盾跟敌我矛盾交织在一起。

毛泽东同志反对我父亲的这种说法，在许多场合进行批评，他说：“什么四清四不清、党内外矛盾交叉，这是非马克思主义的；中央有的机关搞‘独立王国’；党内有产生修正主义的危险。”又说，“所谓四清四不清，过去历史上什么社会里也可能用；所谓党内外矛盾交叉，什么党派也可能用；所谓敌我矛盾和人民内部矛盾交叉，什么历史时期也可能用。这些都没有说明今天矛盾的性质，因此不是马克思主义的。”“哪有那么多交叉？这是一种形式，性质是反社会主义嘛！重点是整党内走资本主义道路的当权派。”

我父亲不同意毛主席提出的“四清”运动的重点是“整党内走资

本主义道路的当权派”，主张在运动中还是有什么问题解决什么问题，最好不要说“派”，一说“派”，涉及的人就多了。但他的意见没有被采纳。

参加讨论《二十三条》文件的不少同志，都感到毛泽东、刘少奇这两位党和国家的最高领导人出现了深深的思想分歧，并为这种情况担忧。周恩来、贺龙二人找我父亲谈心，劝他主动找毛泽东致歉，消除一些不应有的误解，以维护党的团结和领袖的威望。我父亲接受了他们的意见，找机会向毛泽东作了自我批评。

尽管如此，我父亲还是毫不动摇地继续贯彻执行“八字方针”，并利用这一有利时机，试验在调整中同时进行经济体制改革。到 1965 年初，正式宣布“调整国民经济任务已基本完成”。

# 09 Chapter

1949 年刘少奇访问苏联期间，在莫斯科宾馆的办公室里。

## Part.1 为了学习十月革命的经验，1921年春，父亲和其他几十个共青团员第一次到莫斯科。

我父亲生前六次去莫斯科。从寻革命真理求救国之路到探索社会主义道路和帮助苏联处理波匈事件。他见过列宁，同斯大林进行过会谈，也同赫鲁晓夫争论过。

俄国十月革命的胜利，使中国革命者看到了希望，走俄国十月革命的道路就是中国的出路。肖劲光将军是同我父亲一起去莫斯科的。他回忆说：我和少奇、弼时等十多个青年，一起从上海乘船经日本长崎去海参崴。当时海参崴还在日本占领之下，中国军阀政府驻海参崴的总领事馆一直对我们很注意，除监视审问外，还通知伯力领事馆监视我们。他还回忆了他们从伯力到黑河再到莫斯科的艰苦行程。

他们在莫斯科东方劳动者共产主义大学学习的日子里，尽管新生的苏维埃政权承受着战争创伤和内乱外患的双重压力，物质条件极其恶劣，但他们心情却极其兴奋。肖劲光将军说："我们在苏联学习这一段生活是很艰苦的，同时还有社会革命党和无政府主义者的捣乱破坏。我们白天上课，晚上还要在街上站岗，星期天还要做工。分配给我们吃的东西很少，早上切下一块面包，中午就不敢切了，否则晚上就没吃的了。"他很有感触地说，"那时真是饿得难受"，"上四层楼中间还得休息几次"。"冬天穿一种很薄的麻布做的黄色衣服，一人一件军大衣"，"晚上睡觉时，一个挨着一个，大家挤在一起取暖"。日子是十分艰苦的，有几个人受不了苦，想退学。

我父亲在40年后，率领中国党政代表团赴莫斯科参加苏联十月革命节47周年庆典活动时，在苏中友好群众大会上，回忆了旅莫学习的亲身经历。我父亲说："我是1920年参加中国社会主义青年团的。当时，我只知道社会主义好，知道马克思和列宁，知道十月革命和布尔什维克党，但是不清楚社会主义是怎么回事，怎样才能实现社会主义。为了学习十月革命的经验，1921 年春，我和其他几十个共青团员，第一次来到你们的国家。我们从上海到海参崴，经过赤塔到莫斯科。那时候，海参崴还被日本军队占领着，远东共和国也还没有进行社会主义改革。从海参崴到莫斯科走了 3 个月，火车时开时停。当时火车是烧木柴的，有时还要乘客从山里搬运木柴，火车才能继续行进。当时你们的国家处在革命后最困难的时期，我们看到并且亲身经历了这些困难。当时有部分人对于社会主义的信心发生了动摇，但是我们这一部分人对于社会主义的信心却因此而更加坚定了……这样，到莫斯科以后不久，我就加入了共产党。”

我父亲从那时开始，就把自己的一生完完全全地献给了党的事业。

## Part.2 职工国际领导人给父亲扣上了“右倾机会主义”的帽子，并且一直戴到国内。

我父亲第二次去莫斯科是率中国工会代表团出席在莫斯科召开的赤色职工国际第五次代表大会。大会在如何对待黄色工会的问题上展开了争论。

所谓“黄色工会”，是指由资产阶级收买、控制与把持的工会组织，它在西方国家普遍存在。中国是在大革命失败后才出现的，如上海南洋烟草工会、上海报界工会、上海邮务工会等。这些工会组织在工人中还有一定的影响，在革命处于低潮的时候如何对待黄色工会也是党对工会应该采取什么样的策略问题。我父亲在赤色职工国际代表大会上不同意一律要求在黄色工会里公开搞赤色反对派和变黄色工会为赤色工会的主张。

当时杨尚昆是同我父亲一起参加这次会议的。他回忆说：

“在这次大会上，少奇同志当选为职工国际执行委员会委员，并作为我国驻职工国际首席代表留下工作，到 1931 年秋才回国。

“少奇同志在职工国际工作期间，有两件事对我教育很深。

“一件事，是少奇同志反对在黄色工会里公开搞赤色反对派。

联共派驻职工国际的领导人不顾各国不同的实际情况，要求一律在黄色工会里公开搞赤色反对派，变黄色工会为赤色工会，并提出了决议案。少奇同志不赞成，认为中国和一些亚洲国家与欧洲资本主义国家的实际情况不同，在黄色工会势力很大而赤色工会处于非法的情况下，企图在里面公开建立赤色反对派，实际上是不可能的。他主张赤色工会可以加入黄色工会，利用合法身份争取群众，提高群众觉悟，待条件成熟时，才可使黄色工会变为赤色工会。如果不顾条件，一律搞赤色反对派，只能是过早地暴露自己的力量，把自己孤立起来。在执委会表决这个议案时，少奇同志坚决反对，提出了自己起草的另一个决议案。这就冒犯了职工国际领导人，说他的决议案是‘反提纲’、‘反决议’。这种提法是很吓人的，因为这是当时联共批判托洛茨基的语言。

“另一件事，是少奇同志反对职工国际领导人歧视外国代表。职工国际执委会中有许多亚洲、拉丁美洲的国家代表，职工国际办事机构瞧不起他们，歧视他们。比如发文件只发给俄文本，既不帮助他们翻译，又不准他们带译员。在一次会议上，这些代表提出意见，职工国际领导人不但不接受批评，反而盛气凌人地训斥这些代表。少奇同志支持了代表们的合理要求，严肃地批评了这位领导人。

“就因为这两件事，职工国际领导人给少奇同志扣上了‘右倾机会主义’的帽子，并且一直戴到国内，以至在相当长的时期内，使一些同志不明真相，而党内的‘左’倾机会主义者却据此攻击少奇同志，这也是后来使少奇同志的许多正确主张没有被采纳的原因之一。”

历史是公正的见证人。张闻天同志后来讲：“实践已经证明，30年代初临时中央将刘少奇的正确主张作为机会主义来批判，并进行组织处分，完全是‘左’倾路线错误。从那以后刘少奇在党内的作用，就没有得到充分发挥。”

## Part.3 “在整个访问过程中，我亲眼看到，斯大林对少奇同志是信任和尊重的，每次会见都聚精会神地倾听少奇的每句话，并对少奇的意见多次表示同意和赞赏。”

在中华人民共和国成立之前，我父亲受中共中央的委托于1949年7月2日率中共中央代表团秘密访问苏联，此行的目的主要是向斯大林及苏共中央介绍中国的革命形势和即将成立的中华人民共和国的国家性质和政权性质，以及新的中央人民政府组织机构的设想，着重说明了新中国的国体和政体不但与资产阶级国家有着本质的区别，就是与同样实行无产阶级专政的苏维埃制也不完全一样。同时还向他们通报了新中国的经济建设方针，我国将要实行的对内对外政策以及中苏关系等重大问题。并同苏共领导人进一步商谈了军事、贸易、文化交流、培养干部以及苏联向中国贷款和选派专家等问题。斯大林肯定了我们人民民主专政的政体以及各项内外政策，多次热情称颂中国革命胜利的发展，对中国共产党及其领导人在政治上的成熟表示赞赏。他说：“世界革命中心逐渐东移，将来中国在世界上是要承担更多更重要的任务。苏联政府承认即将成立的中华人民共和国和中央人民政府，支援中国经济建设。”他允诺向中国派遣中国所需要的专家和技术人员。他还对苏联过去对我们党的有些做法感到内疚，并抱有歉意地说：“中国同志总是客气的，讲礼貌的。我们觉得我们是妨碍过你们的。你们也有意见，不过不肯说出来就是了。”斯大林还讲了一些极不寻常的话，他说：“我们（中苏）两兄弟之间的友好团结是最重要的，对世界革命是具有重大意义的。斯大林在世，我们两国人民应该团结，斯大林不在世了，仍然应该是团结的。”

据当时中共代表团翻译师哲同志回忆：“在整个访问过程中，我亲眼看到，斯大林对少奇同志是信任和尊重的，他从来不主动提出讨论和解决哪些问题，每次会见都聚精会神地倾听少奇的每句话，体会少奇的语意和心情，并对少奇的意见多次表示同意和赞赏。斯大林根据中方要求或愿望进行商谈，提出意见、建议或指出解决的办法。

1949年6月，刘少奇率中共代表团赴苏联访问，图为刘少奇同代表团成员高岗（右一）、王稼祥（左一）在莫斯科合影。

……可以说，历次会见都是在热情洋溢、友好诚挚的气氛中进行的。”

代表团在莫斯科期间，还同苏联国家计委、财政部、国家银行、对外贸易等机关的负责人进行了交谈，着重了解其组织机构、职能以及经济计划工作、管理等问题。同时，还参观了一些主要工厂、集体农庄。在参观中除了解工厂的规模、设备情况、生产情况以及工人的劳动、生活情况、培训情况外，还仔细了解了企业党委、行政领导和工会三个方面的职权、职责、工作范围以及如何协调统一等方面的做法、情况和问题。

我父亲还以极大的热情参观了莫斯科大学、列宁图书馆、莫斯科市苏维埃、历史博物馆和几个专业展览馆，并同其负责人座谈，询问他们的工作情况和经验。

访苏期间我父亲和马林科夫分别代表中国和苏联签订了贷款协定。同时还转告匈牙利、波兰、罗马尼亚三国共产党，欢迎他们派代表到北京商谈通商及其他一切有关事宜。

我父亲在紧张的会谈访问期间，还抽出时间同部分在苏联留学的同学见了面，他高兴地告诉大家，新中国就要成立了，勉励大家努力学习，以优异的成绩毕业后回到祖国参加建设。我父亲还详细地了解同学们学习情况、学习成绩、毕业后回国能不能独当一面。他还询问了同学们的生活和身体情况。他告诉大家，在莫斯科很快就要建立大使馆，同学们的学习、生活等问题，大使馆都会照顾。当场就将未来的驻苏大使王稼祥同志介绍给大家。同学们听了都热烈鼓掌欢呼。

父亲率中共代表团访问苏联，长达五十多天，经过多次会谈后，就中苏两国如何进行合作取得了共识，有些具体问题初步达成协议，有的已开始执行。为苏联最早承认新中国并建立中苏新型外交关系，支援和帮助中国建设，以及后来毛泽东访问苏联奠定了基础。用师哲同志的话说："少奇自始至终以充沛的精力、振奋的精神，带领代表团的同志进行了多方面的工作，成功地完成了党中央赋予的重大使命，为我国革命事业的发展，为我国建国初期经济建设的发展，作出了杰出的贡献。"

此次访苏的一些详细情况前面已经叙述，这里不再详谈。

## Part.4 1952 年 9 月 30 日，父亲率中共中央代表团离京，参加苏联共产党第十九次全国代表大会。

我父亲第四次去莫斯科是在 1952 年。9 月 30 日他率中共中央代表团离京，参加苏联共产党第十九次全国代表大会。在 10 月 8 日的大会上致词并宣读了中共中央的祝词。《祝词》说："列宁、斯大林所创立的苏联共产党在长期斗争中取得了具有世界历史意义的胜利。""中

刘少奇 1953 年 1 月 11 日从苏联回到北京，朱德、周恩来等到机场迎接。

国共产党是在十月革命的影响下建立起来的，中国革命的胜利和中华人民共和国成立后三年来的建设事业的巨大成就证明了，根据各国的具体情况，正确地运用马克思、恩格斯、列宁、斯大林的学说，正确地运用苏共关于革命和建设的经验，是无往而不胜的。”

我父亲的致词和中共中央的祝词，受到了热烈的欢迎。

会后我父亲及代表团全体成员对苏联进行了友好访问。

10 月 20 日，我父亲根据毛泽东同志的指示，写信给斯大林，谈了中共中央关于对农业、手工业和资本主义工商业进行社会主义改造，使中国逐步过渡到社会主义的设想。信中提到：“十年以后，中国工业将有百分之九十以上是国有的，私人工业不到百分之十，而

1952 年，刘少奇在参加苏共十九大后同王光美到黑海边索奇休养。

这些私人工业又大体都要依赖国家供应原料、收购和推销它们的成品及银行贷款等，并纳入国家计划之内，而不能独立经营。”“到那时我们就可以将这一部分私人工业不费力地收归国家经营。在征收资本家的工厂归国家所有时，我们设想在多数的情形下可能采取这样一种方式，即劝告资本家把工厂献给国家，国家保留资本家消费的财产，分配能工作的资本家以工作，保障他们的生活，有特殊情形者，国家还可付给资本家一部分代价。估计多数资本家可能同意上述条件下的国有化，而不进行激烈的反抗。”对待农村的个体经济，“准备在十年至十五年内将中国多数农民组织在农业生产合作社和集体农场内，基本上实现中国农业经济集体化”。对待广大的手工业，“我们准备用力帮助小手工业者组织生产合作社，并鼓励手工作坊主联合起来采用机器生产”。

10月24日和28日父亲率中共代表团主要成员同斯大林会谈，就中国政治经济建设等问题交换了意见。斯大林说：我认为你们的想法是对的，你们对中国资产阶级所采取的态度是正确的。

访苏期间，父亲和代表团成员还参加了苏联十月革命三十五周年的庆祝活动。

1953年1月7日，中共中央代表团结束了在苏联长达66天的访问离开莫斯科回国。

## Part.5 1956年10月，父亲第五次访苏，协助处理波匈事件。最后，赫鲁晓夫说，事实证明少奇讲的都是对的。

1956年是多事的一年，赫鲁晓夫在苏共二十大作秘密报告全盘否定斯大林，在国际国内都掀起了轩然大波。同年6月，波兰的波兹南机械厂工人要求增加工资和减少税收，举行罢工和示威游行，同警察发生冲突，当地政府出动警卫部队和坦克镇压，造成死亡74人、伤900多人的严重事件。事件发生后，全国哗然，波兰统一工人党受到极大压力，不得不公开承担责任。7月波兰统一工人党召开了七届中央全会，党内发生了严重分歧，展开了激烈的争论，许多人公开要求彻底改组党的领导机构。波兰事态的发展引起了苏联方面的严重关切和不安，赫鲁晓夫内外交困。

10月19日，苏联驻华大使尤金将苏共中央给中共中央的一份“万分火急”的电报转交给中共中央。他们认为，波兰情况极为严重，事关重大，东欧各国都极为关心，希望中共派一个代表团到莫斯科商谈。并希望刘少奇或周恩来能去。

10月21日，中共中央召开政治局常委扩大会议讨论波兰形势问题。

10月22日，毛泽东接见苏联驻华大使尤金，刘少奇、周恩来、陈云、邓小平在座，共同商谈波兰问题。并通知苏方，中共中央已决定由刘少奇、邓小平、王稼祥组成中国共产党代表团访问苏联。

10 月 23 日早，我父亲率中共代表团赶赴莫斯科。

据随行的翻译师哲同志讲：

“飞机当日中午抵达莫斯科伏努科夫机场。机舱门刚一打开，我们就看到赫鲁晓夫已等候在那里。他亲自出马到机场迎接外宾是个例外。奇怪的是在机场上又只有他一人，为什么不要别人陪同？

“我们走下飞机，只握了一下手，任何寒暄的话都未来得及说，他就把少奇拉到他的汽车上。我随少奇刚一上车，他立刻关上隔音玻璃板，开始‘咬耳朵’。在车子行驶中，他的谈话杂乱无章，还夹杂着抱怨、诉苦。他那心慌意乱的样子，看来是在如何处理事变方面完全乱了套。”

我父亲表情严肃，只是静静地听着，一言未发，始终没有表态。赫鲁晓夫不知所措，惴惴不安。

代表团一到住地，赫鲁晓夫顾不上让客人洗漱、喝茶，就把我父亲拉到一张圆桌旁，继续诉说事态的发展情况。只是在服务员再三的催促下，赫鲁晓夫才请代表团的人员用餐。师哲同志说：

“据赫鲁晓夫介绍，他们在最初的时候对波兰事件有一些没有根据的怀疑，怀疑波兰要走到美国方面去，脱离社会主义阵营，因此采取了粗暴的办法，调动了军队。但苏共代表团到了华沙，同波兰领导人谈了一天，经过激烈的争论，发现自己的怀疑是没有根据的，所以改变了方针，准备承认波兰的新领导。……赫鲁晓夫说：波兰同志对你们比较信任，对你们好，希望中国同志能够劝劝他们，那样对苏联、对社会主义阵营都有好处。”

师哲同志又说，刘少奇、邓小平考虑到苏共处理波兰问题的方针已与中共中央大体一致，当即表态支持苏共。这一下赫鲁晓夫心中的千斤石头落了地，立刻喜形于色，挺起胸脯，不无幽默地回过头来问胡乔木：“宣传家同志，你同意刚才说的政策吗？它可行吗？你支持我们吗？”他说完就着急想走。

我父亲让他坐下，说：“话还未说完。”

就在谈话中间，赫鲁晓夫接到匈牙利党中央第一书记、政府总理

1957 年 5 月 1 日，刘少奇同毛泽东、伏罗希洛夫（左一）在天安门城楼上。

格罗的电话和朱可夫两次关于匈牙利情况报告的电话，说匈牙利要求苏联派军队去援助。当时赫鲁晓夫表示，出兵问题要经过主席团讨论。

师哲同志回忆这段长达两个小时的谈话时说："在谈话中刘少奇说列宁、斯大林是两把刀子，现在丢掉一把不应该。赫鲁晓夫对此既不理解，也不以为然，临走时说：这把刀子应该丢掉，没有用了。你们今天不知道，斯大林时期在肃反问题上犯了多大错误，杀了一百万。现在匈牙利事情很紧急。赫鲁晓夫还说：匈牙利这些情况，你们完全不知道，我们现在也不征求你们的意见了。明天主席团开会，请你们参加。”

10 月 24 日，中共代表团参加了苏共主席团会议。会议中间，赫鲁晓夫介绍了匈牙利的情况，说苏军已经出动，进入了布达佩斯，社会秩序已基本恢复，人民欢迎苏联红军，欢迎苏联坦克。他希望中国同志理解。他说，波兰是党内问题，是正确与错误的问题，而匈牙利已出现了反革命的征兆。因此对匈牙利问题的处理不能同波兰一样。并说主席团的意见是一致的。

我父亲在会上作了两个多小时的发言。首先转达了我党中央对波兰事件的意见，同意苏共中央对波兰采取的方针。我父亲分析了波匈事件产生的原因，并对苏共“老子党”问题提出了严厉的批评和劝告。

师哲同志回忆说：“讲话义正词严、有声有色，有事实、有理论，有批评、也有建议，完全是同志式的。”“在分析原因方面，少奇指出：社会主义国家之间有一个相互关系的问题，相互之间的关系要依据什么原则来处理？大国的党，较老的党，最先取得政权的党，理所当然应多承担义务，做出较好的榜样。苏联长期以来诚心诚意地帮助其他社会主义国家，包括波兰、匈牙利、中国在内，而且帮助很大。但是关系还是搞不好，波兰还是发生这样的事情，匈牙利也发生这样的事情。因此就值得研究一下，是不是一切事情已做得尽善尽美，是不是其中还有一些缺点或者还有一些错误。请苏联同志考虑：苏联在斯大林时期是不是犯有大国沙文主义、大民族主义的错误，致使社会主义国家相互之间的关系处于一种不正常的状态。这也是波兰事件、匈牙利事件发生的根本原因之一。”“有不少苏联同志处理许多国际事务时有缺点、有错误。有些国际会议不是采取认真协商的方式，甚至于常常把自己的意见强加于人。就是要别人听你们话，不听你们就要整人。”

“少奇在发言中建议他们在同各兄弟党之间的来往关系中，多进行磋商，多征求对方的意见，听取各方面的呼声；建议他们主动地作自我批评，主动地设法消除相互关系中存在的不健康成分或某些不良现象，充分表明自己谦虚谨慎的态度，让兄弟党无拘无束地讲出自己的意见，讲出自己的心里话。不要老是自以为是，不要觉得超人一等，凌驾于他人之上。要坚持互相学习，各取所长，补己不足，互帮互助，互相合作，平等互利，不干涉他人内政等原则，要把共产主义、国际主义的准则贯彻到兄弟党、兄弟国家间关系的全部实践中去。”

“少奇的发言具有强烈的说服性和感染力。我翻译时站起来如同自己演讲一样，也慷慨激昂。赫鲁晓夫低下头只倾听，所有的人也都注意听着，有的还做笔记，似乎有所触动。”“赫鲁晓夫等也不能不承认他们过去确实有强人所难和搞大国沙文主义的地方。”“最后赫鲁晓夫讲话，表示完全同意少奇所提出的意见，并说他可以举出更多的例子、事实，来证明少奇讲的都是对的。”

10 月 29 日、30 日，中共代表团同苏共中央领导人赫鲁晓夫、莫洛托夫、布尔加宁等会谈。我父亲最后建议他们发表一个声明，宣布所有社会主义国家都是平等的，顾问可以撤回，因为人家要求就是政治上、经济上平等嘛！我父亲还进一步讲道：如果不让步、不撤军，人家退出华沙条约怎么办？比如匈牙利，如果退出华沙条约的政府取得群众的拥护，你们怎么办？这个责任可要加在你们头上。

师哲同志说：“这次谈话一直进行到夜里。他们最终还是同意了我们的意见，表示政治上可以放手，经济上可以放手，军事上也可以放手。华沙条约国家可以召开会议重新商量，哪个国家不愿在它的国家驻军，他们可以撤回来。他们也同意起草一个宣言。”

10 月 20 日上午，苏方还将米高扬关于匈牙利事件的报告送给我父亲，报告上讲由于纳吉（曾经是匈牙利部长会议主席，1955 年被指责犯右倾错误，被开除出党）24 日出任匈牙利政府总理，27 日要求苏军撤出布达佩斯，苏军坦克部队已于 29 日撤出。结果纳吉政府进一步解散了保安部队和保安机关，人民民主专政制度迅速瓦解，劳动人民党也随之解体。布达佩斯乃至整个匈牙利的局势严重失控，大批反革命分子得以出狱或从国外回来，掀起了反苏反共的浪潮，许多党员、保安部队人员被暴乱分子绞死甚至烧死。匈牙利眼看就要转入西方集团变成法西斯统治，实行白色恐怖了。因此，米高扬提议，必须从根本上考虑对匈牙利的方针问题。

由于中共代表团一直不太了解匈牙利的情况，深感意外。师哲同志回忆说："少奇、小平、稼祥、乔木等整整讨论了一天，研究分析了两种办法：一是苏军撤出来，让反革命分子在那里统治，结果是多少万人头落地，那种情况我们是经历过的；二是苏军不撤，参加到群众中去，采取进攻的政策，把反革命镇压下去。由于两种办法都有利有弊，因此晚上少奇打电话请示毛主席。主席表示，可以把两种办法都向苏联提出来，跟他们商量。他倾向于进攻，但以为最好等反革命多暴露一些，在人民看得更清楚的时候再行动为好。"

当晚，根据中共代表团的建议，与苏共领导人举行了紧急会议。我父亲发言时明确表示：对匈牙利的局势，是不是还有挽救的机会？不要就这样放弃了，放弃了可能要犯错误。小平同志更是直截了当提出：先要掌握住政权，不让政权落到敌人手里。苏军部队应当回到原来的位置上去，坚决维护人民政权。

赫鲁晓夫表示，他们已经考虑过，一致主张退让。

鉴于苏方已有一致意见，中共代表团也不便再说什么。我父亲告诉他们，中共代表团明天晚上返京。

31 日晚，我父亲接到苏方电话，要求代表团提前一小时到达机场同赫鲁晓夫、布尔加宁等再度会谈。一见面，赫鲁晓夫就告诉我父亲说，今天苏共主席团开了一整天会，又有了新的决定，准备在匈牙利采取进攻的方针。赫鲁晓夫说：苏联有那么多的军队在那里，如果在这个时候，在这种情况下撤退，放弃匈牙利，让反革命取得胜利，全世界的革命者、共产党员都要骂我们，说我们是傻子。所以我们采取进攻的政策。

我父亲听后笑着说：你们今天的讲话又跟我们昨天的讲话一样了。不过，这里还有一个时机问题，什么时候办？一是要有政府邀请才好去；二是要有群众基础，群众赞成才好去。只有纳吉政府的反动面目完全暴露了，群众也有很多人看清了，你们的出兵才容易得到谅解。

在 10 月 30 日傍晚，苏共将宣言草稿送给中共代表团。师哲同志说："我边看边翻译给少奇同志听。宣言的内容基本上是少奇讲的话，甚至有的词句都完全一样。"晚上苏共主席团会议讨论通过了这个宣言，并决定当天晚上就广播。第二天，即 11 月 1 日，苏共机关报公开刊登了这个宣言。宣言的名称是《关于发展和进一步加强苏联同其他社会主义国家友谊和合作的基础的宣言》。

《宣言》指出，第二次世界大战结束以后，欧洲和亚洲一些国家的人民民主制度在这个基础上形成、巩固起来；在建立新制度和进行深刻的社会关系的革命改造的过程中，有过不少困难、尚未解决的任务和明显的错误，其中也包括社会主义国家之间的关系方面的错误以及有损社会主义国家之间关系平等的原则的那些侵害和错误。苏共二十大极坚决地指责了这种侵害和错误，自己提出了下列任务：苏联在同其他社会主义国家的关系方面要贯彻始终地实现列宁的各国人民平等原则。

10月31日，中共代表团返回北京。

中共代表团的这次访问及对波匈事件的处理是正确和成功的。在批评苏共"老子党"方面，从苏联政府宣言中也可以看出是有很大成效的，对改变兄弟党之间的关系、消除隔阂、加强团结等方面起了积极的作用。

## Part.6 这是父亲第六次去莫斯科，也是最后一次，这次访苏之后，中苏两党之间的矛盾有所缓和。

1960年11月，我父亲率中共代表团去莫斯科出席八十一国共产党、工人党代表会议。这是他第六次去莫斯科，也是最后一次。

我父亲这次出席各国共产党和工人党代表会议，正是中苏关系紧张的时候，因此代表团肩上的担子十分沉重。

当专机到达莫斯科伏努科夫机场时，机场十分冷清，既没有仪仗队也没有红地毯。到机场迎接的苏联领导人是赫鲁晓夫、伏罗希洛夫、苏斯洛夫等。

我父亲下飞机同赫鲁晓夫只是礼节性地握了握手，没有拥抱。

赫鲁晓夫礼节性地对父亲说："欢迎你到莫斯科来，在你到达之前，二十六国党的起草委员会已经做了卓有成效的工作。现在刘少奇同志来了，我们相信会取得更加令人满意的成果。"

刘少奇、邓小平、彭真、杨尚昆、廖承志、刘宁一同赫鲁晓夫在莫斯科。

我父亲说："我们是带着团结友好的愿望来的。我相信经过我们双方以及各兄弟党的领导共同努力，可以把这次会议开好。"

代表团一到莫斯科，苏共中央主席团委员、书记处书记苏斯洛夫就在苏共中央大厦会客厅里同邓小平举行了会晤。双方就会议通报了一些情况和想法后，苏斯洛夫说："我们准备了一份材料，全面阐述我们的立场和观点，不是为了争论，而是会谈和讨论。"然后又补充一句，"不过里面也加上了一些辣椒。"小平同志听后幽默地说："哦？那倒要尝尝是什么滋味？"苏共的这份文件，当时苏斯洛夫并没有交给我们代表团，是后来派人送来的。这篇文章长达6万多字，全是对我们党的攻击。这就必然要在会议上引起激烈的争论。

刘少奇同邓小平、彭真等在莫斯科红场向列宁墓献花圈。

会议期间，我父亲率中共代表团除参加苏联十月革命43周年庆典活动外，还先后拜会了苏共中央第一书记、苏联部长会议主席赫鲁晓夫和苏联最高苏维埃主席团主席勃列日涅夫。还同邓小平同志一起会见了赫鲁晓夫和苏共中央主席团委员、书记处书记科兹洛夫和苏斯洛夫。

12月1日，我父亲代表中共中央发表讲话，阐明了中国共产党对世界形势、战争与和平、当代共产主义面临的任务以及加强社会主义阵营的团结等问题的立场和态度，呼吁各国共产党和工人党在马克思列宁主义的基础上加强团结，消除分歧，反对共同敌人，发展共同事业，同时还特别强调加强中苏两党之间团结的重要意义。会议通过了《各国共产党和工人党代表会议声明》和《各国共产党和工人党告世界人民书》等文件。

会议结束后，我父亲以中华人民共和国主席的身份应邀访问了苏联。在这期间接见了在莫斯科的中国留学生、实习生和中国使馆人员，拜谒列宁和斯大林陵墓，参观访问了莫斯科、列宁格勒、明斯克的工厂、集体农庄等。

我父亲 12 月 5 日到达明斯克，在出席白俄罗斯党中央、最高苏维埃和部长会议举行的欢迎宴会上发表讲话，他说：白俄罗斯人民在卫国战争期间英勇顽强地进行了广泛的游击战争，狠狠地打击了侵略者，有力地配合了苏军的正面作战，直到最后取得战胜希特勒法西斯的伟大胜利。你们这种英勇斗争的事迹，对于我们中国人民是特别亲切的。在八年的抗日战争中，中国人民主要的也是采用游击战争的斗争方式，同日本侵略者进行战斗的。在那些困难的日子里，你们在游击战争中的每一个胜利，同苏军正面作战中的每一个胜利一样，对于中国人民都是巨大的鼓舞。我们把你们的胜利看成就是我们自己的胜利。

我父亲在出席莫斯科各界为欢迎中国党政代表团访苏举行的群众大会上，发表了题为《团结就是生命，团结就是力量，团结就是胜利》的讲话，受到苏联人民的热烈欢迎。

这次访苏之后，中苏两党之间的矛盾有所缓和。

这次行程共 35 天。

# 10 Chapter

1960 年 8 月，刘少奇全家在北戴河团聚。

## Part.1 只有 23 元 8 角钱的钱柜。

我父亲的一生严于律己，关心同志，艰苦朴素，任劳任怨……许多缅怀我父亲的文章中都讲了许多，如《刘少奇风范词典》、《刘少奇佳话三百篇》等。而给我印象很深刻的还有一件事。

那是 1964 年，光美妈妈下去搞“四清”。她走后的第三天，我父亲

1949 年 5 月刘少奇在香山。

对刘秘书说：“振德同志，现在要请你办件事了。”说着就把一个陈旧的小木盒交给刘振德同志，并随手打开木盒说：“这是我的钱柜，里面还有些票证，是光美交给我的，我又交给你，我不看了，你拿去看一看，该用什么的时候就从里面取。但有一件事我要提醒你，光美走时留下一个开支单子，每个月发了工资，你就按照她那个单子分配一下就是了。等她回来，你再向她交账。”刘振德同志打开一看，感到很惊奇，这哪里是钱柜，充其量是个杂物盒。他把钱整理一下，数来数去总共才 23 元 8 角和一些粮票、布票、工业券、副食本等等。振德同志说，这就是少奇同志的钱柜，这就是主席的钱柜。他十分深沉地说：“虽

然只有23元8角，但在我心目中是沉甸甸的，我又一次感受到了少奇同志那颗时刻与人民相通的伟大的心。”

这件真实的事情，现在的孩子们听了简直是天方夜谭。他们又会怎么想呢？那些不关心群众疾苦、以权谋私的人又是怎样想呢？我们做子女的在父辈的身上又学到了什么？该怎样做人呢？！

在三年困难时期，爸爸亲眼看到群众生活十分艰苦，心情特别沉重。为了同人民共渡难关，爸爸时时处处坚持艰苦朴素，节衣缩食，不搞特殊。

家里粮食定量本来就不高，却要一减再减，也不吃肉了。工作人员为了他的身体健康，总想在物质上给他点照顾，可爸爸就是不同意。相反地他不仅不让他们买定量以外的主副食，就是定量以内，也让尽量少买。有一次厨师郝苗叔叔给他做菜时放了点肉，爸爸见了后说：“为什么做这么好的菜？全国人民生活都那么苦，咱们要和大家一起共渡难关。”

我父亲就是这样严格要求自己，要求我们这些孩子的。

## Part.2 我随父亲回到祖国。

自从1938年到延安在父亲身边待了一年多后，我似乎懂得了许多，一下子由一个愚昧无知，饱受摧残，甚至想以死来结束自己生命的弱女孩，到在父亲的诱导教育下，在老一辈的革命精神鼓舞下，懂得了应该怎样做人，做一个什么样的人的深刻道理，知道了要努力学习，长大了为穷苦人办事。就是死，也要像妈妈何宝珍那样，为革命、为广大劳苦大众而英勇牺牲。

只是在父亲身边的日子过得太快了。仅仅一年多，我就又离开了父亲。说实话，我那时的心情是矛盾的，而更多的是眷恋我那慈祥、严厉、可亲的父亲。

离开了父亲，到异国他乡去学习，开始困难很多，第一关就是语言。不过那时年龄小，而且国际儿童院中除一少部分中国同学外，大多数是外国同学，有德国、捷克、保加利亚、西班牙等，又因为那时我们小，大家学起俄语也比较快。老师讲课和同学之间的交流全都用的是俄语。到后来，我们这些来自不同国家的同学，几乎都忘掉了自己国家的语言。我在延安保育小学学的那点汉字，几乎全忘光了，连自己国家的生活用语也不大会说了。

但是，我在国外一直记住父亲对我说的两句话：

"你是党用几百块大洋买回来的，是人民用血汗赎回来的，等你长大了，也要为千千万万受苦人办事。"

"你们到了那儿，最大的任务就是要好好学习，掌握更多的知识，

◀ 刘爱琴、刘允斌、朱敏在莫斯科合影。

▶ 刘爱琴在莫斯科学习期间与同学在一起。（1949 年）

学到更多的本领。"

父亲这两句话，就像是用刻刀刻在我这颗幼小的心灵上一样，我就是按照父亲的要求，尽自己的努力去做的。

1949 年 7 月，我父亲率中共中央代表团秘密访问苏联，7 月 7 日到达莫斯科。当我们知道的时候，父亲到莫斯科已经好几天了。我和哥哥赶到中国代表团住所奥斯特洛夫卡亚八号公寓时，父亲在同苏联领导人会谈还没有回来。

父亲终于回来了，一进屋，我和哥哥就拥到父亲身旁，一边凝视着已离别 10 年的父亲，一边高兴地问："爸爸，爸爸你好啊！"父亲也盯着我们看了又看，很有感慨地说："都长大了。"是啊，我们离开延安已经 10 年了。这是多么漫长的 10 年。这 10 年，祖国发生了翻

1949 年，刘少奇访问苏联时同儿子刘允斌、女儿刘爱琴在一起。

1949 年 8 月 14 日，刘少奇在莫斯科同在苏联学习的子女刘允斌、刘爱琴及朱德的女儿朱敏（右二）合影。

天覆地的变化；我们在苏联也经历了反法西斯战争的血的洗礼。10年来，我们无时不在想念着父亲，想念着祖国。如今父亲的头发已由花白变成灰白了，脸庞还是那么清瘦，虽然显得老了不少，但仍很精神，特别是他那双眼睛还是炯炯有神。

1949年9月，刘少奇、王光美与从苏联留学回国的女儿刘爱琴在北平。

10年了，要说的话太多了。可是因为父亲下午还有活动，工作人员已经在提醒我们该用午餐了。我因为要随父亲回国，就留在父亲那里。但即使是这样，我也很少有机会能同父亲聊聊。父亲每次会谈回来后都要召集代表团的成员开会，一直到很晚他还不回来。哥哥白天还要上课，没有办法，我们只好在他房里留下一张字条，写上几句问候的话。我们能同父亲见面，多数是在吃饭的前后。就是在这短短的时间里，父亲仍关心地询问我们一些学习和生活的情况。当他知道哥哥刚刚由钢铁学院转到莫斯科大学才一年，就鼓励他好好学习，毕业后回国参加建设。当父亲知道我已经专科毕业准备再上大学本科继续学习时，他就耐心地说服我回国，他说国内很快就要办起自己的大学，还是回去上吧！你很小就离开了祖国，回去可以多了解一些国内的情况，这对你是有很大好处的。我同意了父亲的意见，准备同父亲一起回国。

经过在苏联10年的学习，1949年8月14日，我随父亲从莫斯科动身返回祖国。

火车上，父亲还在紧张地工作，除批阅、审改文件外，还同代表团人员谈工作。

火车在原野上奔驰，一直向着东方开去。一别10年的祖国，经历了血与火的洗礼，发生了翻天覆地的变化。我虽然长大长高了，在祖国面前、在父亲面前我依然是个不懂事的孩子。但我毕竟长大了，经历了苏联的卫国战争，我回到祖国后一定要努力学习和工作。

列车到达满洲里，终于跨进了祖国的大门。我们换乘上国内的专列。我们刚刚上车坐下，父亲就向身边工作人员说："到了国内了，不当客人，是主人了，一切安排都要从简。你们带爱琴到餐车同大家一起吃饭，她不要再和我一起吃饭了，不能再享受特殊待遇了。"父亲总是这样严格地要求我们。回国后父亲对我的要求更加严格，对其他兄弟姐妹也是如此。有时让我们感到有些不近情理，为此我生过气，流过泪。现在回想起来，正因为有父亲那种严格的要求，才使我至今仍能保持刻苦学习、艰苦自立、安于奉献的精神，才能生活得这样坦荡无悔。

8月25日我们到达沈阳，父亲决定在沈阳住几天，以便听取这里的工作汇报和安置好随同来中国的部分苏联专家。

但是当父亲得知中央已决定10月1日正式宣布成立中华人民共和国中央人民政府的消息后，就决定8月28日离开沈阳，尽快返回北京。

在我们返回北京的时候，正是东北地区的雨季。我们离开沈阳那天，大雨滂沱，有多处道路和桥梁被冲毁，火车走走停停。到了新民，就看到许多人都在桥头进行加固维修，列车强行通过。当火车到达锦州时，列车服务员对我们说，火车刚刚走过的一座桥，不到20分钟就被大水冲垮了，真危险！

经过数日的颠簸，我并未感到疲劳，这也许是过于兴奋的原因。火车在北平郊区的一个小站停下。周恩来伯伯到站迎接，他同父亲握手时发现了我，他还是那么亲切地说："爱琴也长大了，回来了好啊。"在站台上我还高兴地见到了王光美妈妈，又见到了几年前从苏北农村找回来的弟弟毛毛（允若），他已经十七八岁了。一家人天南地北的能聚到一起，真是高兴极了。

## Part.3 父亲总是嘱咐我："中国的事情你还不懂，要虚心向同志们学习。"

从这以后，同父亲的接触多了，直接接受父亲教诲的机会也就多了。可有些事情，我在当时还理解不了，曾产生过埋怨、委屈，甚至还痛苦过。今天再回想起来，深深感到自己当时太幼稚了。父亲对我的严格要求，对我一生都有着极其深刻的影响。这就是父亲留给我最珍贵的精神财富。

我回到北京，住在中南海万字廊的家里。这是一个旧式的房子，一共有三间，办公、会客、卧室各一间。因年久失修，房子较破旧，室内也没有什么装饰和设备，烧水做饭使用的还是煤球炉。只有一个又旧又小的锅炉，每周用它烧两次洗澡水。这比苏联的条件差多了，可爸爸对此非常满意，他常说这样的居住条件比以前好多了。

1952 年中南海里的西楼盖好以后，机关管理部门安排朱爹爹和我们家搬进去住。西楼分甲楼和乙楼，甲楼房子大点，朱爹爹说甲楼房子大点，又有会议室，少奇同志开会多，让我们搬进甲楼住。但我父亲不同意。我父亲说，那房子离街远点，安静，考虑朱爹爹年纪大了，就让朱爹爹住甲楼。两个人推来推去谁也不先搬进甲楼。最后朱爹爹坚决表示：如果少奇不先搬进甲楼，就不搬家。这样，爸爸才搬进了甲楼。

甲楼比原来住的万字廊要好些，有一间不到 20 平方米的办公室，室内有一张办公桌、一对沙发、一张藤椅，还有几个书架和文件柜。办公室墙上有 4 扇大窗户，光线比较好，可是到了夏天午后晒得真够热的，那时室内还没有空调，父亲常常热得汗流浃背。一到冬天，西北风从窗户吹进来，又冷得要穿棉鞋。

办公室的楼梯和走廊都是水磨石的，比较滑，走路易摔跤。工作人员征得管理部门的同意，乘我父亲外出的机会，在楼道上铺了一条地毯。父亲回来看到后，很不高兴，让马上撤掉。不管工作人员怎么解释，他就是不同意，他说："不管是不是讲排场，反正铺这个太浪费。"后来换上了橡胶垫，父亲才满意。他说："这个好，又便宜，又结实，走路又不滑，也好打扫，铺这个满行了。"所以父亲的办公室一直就没有铺过地毯。

刘爱琴在人民大学。

爸爸对我是最了解的，他知道我只在延安念了一年小学，12 岁就离开祖国到苏联国际儿童院和专科学校学习，一住就是 10 年。1949 年回国时，虽然已是二十几岁的青年，可是由于我脱离中国社会和斗争的时间太长，对中国缺乏起码的知识，在待人处事许多方面都不成熟，思想单纯幼稚，同小孩子一样，又比较贪玩，说话也不管不顾，在性格上也受到苏联和欧洲人的一些影响。刚一回来，就是自己祖国的语言也说不好。

就说在我回国之前，爸爸让我做两件衣服回国后穿的这件事吧。我们在苏联时，都穿苏联青年穿的西装、裙子，同国内青年的穿着打

1951 年夏，刘少奇在中南海木工房劳动。

扮差距较大，于是爸爸让我做两件衣服回国穿。我不假思索就做了两件西式服装，然后得意地拿给爸爸看。爸爸看后皱了皱眉头什么也没说。也许爸爸知道同我说也没用，但我看出来他是不满意我的做法。回国后到家一看，大家都穿着刚进城的供给制的服装，只有我一个人是一身“外国人”的穿戴。爸爸对王光美妈妈说：“把她的衣服也换一换吧。”这时我才明白爸爸看到我在莫斯科新做的两件衣服后，为什么皱眉头不高兴。

回国后，爸爸总是嘱咐我："中国的事情你还不懂，要虚心向同志们学习。"事实上也确实如此。当时我对祖国的了解还不如在国内成长的中小学学生。

爸爸和光美妈妈把我送到北京师范大学女附中，一边教学生俄语，一边和同学们一起学习中文。我担任初中两个班、高中一个班，还有教师业余班的俄语课，每周18个课时，同时学习初中语文课。我深知我的中文水平很低，甚至连学生点名册上有的名字都读不出来，所以抓紧时间学习，一字一句地读和记。爸爸对我要求也很严，每当星期天回家时，爸爸都关心地问我教学和学习情况，还让光美妈妈给我一些书看。在给我指定的必读书籍中，多数都是毛主席的著作，如《中国社会各阶级的分析》《湖南农民运动考察报告》《中国革命和中国共产党》等。他说："文字上可能念不下来，但是都应该看的，就拿它当课本吧。"并且还强调要我做笔记，写出读书心得．并告诉我："你觉得写得好的送给我看看。"

爸爸对我的学习要求是很严格的，每次他看我的学习笔记我都提心吊胆。他看我的笔记非常认真，从内容到写的每个字他都仔细检查，经常指出我的毛病和不足。批评我写的字是"外国字不像外国字，中国字不像中国字"。他告诉我："写字要一笔一画，写得工整，要让人家看得懂。"每次检查，他都把我写的错别字一一指出来，并教给我正确的写法。

经过近一年的时间，我在父亲的督促和关怀下，比较认真地读了几本理论书籍，中文学习进步得也比较快，说话和写字能力都有显著的提高。学校的老师们都说我提高得很快。从听初一的语文课很快就改听初二的语文课，同时在其他方面的进步也很快。不久我加入了中国共产党，成了一名中共预备党员。所有这些，都包含着我父亲的心血。

我们学校在铁狮子胡同，乘有轨电车要绕经天安门才能到中南海，路上用的时间比较长。有几次离校回家，我嫌费时费事，就给中南海汽车队打电话，请他们来接我一下。

这件事被父亲知道了，很严厉地批评了我一顿，他问我："你知道这车是做什么用的？是为了工作。我坐车是工作需要。你为什么要车？你给车队打电话，人家就要出别的车，这是不是耽误别人的事？坐公共汽车和电车也一样嘛。”我心里想，我要车也是同人家商量同意后才派来的，又不会影响别人。我有些不高兴地对父亲说：“电车站人太多。”父亲听我说这样的话生气地说：“人家能够等，为什么你不可以等，你今后不能再要车了。”

是啊！有些同学的家离学校比我还远，人家也要排队等车，我为什么就不能排队等呢？父亲的批评是很有道理的。从此以后，我都是去挤公共汽车。

有一年冬天，父亲离开北京到外地开会一个多月，光美妈妈给了我一斤毛线，我织了件毛衣，可是还没有毛裤。我又喜爱滑冰，很需要一条毛裤。于是我就悄悄地对父亲身边的工作人员说：“给我买一身绒衣绒裤吧。”工作人员很快就买回来了，我穿上很高兴。

父亲开会回来，知道了这件事，就把我叫去，问我为什么要买一身绒衣，不是有件毛衣了吗？接着很严肃地批评我，说我又犯了错误。他说：你花的钱，不是我的，是人民的钱。你知道我并没有钱，连我花的钱都是人民的。自己已经有了的，就不要去买，尽量不去花人民的钱。现在人民还很穷。

我当时心想，不就是买了一身绒衣吗，还值得发那么大的火，训那么长时间？其实，父亲批评得很对，是我不懂事想得太简单，办事太轻率。因为那个时候正实行供给制，家中需要的都是国家按规定供给的。自己不应随便买东西，花人民的钱。

还有一次，我在家听说怀仁堂举行京剧晚会，感到很新奇，小的时候没看过，在国外十年来也没看过，究竟京戏是个什么样子？又听说是中国著名京剧艺术家梅兰芳登台演出，我就更想看一看。可是戏票相当不好搞。我大着胆子请父亲身边的工作人员搞来一张，高高兴兴地进了怀仁堂。当时演的是《霸王别姬》，我听不大懂，所以兴致也不很高。看完戏，事情也就过去了。可是父亲知道后，对我又是一通批评。

想起那些往事，我真是悔恨和内疚。由于我的不懂事，让爸爸操了多少心。为了教育我这个不争气的女儿，花去他老人家多少心血和宝贵的时间啊！

父亲知道我有许多毛病，就特别关注我。每逢星期六、星期日回家总是把我说得不高兴，甚至有时把我说哭了。我对父亲这种恨铁不成钢的心情和苦口婆心的说服教育，当时很不理解，甚至有了抵触情绪。可父亲还是那样谆谆教导，他语重心长地对我说："你思想上的毛病还很多，要接受思想改造。"当时我对"思想改造"这四个字很不理解。我想，我还要接受改造？我出身好，小时候受苦受罪，又在苏联社会主义社会的国家里长大，什么是资产阶级，见也没见过，哪里会冒出资产阶级思想，而且还要接受改造？我真是糊涂了，怎么也想不通。可是父亲对女儿身上的毛病看得十分清楚。我若是早点能够理解父亲的教导和批评，以后也不会出那么多的毛病。

青年时代的刘爱琴。

我是 1950 年 6 月在北京师范大学女附中入党的，1951 年 2 月我的党员预备期已满，人民大学系党支部要讨论我的转正问题。我想预备党员转为正式党员，这是顺理成章的事情，不会有什么问题。

父亲知道党支部要讨论我的转正，给学校写了一封信，说我没有达到党员标准，不同意转正，还说不管什么人入党，都要坚持党员标准，应严格要求。

党支部大会上同志们的发言很热烈，气氛也很严肃。我坐在那儿沉默着，情绪低沉，甚至还有某些抵触情绪。最后让我发言，我什么也说不出来。当我听到取消预备党员资格的时候，我的头"嗡"的一声，这会是真的吗？天哪！这是我明白世界上的事理以来，心灵上第一次受到这么大的震惊，我晕了。我痛苦地哭了好几天。党支部负责人来做我的思想工作，把我父亲的意见也转告了我。我那时的思想乱极了，心想："对我太严格了，为什么要这样要求我？"……

我回国这一年半的时间里，和父亲接触得较多，父亲是最了解我的，他认为我这个女儿的思想作风并不那么艰苦朴素，遇事还不能从人民的利益出发，而只看到自己的小天地，思想上天真，政治上幼稚。脱离了国内长期革命斗争的锻炼，没有经过风雨，学习上不行，思想上也不行。他不同意我转正是有道理的。

我经过这次思想上的巨大震动后，认真地思索了一些问题，检查了自己的毛病，似乎也成熟了一些，各方面都有些长进。父亲看到了女儿的这些进步也感到欣慰，有时也给我些鼓励。

1958年，北京的夏天炎热似火，人们的心里也是火热的，大跃进开始的节奏是那么急促，生活的气氛是那么热烈。人们为了迅速改变祖国贫穷的面貌都在摩拳擦掌大干一场。我当时在国家计委机关工作，根据党中央和国务院的统一要求，国家计委进行了精简机构、下放干部的动员。

我回到家里把这个情况告诉给爸爸。爸爸说："你们那里动员了，

刘爱琴（右一）与嫂子玛拉（左一）及父母在一起。

好。搞社会主义建设要全盘考虑。边疆生活比较苦，那里缺干部，需要人。所以我们要把那些思想好、身体好、有工作能力的同志派下去，把边疆建设好。"

爸爸接着问我："你是怎么考虑的？"

因为当时我并没有考虑要下去，爸爸这一问，我只好说："我怎么考虑，我考虑，下放挺好呗。"

这时，爸爸亮明了他的观点："那么，你看你能不能下去？"

爸爸是动真的了，我还真得好好考虑考虑，所以没有在爸爸面前立刻表态。

回到机关以后，看到许多同志纷纷报名，我也受到这种热烈气氛的感染坐不住了。我想，既然别人能下去，我为什么不能下去，我也是新时代的青年，怎么能比别人落后呢？爸爸不是再三说我不了解中国的事情，要到实际中去锻炼吗？我为什么不报名呢，还有什么犹豫的呢？我报名了。

我回到中南海家里，把报名的情况告诉了爸爸。他亲切地对我说："你下去，我支持。你嘛，就应该下去锻炼锻炼。过去你出去了几次，也跟我谈了很多，浮光掠影，实质性的问题了解得还少。现在下去也不过是换个机关。——慢慢来吧。"

我听出爸爸的话，是对我这次报名下去以后能不能真正得到锻炼，能不能在实践中有较大的进步，还是有不少担心的。不过，这倒更使我坚定信心，非下去不可。过了几天我们综合局的副局长把我找去谈话，首先就提出要我充分预料到各种困难，不要一时冲动。我听到这里连想都没想，就立刻表示："组织上能批准我下去，我很高兴。如果是放在三四年前，我还不敢下去呢，现在条件比较成熟了，我基本上有了独立工作和生活的能力。请领导放心，到下边我一定好好工作。"

领导对我的回答很满意，经过研究，同意了我的要求，决定把我下放到内蒙古。

接到下放通知后，我忙碌地做着准备。机关里有些熟悉的同志，听说我要下放到内蒙古，他们有些惊讶地说："哎呀，像你这样的都能下去，我们就更应该了。"我一下子还没有听懂这些话的意思，后来一想，才恍然大悟，噢，原来因为我是刘少奇的女儿。我暗暗庆幸自己这一步是走对了，没有给爸爸丢脸。

7月，我告别了敬爱的父亲、光美妈妈和弟弟、妹妹，告别了首都和自己的家人，到了内蒙古。我被分配到内蒙古自治区计委工业处工作，单位给了我两间土坯房，一日三餐全家都在机关集体大食堂吃。我尽力把本职工作做好，完成领导交给的工作任务。工作比较顺利，我和同志们的关系处得不错，特别是那些纯朴、直爽的蒙古族和其他少数民族同志的性格和我也差不多，生活也很愉快。

1960年7月，正是贯彻执行中央“调整、巩固、充实、提高”八字方针的时候，我参加了一个由十几个人组成的调查组，到基层去搞经济调查。我们逆黄河而上，穿过被称为“内蒙古粮仓”的河套平原，来到巴彦高勒。那时三盛公水利枢纽工程还未动工，这个本来盛产大米的地区，因为盐碱化的程度越来越厉害，庄稼长得特别差。黄河岸边水井里的水，含碱量很高，连头发都不能洗。而滔滔不绝的黄河水，除被人们一瓢一桶澄清后食用外，绝大部分白白流去。

从巴彦高勒，我们到了乌达（现在的乌海市）。这里煤的蕴藏量非常丰富，几乎遍地皆是。可当我们下到煤窑里时，看到的却是这样的情景：巷道曲折狭窄，设备简单落后，工人们手提矿灯，弯腰曲背，把藏在深处的“乌金”一块一块、一筐一筐背出来，浑身上下都是和着煤粉的汗水。劳动条件十分差，工人生活也很苦。

我们调查的最后一站是吉兰泰盐场。那里没有铁路，只有一条简易路，汽车在这搓板一般的路上行走，颠来簸去，简直要把人的五脏六腑摇晃出来。这是一个天然盐场，有取之不尽的盐源，只是工作和生活条件非常艰苦，全部都是手工操作。在那里想吃点菜，还得从老远老远的外面用汽车往里运，冬天就更困难了。……

多么富饶的河套，多么勤劳的人民，多么落后的生产，多么贫困的生活啊！一个多月的调查结束了，我从中得到的启发、教育和激励究竟有多少，自己无法衡量，也不知怎样去衡量，心情像海水般翻腾着：是醒悟，是惭愧，是振奋，还是难过，我搞不清楚，似乎也很难搞得清楚。我只觉得有许多话要说，有许多问题要问，这时候，特别盼望能见到爸爸。

恰好，这次调查结束后给了我们短期的休假，我迫不及待地回到北京。

爸爸见了我，问我：“在内蒙古生活怎么样？”

我说：“很好！”

爸爸又问起我内蒙古的革命和建设情况。

我滔滔不绝地讲起了这次河套之行的所见所闻和感受到的一切，

把心里话全部掏出来了。我也非常希望爸爸也到内蒙古去看看，我说："爸爸，你什么时候有空到我们内蒙古去看看。内蒙古是个好地方，但是现在还很穷。"

父亲耐心、专注地听完了我的话，似乎没有想到我还能讲出这样的话。他抿着嘴，点点头，眉心舒展，两眼闪亮，没有直接回答我的邀请，而是说："你呀，还是应该多到下面去看看，了解人民群众的生活啊！多动脑筋想想。"

我记得这次回北京还跟爸爸谈起了住房问题。1959年，呼和浩特发大水，把我们不少土坯房给泡了，后来一直潮湿。我把情况跟爸爸讲了，还说："那里一般人住的房子都不好，我们这些小干部就更倒霉了。"我说这话，是针对1960年困难时期内蒙古某些机关正在给领导干部盖高级楼房。我知道爸爸是一贯反对领导干部特殊化的，所以讲了这个情况。爸爸误解了我的话，认为我也想要好房子住。他说："你不能这么想，首先要想你给党给人民做了多少事情，多少工作。你做了什么？倒霉什么？不要计较吃穿玩，占小便宜是要吃大亏的。"父亲这些通俗的话语，给了我很深的印象和很大的教育。"文化大革命"中，有人说我父亲这是鼓吹"吃小亏占大便宜"，这完全是有意的歪曲！

在那困难的年月里，爸爸的生活也是很艰苦的。我牢牢记住他说的"我们要同人民同甘苦"。爸爸是这样说的，我们全家也是这样做的。

在爸爸的支持下，哥哥允斌一家也由北京到内蒙古包头落了户。这使我再次体会到爸爸对我们兄弟姐妹们的严格要求和对边疆建设的重视。我牢记爸爸的教导，和同志们一起多次到乌梁素海、通辽、赤峰等地搞调查，接触的社会面广了，对生活的认识也逐步加深。我和大家一样继续在土坯房子里住了20来年，和大家一样在机关大食堂里吃玉米面、高梁面窝头、土豆烩大白菜，感到很愉快。当我思想上稍有波动，或者闹点什么情绪时，一想到河套的人民，一想到爸爸，便一概烟消云散了。

我在内蒙古整整20年，同那里的人民是有着深厚感情的。但遗憾的是，我还没有到过呼伦贝尔和锡林郭勒大草原去看一看。我好想内蒙古人民，好想内蒙古大草原。

## Part.4 爸爸的谆谆教诲，女儿永生不忘。

1965 年 8 月中旬我到唐山参加化工部召开的小化肥会议，会议结束，归途路过北京。按说整整两年没有回家，也没有给爸爸写信，已经到了北京，该请一两天假回家看看，但一是考虑工作忙，二是 1963 年回来受到爸爸的批评，曾下决心，工作不做出大点的成绩不回家见爸爸。还是同我一起出来开会的孟处长想得周到，他劝我说："到家门口了，回去吧，汇报一下情况，在家多待几天。"

我想了想，决定回去看看就走。我给妹妹弟弟买了点糖块，一进屋我直接朝妹妹的房间走去。

平平妹妹正在家，她两年没有见我，高兴得什么似的，跟我坐在那里，一个劲地说话。她突然问我："姐姐入党了吗？"

我没有吭声。

她缠住我，问："你说不说？我数一、二、三……"

我说："你不要跟爸爸讲。"

她睁大两只眼睛，奇怪地问："为什么？"

"本来应该嘛，姐姐都这么大了。"

说话间，到了午饭时间，父亲来了，哥哥也来了，弟弟妹妹都来了。这时平平对着大家高声地喊："姐姐入党啦！姐姐入党啦！"

爸爸关心地问我："是吗？"

我低声回答："是。"

爸爸又问："是认真工作，还是马马虎虎？"

我肯定地说："是认真工作。"

爸爸神色立刻显出高兴的样子，笑盈盈地说："好啊，好啊！"吃饭也显得特别香。我看到爸爸这样高兴还是很少的。

我哥哥允斌那时在江西搞"四清"，正好也刚回北京。饭后我要走，哥哥对我说："不要走了，请个假，等礼拜六毛毛回来，咱们团聚一下。"

我想哥哥说的也有道理。我们三个同胞兄妹，从解放到现在，已经是 15 个年头没有在一起了。上次相聚还是在 1951 年，当时哥哥从莫斯科回来度假，毛毛弟弟在北京上学，我在中国人民大学读书。我们兄妹三人，从小就东分西离。我和哥哥是 1938 年夏才见到，1939 年一同到苏联国际儿童院，苏联卫国战争胜利后，我们又各自考入了自己的学校。1949 年我随爸爸回国后才见到毛毛。因此我们第一次团聚时，虽然都很高兴，但因我们从小不在一起生活，彼此都有些陌生，谁也没有多说话，缺少那种家庭气氛。十多年过去了，有个机会能团聚一次当然是太好了。同时爸爸的心情也不错。于是我给在宾馆的孟处长打电话请了假。

1978 年刘爱琴在石家庄河北师范学院工作。

这一天给我留下了永久的记忆：那是一个星期六，毛毛从七机部回来了。爸爸也感到我们三个难得相逢团聚一次。晚上他抽空把我们三个叫到他那里，同我们作了 4 个小时的长谈。这次谈话对我是一次极其深刻的教育。如果说加入共产党是我人生的转变，那么这次谈话，则给了我无穷的精神力量，使我坚定了信念，要为党为人民真正做点事情，认真安排好自己的工作和学习，树立起坚定不移的革命目标，做一个真正的人。

晚上 8 点钟，我们三个来到爸爸的书房，他穿一件白色的半袖衫，一条蓝色的单裤，微笑着，和蔼可亲。这一年，不仅我入了党，大弟弟毛毛也入了党。爸爸显然为我们在政治上的成长与进步而感到欣慰。

谈话一开始，爸爸就对我说："你入党了，还是要走这个方向的，只有这个方向才是对的，别无他路可走。虽然你是走了弯路。”爸爸又用强调的语气问了我一句：“你是不是走了个弯子？”

我深有感触地答道：“弯子太大了。”

爸爸继续说：“不论要走多长时间，总是要回头的。是啊，弯子大，到底还是回来了，还是好的。还没有转正吧？”

“没有。”

“这次会不会又不能转正？”

“绝对不会了。”

爸爸见我回答得肯定而有信心，微微一笑说：“是啊，走了弯路，犯了错误是坏事，但坏事在一定的条件下可以走向它的反面，可以变成好事，你的进步就可以比较巩固。你过去走过的方向是错误的，现在转变过来了。方向对头了，走了弯路不要紧。人是没有不犯错误的，人就是在犯错误、碰钉子、受挫折的过程中成长起来的，变得聪明，变得懂事。你们不要怕犯错误，犯了错误，总结了教训，能改就好。也不要怕斗争。”

爸爸接着又指出：党内也是有斗争的。共产党是由工人阶级的先进分子所组成，但党员的思想觉悟水平也不一样。

爸爸又把话题转到我这里说：“你们经过一段弯路，进步了，入了党，是经过了一场斗争，但更艰苦的斗争还在等着你们，你们还会碰钉子的，碰了钉子也可能比过去回头得快一点，因为有了过去的教训。但不要怕碰钉子，不要怕艰苦，不要逃避和掩盖矛盾。矛盾是客观存在的，是掩盖不住的。”

爸爸吸了口烟又继续说：“你们要了解群众，这是非常重要的。要为群众办事、办好事，就要了解群众，要了解工人、农民、知识分子和士兵，只有了解了他们才能更好地为他们服务，才能真正为他们办点事。”

爸爸挨着个谈我们每个人的社会接触，那时哥哥在工厂工作，又参加了“四清”，接触了工人和农民；毛毛弟弟也曾到部队锻炼过，接触了士兵；只有我比较差。爸爸指着我说：“你是从学校毕业就进了机关，同工人、农民群众接触太少了，非了解他们不行啊！”

爸爸看了看我们三个又说："工作要认真做，并要从实际出发，只有从实际出发才能把工作做好。毛主席有一篇《人的正确思想是从哪里来的？》就是说人的正确思想是从实践中来的。一切事物要经得起实践的考验，才是最正确的东西，所以你们要从实际出发。书本上的东西，脱离了实践是没有用的。"

爸爸要求我们努力改造思想。他指出："毛主席说事物是'一分为二'的。碰钉子、犯错误是坏事，但坏事在一定条件下可以变成好事。人的思想是可以改造的，我们的实践证实了这一点：我们把封建皇帝、日本战犯都改造过来了，这是历史上没有的事。但是，思想改造是长期的，并且是艰苦的，必须有决心和毅力。"

爸爸在给我们谈了国内国际的形势以后说："现在无产阶级有了夺取政权的经验，也有了失去政权的教训，但是还没有巩固政权和建立社会主义、共产主义的经验。这个经验就需要我们来创造。"

爸爸讲到阶级斗争时说："阶级斗争是六亲不认的，它超过了家庭范围，不讲情面的。我比你们早觉悟，但我受到家庭的阻拦，家里人都骂我。等我当了主席，他们又来捧场，我也没有对他们有过什么好处，该没收土地还是没收，从我这里得特殊照顾是不行的。……我那时参加革命不单是家里反对，社会统治阶级也反对，革命是非常艰苦的。在革命最困难的时候，你们的母亲牺牲了，把你们三个给了人家，几乎是丢了。这样做主要目的是为了革命，当时如果要了家就不能革命……"

夜幕沉沉，时间已近午夜。我和哥哥、弟弟三个人津津有味地听父亲谈话，竭力想把爸爸讲的每一句话都刻记在心里，特别是我，觉得爸爸今天讲的话格外新颖、深刻，特别有一股催人上进的强大力量。其实有些道理爸爸以前也给我讲过，我也看过他发表的许多文章，但是由于我过去觉悟低，对爸爸讲的话既没有认真地听，也没有认真地思考过，没有从中吸取力量，更没有把它当成宝贵的精神财富。有时甚至对爸爸的批评教育感到委屈，认为爸爸不理解我。后来，随着自己觉悟的提高，才感到爸爸的批评教育对我的成长有多么重要。我也曾想过全国有许多青年人和党员都能听他的话，并且做得很好，为什么我——他亲生的女儿却听不进去呢？这只能说，我是错误的。

1964 年，刘少奇与女儿小小在一起。

这次谈话结束时，父亲勉励我们说："好吧，你们不要满足现有的成绩，还要继续不断地进步，使成绩得到巩固和发扬。"

听着爸爸那有力而充满希望的话语，我羞愧得满脸通红。我在心里说：敬爱的爸爸啊，女儿有负于你的期望，对不起您的关怀啊！我觉悟得太晚了。

爸爸又回到他的办公室工作去了，党和国家有多少事等着他去处理啊。我的心再也无法平静下来，我思考着爸爸的谈话，想着自己的过去，一夜没有合眼，第二天早早就起来，认认真真地把爸爸的谈话和我当时的心情记在笔记本上，还特意加了一个标题——《力量的源泉》。

爸爸跟我们谈话以后，我实在坐不住了，我和哥哥相约很快就离开了北京，到呼和浩特我下车了，哥哥继续他西行包头的旅程。可我万万没有想到，这次同大哥分手竟成了我们兄妹之间的永别！

## Part.5 "我爱我的妻子，也爱我的孩子，可我更爱我的祖国。"允斌哥哥毅然回到了中国。

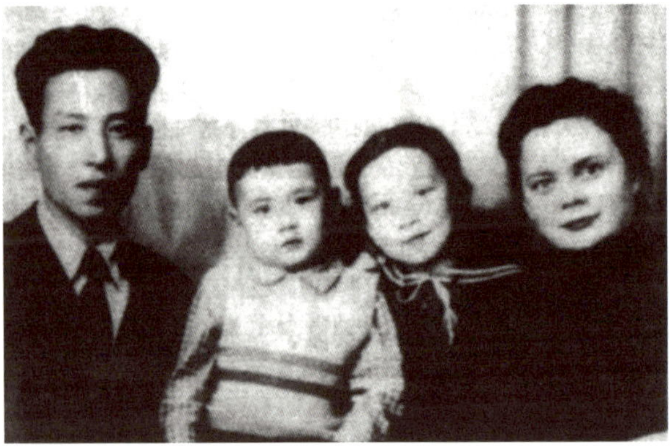

◀ 刘允斌与妻子玛拉及女儿索妮娅、儿子阿廖沙。

▶ 1951 年 8 月，刘少奇同长子刘允斌在北京西郊观察花生生长情况。

允斌哥哥和我不同，他学习非常刻苦用功，在原苏联他从钢铁学院毕业又考入莫斯科大学化学系，并获得博士学位。他在读书期间就入了党。1957 年回国后被分配到国防科研部门工作。

我父亲的秘书刘振德同志的一篇文章中谈到我哥哥时是这样写的：

"允斌谦虚随和、朴实无华，是个不修边幅的高级知识分子。我们认识后，很快就成了知心朋友。

"他一头扎进工作里，平时很少回家来，就是偶尔回来一次，也很少同少奇同志一起吃饭，而是同我们到大食堂去排队买饭。

"他第一次随我到食堂吃饭时，因为同桌上都是一些老同志，我便将他向大家作了介绍。不料饭后回到家里，他满脸的认真劲，对我说：'以后不要对别人说我是刘少奇的儿子和留学生之类的话，就说是你的战友。我爸爸反对我们以高干子弟的名义炫耀自己，我也不喜

1951 年，刘少奇同长子刘允斌、儿媳玛拉合影。

欢那样做。在我们部里，宋任穷部长知道爸爸对子女们要求很严格，所以他对我的要求也非常严格，从不搞什么特殊照顾。’他的诚恳和坦率，是我没有预料到的。

“允斌曾向我谈起他的婚姻问题：‘我们的离婚是迫不得已的，我们之间感情上没有丝毫的裂痕，我们分手的原因就是因为我要坚持回祖国工作。这种生离死别给双方心灵上造成的折磨是多么残酷呀！’

“‘我在苏联学习时，爸爸多次写信教育我一定要珍惜这来之不易的学习机会，而我自己也发奋读书，恨不得一下子把所有知识都学到

1960年刘少奇和苏联亲家（刘允斌的岳父母）及儿媳玛拉、孙女、孙子在一起。

手。就这样废寝忘食、夜以继日地刻苦攻读，几乎把身体累垮。爸爸得知这一情况后，写信严肃地批评我说："要知道，如果一个人失去了健康，就意味着失去了一切。必须马上改变那种摧残身心健康的学习方法。"那时，外国人非常佩服我的刻苦精神，但又不赞成我那种玩命的学习方法。当然，我也没有精力去考虑婚姻问题了。后来，我的年纪越来越大了，而且又不能马上回国，所以就和追求我很长时间的苏联姑娘结了婚。那时中苏关系是很好的。我的学业即将结束时，爸爸写信对我说："祖国和人民等待着你的归来。在个人利益和党的利益发生冲突的时候，我相信你一定能无条件地牺牲个人的利益而服从党和国家的利益。"说实话，接到爸爸的信，我的思想上斗争了好几天。我多么希望能早日回到生我养我的祖国，能回到父辈们抛头颅洒热血才得到的这片古老而神圣的热土呀！我知道国家花了那么多钱送我们出国留学是为的什么，但是我已不是独身一人了，我已有了妻子和孩子，我们夫妻感情很深，我怎么舍得离开他们？我一直动员爱人跟我到中国来，但她因不懂汉语，而且两个国家的文化传统、生活习惯和水平又有很大差别。她也曾来过中国两次，试了试，怎么也无法适应

◀1954 年刘允斌和女儿索妮娅在莫斯科。

▶1988 年，刘允斌的女儿索妮娅抱着她的儿子。

我们这里的生活。我试图动员她同我一起回来的希望破灭了。我爱我的妻子，也爱我的孩子，可我更爱我的祖国。我下决心非回来不可，而她却坚决不跟我来。这样，我们只好过起两地分居的生活，拖了几年才离了婚。我愧对她们母子呀，在我们许多人的想象中，好像苏联人结婚、离婚都很随意，其实各有各的规矩，特别是有了两个孩子的妇女再想找到理想的伴侣绝不是件轻而易举的事。我真为她们的未来担忧……'”

事实也确实如此。我这位苏联嫂子，一直是同两个孩子在一起，并把他们抚养成人，儿子在俄罗斯宇宙监测中心工作，女儿是搞文学的，现已在美国定居。1991 年我邀请嫂子来中国看一看。在许多热心朋友的帮助下，我陪她到了改革开放较早的珠江三角洲。她对我们改革开放所取得的成就十分高兴，一再说真好，真好！

刘振德同志还回忆道：“中苏关系恶化后，苏方单方面撕毁各项合同，撤走援助我国的技术专家，这无疑是对我国经济建设事业来了个釜底抽薪。特别是对我国刚刚起步的原子能科技研究工作造成了很大影响。在此情况下，允斌被派往西北的一家国防工厂担任研究室主任。从 1963 年调走，至 1966 年 7 月，允斌竟一直没有回来过。

"1966 年 8 月的一天，允斌突然来到我的办公室。他是'听说爸爸犯了错误'而回来'看望爸爸的'。他心情沉重地问我：'爸爸是不是因为派工作组犯的错误？'……当时，我哪里能解释得清楚呀！

"那天允斌还告诉我：'刚才，我见了爸爸，爸爸没有说别的，他只是安慰我，不必为他的事分心，要安心工作，为国争光。爸爸的压力太大了……'这次，他回来连饭也没有吃，就匆匆走了。从此，他再也没有回来过。

"在那株连九族的年月里，允斌自然逃不脱林彪、江青的魔爪，他被扣上'苏修特务'、'白专典型'等帽子，遭到残酷的斗争、无情的打击。

"1967 年底……永远地倒下了。

"这位为了报效祖国，不惜妻离子散的风华正茂的原子能专家就这样怀着满腔的愤恨离开了他所挚爱的人间，离开了他所钟情的事业，离开了他那前途未卜的敬爱的父亲。这一年他才 41 岁。"

我哥哥悲愤地离去了！但他对当代中国核工业做出的贡献是抹不掉的。曾同他一起工作过的同志们没有忘记他。《当代中国的核工业》一书中是这样记载的：

"全室（原子能所后处理研究室）在放射化学家刘允斌的带领下，以此为中心展开工作。他们验证并掌握了沉淀法工艺各工序的化学条件，并相应开展了钚裂变产物的分离、分析和某些基础理论的研究。1962 年 3 月，该室研究人员在简陋的条件下，首次从辐照过的研究堆燃料中提取出人造放射性元素——钚，满足了当时的科研需要。

"刘允斌与设计院的一些技术人员建议，先建设一座规模较小的中间试验工厂，以解决苏联原方案设计工作量太大，技术难点多，用材料太多的问题。这一提议得到了上级的批准。"

书中还提到："为了集中力量攻技术关，二机部决定将原子能研究所的放射化学专家刘允斌和轻同位素分离课题组的一批科学技术人员调到生产厂；同时从其他部门也选调了一些工程技术人员，并分配去一批大专毕业生，充实厂里的科研力量。""同年 5 月，成立了锂同位素研究室，由刘允斌任主任。根据列出的课题，设立了物理化学、工艺试验、理论计算和分析方法 4 个研究组，开始全面技术攻关。”“经过一年多的艰苦努力，……通过及时总结，提交科研成果报告 18 篇，编写出工艺规程和操作方法等一批技术法规。所有这些，为投料试产打下了坚实的基础，同时，也培养出一批技术骨干。”

我哥哥允斌，在这个时期，还被部里评为学术技术带头人。《当代中国核工业》一书中是这样写的：“我国核工业建设开始后，核化学化工研究相应地得到发展，在原子能所建立了放射化学、分析化学、核燃料后处理、放射性同位素的研制和应用、放射性三废处理、铀同位素分离等研究室，开展了相关学科的科研工作。这个时期，副研究员以上的学术带头人有杨承宗、郭挺章、肖伦、冯锡璋、刘允斌、刘静宜（兼）等。”

我哥哥所取得的这些成就，也包含了我父亲的一份心血。

## Part.6 “看来叫毛毛去参加‘四清’，对他还是很有好处的。我们对毛毛的教育不能性急。”

弟弟毛毛，是我母亲何宝珍生的三个孩子中最小的一个。1933 年 3 月，在他还不满 3 岁的时候，我妈妈被捕入狱，匆忙将他交给邻居，后来他又被送给贫苦农民当养子。12 岁时沦落上海，当过学徒，卖过报纸，拣过破烂，成了一个小乞丐。1946 年党组织找到他后，一直在爸爸身边生活。后来他考入苏联莫斯科航空学院学习。学习期间，由于和同学们的关系没处理好，他要求转学转系。爸爸知道后，针对毛毛暴露出来的一些思想问题，连续给他写了几封长信，耐心地教育他，严厉地批评他，热情地关怀他、鼓励他。

1955 年 5 月 6 日，爸爸给毛毛写的第一封信一开始就指出：“过去你常常同别人关系搞不好，主要的缺点错误都是在你这方面。关于这点，我记得在你到延安中学读书以前，我就向你谈过，要你同先生们和同学们团结合作，在先生们和同学们面前不要怕自己吃了一

1950 年 7 月，刘少奇同儿子刘允若在北京。

点亏，不要占别人的便宜，不要看不起别人。过去凡是你同家庭中或学校中的什么人搞不好时，我都提出这个问题要你注意，屡次着重地向你讲过。虽然在你离京前一两年已有些进步，在你去苏联我们告别时，我仍旧提出这点要你牢记：不要骄傲，不要看不起人，要尊重大家的意见，要肯于为大家的事情吃一点亏。而且，我还引用了鲁迅的名言‘横眉冷对千夫指，俯首甘为孺子牛’。不知这些话，你是否记得。你一贯的错误，就是你在劳动人民面前，在同志们面前，不肯‘俯首甘为孺子牛’。现在根据你的来信看，你这个毛病不仅未改，而且有了发展。现在你应该向你的组织声明，承认错误，请求同志们的批评，虚心地接受大家的意见，使相互之间的关系正常起来。就是说，在你的同志们面前你要‘俯首甘为孺子牛’。当你同你的同学、你的组织方面搞不好，而且真理又不完全在你这方面时，我是不支持你的，我只能相信和支持你的组织方面。你必须改正你的错误，否则坚持下去，还会要犯更大的错误。

“你必须学会虚心听取同志们的批评。你必须了解，同志们对你最重要的帮助，就是当面指出你的错误和缺点。拒绝同志们的批评，就是拒绝同志们的帮助，就不能做一个共产党员。

“你总以为你自己是对的，别人都是错的；人家都对不起你，你却没有对不起别人；你没有替别人着想，你不肯为别人而有所牺牲，却要别人为你有所牺牲；你不去理解别人，却要别人来理解你。这是一种什么态度呢？在同志之间，这不是团结和合作的态度，而是同组织、同集体对立的态度，就是把自己个人放在同集体对立的地位，就是一种个人主义。而个人主义是一种资产阶级的思想，只有集体主义才是无产阶级思想。你必须抛弃个人主义，接受集体主义。就是在任何时候，任何问题上都要首先考虑集体的利益，把集体的利益摆在前面，把个人愿望、个人利益摆在服从的地位；当个人愿望和个人利益同集体利益发生矛盾时，应该肯于为了集体的利益而牺牲个人的利益。你应该下决心成为这样一种人，决心改造自己，加强这方面的锻炼，经常注意个人与集体的关系，一有错误立即改正，否则，你将不会成为一个真正对人民有用的人。”

6月20日，爸爸又给毛毛写信，对他要求转系和要求留级一事提出批评，要他放弃这种错误的想法，勉励他克服困难，学会解决各种矛盾，为将来从事实际工作打下一定的基础。

1956年1月21日，爸爸又给毛毛写了一封长信，严厉地批评了他，要他安心在莫斯科航空学院飞机无线电仪表专业坚持学习，虚心接受同志们的批评帮助。信中说：“不管你将来干什么，我劝你学一门专业，因为学一门专业知识，对于你将来不论干什么工作都有好处。……你说你将来去当教员，那么学好你的专业，不会妨碍你去当教员，只会使你当一个更好的教员。”爸爸将毛毛1月3日的来信抄送给当时在驻苏大使馆负责人事工作的刘英同志，并请她转给中国驻苏大使馆党的组织。爸爸在信中指出：“在你的来信中还表现一种悲观的情绪，表现了一种错误的悲观的人生观。这是很不好的。”信中还写道：“对你错误思想的批评，你是不大欢迎的。以为这种批评是说你的短，或者说是在‘骂’你。这是不对的。不能把诚恳地恰如其分地指出你某种错误的批评同骂人混淆起来。骂人是对人的一种恶意的攻击，也不怎样讲究实事求是。同志式的善意批评，是对人的一种最好的帮助。接受这种批评，改正错误，也并不丧失什么面子，相反，凡是自爱的有自尊心的人，都应当欢迎这样批评。不要把正当的自尊心同保存一种虚伪面子混淆起来，以为接受同志们的批评，改正错误，就丧失了自尊心。”

毛毛在爸爸的教育下，逐渐提高了认识，按国家的需要服从组织安排，勤奋学习。1960 年夏回国工作，后加入中国共产党。可是爸爸对他的缺点错误一直是关怀的，1964 年让他到部队当兵一年，同战士们生活、训练在一起。1965 年 8 月又让毛毛跟刘振德同志参加“四清”运动。临行前，爸爸给他讲了许多，仍不忘他的毛病，还是进一步地提醒他：“你不论和工作队的人在一起，还是和社员们在一起，都要同人家搞好关系，你有这个弱点，要把它克服掉。”

毛毛曾回忆爸爸写信批评他的情况时的一些想法和思想变化，他说：我那时给爸爸写信是想求援，帮我说说话，可爸爸说我转系理由不充分，不同意我转系。这样，我的情绪更低落了，学习成绩下降。爸爸知道后，说我的行为简直到了不能容忍的地步，开始我不以为然，不就是想让爸爸帮我说句转系的话嘛，有什么大惊小怪的。但爸爸对我的批评越来越严厉了。当时我觉得他们这些搞政治的人简直是铁面无情。不过我逐步觉得爸爸讲的道理是对的。

毛毛自从受到爸爸多次批评以后，确实变了许多，所以下去“四清”前向爸爸表态是那么坚决。

据刘振德秘书讲，他 1965 年春节期间回京，向我父亲简要汇报他在农村的情况时，我父亲还关心地问到毛毛的情况。当刘秘书说到毛毛刚到农村时，有时还发点牢骚，我父亲马上就问发什么牢骚。刘振德同志说：他因为同我很熟，谈话也很随便，在聊天时他问我为什么解放十几年了老百姓的生活还这么苦。有个别工作队员对“四不清”干部的态度很粗鲁，他也感到惊奇，也看不惯。为此，别人说他是小资产阶级的温情主义。我父亲听到这里笑了笑，没有说话。刘秘书继续讲了毛毛的一些情况，他说毛毛曾多次对他讲“农民的生活很苦，包括‘四不清’的干部也很穷；判定一个干部清不清时，感情的色彩浓了些，而法律依据却少了些”。“这次到农村来感到受益不浅……越搞越有兴趣，这期完了还想再搞，还准备将来把农村这段难忘的生活写成一本书呢……”

我父亲听到这里，高兴地笑了，“看来叫毛毛去参加‘四清’，对他还是很有好处的，他对农村陌生的一无所知的生活有了今天这样的认识，真是个不小的进步。我们对他的教育不能性急。他敢于将自己的真实思想向你展开，这是好事，说明他信任你，有了互相信任这个基础，你做他的思想工作就方便多了。他说生活苦倒也是事实，和他习惯了的苏联生活相比，我们农村的生活确实太苦了，就连我们这些人不是也对解放十多年了农民的温饱问题还没有解决时常感到内疚，感到愧对我们的父老乡亲们吗？”

“毛毛有他的优点和长处，也有他的缺点和短处，在苏联学习时，就因和同学处不好关系，不安心所学专业，我曾多次去信批评教育他。后来，他还是向好的方面转化了。”

“解决思想问题，不能操之过急。一次不通两次，两次不通三次。你们在下面搞‘四清’也是一样，就是要做耐心细致的思想政治工作。毛毛对个别工作队员态度急躁生硬，看不惯，有意见，他是对的。你们走时我就说过，工作队不要搞逼供信，更不能张牙舞爪。”

刘秘书回忆他同毛毛一起“四清”这段工作时，诚恳真挚地说：“我和允若在一起搞了近一年的‘四清’，彼此之间成了无话不谈的好朋友。虽然有时话不投机，难免争论，甚至争吵，但我仔细一想，在许多问题上，他要比我站得高看得远，他的判断比我更准确、更有条理。他真诚坦率，单纯直爽，是一个很典型的青年知识分子。他是高干子弟，又是留过学的专业技术人员，但他在农村那样一个生活环境中不怕苦不怕累不怕脏、勤恳劳动、平易近人，难道不是少奇同志教育的结果？”

## Part.7 给平平的生日贺信。

爸爸不仅对我们年龄较大的几个孩子要求很严，经常关心教育我们，批评我们的缺点，同样，对年龄较小的弟弟妹妹的要求也是严格的。爸爸还抽空请妹妹和弟弟的老师到家，征询他们的意见。

1959年8月的一天上午，爸爸和光美妈妈请来了北京第二实验小学的老师到家里来，认真地询问了老师的工作和生活情况。然后说："平平和源源是我的孩子、你们的学生，有句老话说'养不教父之过，教不严师之惰'。今天请你们来，就是想告诉大家，希望能严格要求他们，你们不严，我就不高兴。""希望你们把我的孩子当做你们自己的孩子去严格管教，不要因为是我的孩子，就迁就他们，照顾他们，那样对他们是不会有什么好处的。"

我父亲接着说："教育孩子有个配合问题，家庭、学校和社会要共同承担起教育的责任，要互相紧密配合起来，只有这样，孩子才能沿着正确的方向努力，也才能成为对社会有用的人。如果我们配合不好，一方严格，一方溺爱，孩子们的教育就会出现问题。"

"做教育工作，当老师很不容易啊，你们很辛苦，但也很光荣，为人师表嘛。现在教师的待遇还很低，生活很清苦，教学条件也较差，但是你们还是那样兢兢业业、任劳任怨地培养着社会的下一代，党感谢你们，人民感谢你们，我敬佩你们。目前我们就是要花大力气把经济搞上去，人民群众的生活水平提高了，教育事业才能有大的发展。"

我父亲还向老师较详细地询问了平平妹妹和源源弟弟在学校的情况。当老师们说到他们两个生活俭仆在全校是出了名的时候，我爸爸说："勤俭是一种美德。不要说现在我们的国家还很穷，就是将来我们的日子好过了，也还要提倡勤俭节约，学校和家庭要从小培养他们的劳动观念和集体主义思想。"

1963年5月，我平平妹妹就要到14岁了。那年4月爸爸和光美妈妈正在访问东南亚四国途中，5月6日到达昆明作短暂停留，他们给平平妹妹写了一封生日贺信。为了使读者全面了解我们父母对子女的

1953年，刘少奇同女儿平平在大树下。

1956 年，刘少奇与平平、源源、亭亭在一起。

教育，特别是对平平的教育，我把爸爸和光美妈妈信的全文抄录如下：

亲爱的平平：

祝贺你就要满十四岁了。希望你的十四岁生日过得有意义。满十四岁，在生理上就已成长为青年；在智力方面也有一定的思考能力。我们希望你在满十四岁以后，认真地考虑一下：你到底要做一个什么样的青年？在我们的社会主义新中国里，大多数青年是有一定的社会主义觉悟的，但是，仍有先进的、一般的和落后的青年之分。做个落后青年，整天想不费力气、不费脑筋，而又能吃得好些、穿得好些、玩得多些，看来似乎是最讨便宜、最"享福"的；实际上，这样的人，是最苦恼的。他们没有远大理想，不关心别人，只计较吃、穿、玩，计较个人得失，不仅当前不会心情舒畅，将来也没有前途、没有用处，经常要处在苦闷和困难之中。在困难的、复杂的阶级斗争环境中，在某些关键的时刻，这样的人就很可能变为反对共产党、反对人民、反对共产主义的坏分子。你应当力争上游，不要安于中游，不要做落后分子和自私分子。我们认为，根据你的健康状况、智力条件和你自幼所受的党的教育，你不应当只安于中游，不应当马马虎虎地度过你的青春时期。我们希望你能决心做个进步的、革命的青年，具有远大的共产主

1959 年 5 月，刘少奇、王光美同北京师范大学校长陈垣在北海交谈。

义理想，具有雷锋式的平凡而伟大的共产主义精神，能够真正继续承担起革命前辈的革命事业。现在学习要认真刻苦，热爱劳动，虚心学习别人的优点，关心集体，关心国内外大事，为了人民和集体，可以有所牺牲，并且注意锻炼身体。将来，党和人民需要你做什么，你就可以做好什么工作。当然，要这样做是会有许多困难，要吃苦，要吃一些亏，你反而会心情愉快、心情舒畅的。希望你认真地考虑。只要你真正决心做个进步的、革命的青年，永远听党的话，并严格地要求自己、管束自己，依靠老师、同学和家里的帮助，你一定能够给党和人民做出更多的工作，党和人民一定会更喜爱你的。

如果，你认为我们的意见是对的，那么，从现在开始，你就要以一个优秀的共青团员的标准要求自己，共青团员应该做到的事，你都要做到；做错了的事，勇敢地改正。这样，等你满十五岁以后，共青团的组织一定会欢迎你成为共青团的一个正式团员的。

吻你！

爸爸和妈妈

1963 年 5 月 9 日晚

赴越前夕，于昆明

## Part.8 维孔遵照我父亲的嘱咐，在分配志愿书上填写了“下基层”三个字。

在北京读书的刘维孔，是我六伯的孙女，叫我父亲叔祖父。1957年高中毕业后，没有考上大学。她打算复习一年功课后，来年再考。她离京前到我家告别，那天我爸爸回来时已经很晚了。维孔告诉我爸爸说她没有考上大学。我爸爸对她说：“你是一个革命者的后代，应该到人家不想去的地方去，到最困难的地方去。”并问她，“你回家乡参加生产去好不好？”这一问，把维孔问住了。因为她没有这个思想准

1962 年，胡志明到刘少奇家中作客。前排左起：刘源、刘少奇、刘亭亭、胡志明、刘平平、刘小小；后排右起：王光美、刘允真、刘涛。

备，感到很突然，没有作声。我父亲对她没有回答已经察觉她没有回家乡务农的打算，就又对她说："我们应该帮助人民做些有益的事，外国人常讲我们中国贫穷、落后，我们应当有志气，使祖国富强起来。我是你们的前辈，我们这一辈人把反动派打垮了，以后建设社会主义、共产主义的责任，就落在你们这一辈人的肩上。现在农村要建设社会主义，需要一批有文化的农民，你们这些有文化的年轻人，就应该回家去，把我们的农村建设好，让它也赶上和超过资本主义国家。当祖国第一代有文化的农民是光荣的。"

第二天，我父亲又对她说："一个人要有远大的理想，要有解放全人类的决心和毅力，遇到困难的时候，要冷静地考虑什么是集体利益，什么是个人利益，当集体利益和个人利益发生矛盾的时候，个人利益要无条件地服从集体利益，因为有了集体利益才有个人利益。今天农村既然需要有文化的人，你就应该服从祖国的需要。农村的前途是美好的，但要克服许多困难，付出辛勤的劳动才能得到。我们的国家有光明的前途，难道个人就没有前途吗？"

我父亲停了一下看看她，又说："你们平时不是说要去掉资产阶级思想吗？那么，你的这种思想该不该去掉？青年人要遇难挺先，舍己为人，不要占小便宜，占小便宜将来会吃大亏。”他吸了一口烟，看看表后继续说：“我跟许多青年学生作了动员报告，许多学生听了我的话，回到了农村。现在你要听话，不要将来走错了路的时候，又怪我没有教育你哩！当然，回不回去，还是由你自己，你回去仔细想想吧！”

据维孔自己说：“那几天，我思想上展开了激烈的斗争，叔祖父的谆谆教诲，一直在我耳边回响。我又找教导主任和一些知心同学谈心，得到他们的热情鼓励。我终于下定回乡锻炼的决心。”

一天，维孔又来到我家里，告诉我爸爸说，她经过一番思想斗争后，决定回家乡参加劳动。我爸爸问她思想斗争的过程，她说着说着就哭了。我父亲笑了，说她：“哭什么？应该高兴地回去，农民会欢迎你的，回家后有困难，劳动不习惯，不会干活，也还会有人讽刺嘲笑你，这些都应该充分估计到，但也用不着害怕，只要自己有决心、有毅力，刻苦劳动，一切困难都是可以克服的。”我爸爸还特别嘱咐她：“回农村后要服从社队的领导，当一个好社员，和群众打成一片。”“不要有些什么特殊的照顾，三五年内不要当干部，要踏踏实实劳动，同时尽自己的力量去帮助别人。”“劳动是要流汗起血泡的，比口头上讲劳动光荣要辛苦得多。时间一长，磨出茧子就好了。是要晒晒太阳的，特别是南方的太阳火辣辣的，会晒脱皮的，晒黑了也就好了。你要咬紧牙关过好劳动这一关。”维孔临走时，我爸爸又勉励她一番。

维孔回忆说：就在那年的初冬“我回到了宁乡花明楼家乡，投入了火热的农业劳动，一直努力按叔祖父的吩咐去做。大跃进时期，我担任了青年突击队队长，不分昼夜地苦干。手起泡，肩头磨破了皮，我咬紧牙关过；插田累得直不起腰来，我咬紧牙关过；寒冬腊月赤脚穿草鞋走在冰冻的田野里，脚冻得发紫，我咬紧牙关过。这一切，都是由于党的教导，叔祖父的支持。”

她说：“这段时期，我多次给叔祖父写信，谈谈自己，也谈谈农村。1958 年 5 月，叔祖父给我写了一封回信，鼓励我坚持在农村锻炼，好好向贫下中农学习，与他们建立深厚的感情，虚心听取他们的意见，同时不要沾染农村一些旧的习惯和不良作风。”

1958 年 11 月，她出席了全国青年社会主义建设积极分子大会。

1959 年，组织上准备送她上大学。她把她想读大学而且准备读工科的想法写信告诉我爸爸。维孔讲："后来叔祖母回信说，如果执意要上大学，就上农学院。因此我在这年 9 月由组织上保送进了湖南农学院。"

1962 年暑假期间，维孔又一次到我家里。

据她说：叔祖父见面就问，"硬要上大学，大学的味道怎么样？"

"人不到黄河心不死，当了几年大学生，心里还是感到空虚，学到的知识还是不多。"

他哈哈笑了，"毕了业怎么办？"

"服从分配。"

"在服从分配的原则下总有自己的想法吧？"叔祖父又问。

"还没有考虑，您的意见呢？"

"我的意见还是下基层去锻炼。""你们出路有三个方面，搞科研，当老师，下基层。前两个需要人少，愿意去的人多；下基层需要的人多，愿意去的人少。科研机关、学校，近期内不会有很大变化，最大加几个专业，多几栋房和设备，大量的工作还是在农村，在基层，要搞田园化、机械化等等。而且你锻炼也不够，还需要锻炼，还是下基层吧！"

维孔在农学院毕业时，她遵照叔祖父的嘱咐，在分配志愿书上填写了"下基层"三个字。此后她在农村当了 10 年农业技术员。

## Part.9 不要以为你是国家主席的亲戚就可以搞特殊，靠沾我的光，提高不了你的觉悟。

1959 年 4 月第二次全国人民代表大会我父亲被选为国家主席，湖南老家的一些本家和亲戚知道以后，认为当了国家主席，大权在握，就纷纷写信或者直接来到北京找我父亲要求解决工作问题、升学问题、生活困难问题等等。不给办或办得不周到，他们认为不合适，就发脾气，讲牢骚话，甚至骂娘。这无疑给我父亲的工作带来许多麻烦，影响和分散他的精力。

1954 年夏，刘少奇、王光美同子女在北戴河游泳。左二起：刘少奇、王光美、刘涛、杨尚昆的女儿杨李、刘允真（丁丁）。

那年国庆节，正好是建国十周年，我父亲心情很好，他利用这个机会把来京找他的亲戚、过去在爸爸身边工作的同志、来看望或要求帮助解决困难的人和我们家里的人都约到会议室，开了一个特别的家庭会议。当时我在内蒙古没能参加这个家庭会，是后来弟弟、妹妹和爸爸身边工作人员讲给我听的。

我父亲进屋后，看大家都坐好了，他举手向大家打了招呼，然后习惯地点上一支烟就开始讲了：

“今天趁这个机会开个会，在座的有我的亲戚，有过去在我这里工作过的同志，还有我的家人，我看就叫家庭会议吧。”然后，我父亲环顾了一下会议室，看了看在座的人，说：“这个会议室是我主持召开政治

1959年11月，刘少奇在海南岛休养时打太极拳。

局会议的地方，不是要正确处理人民内部矛盾吗？今天我们开这个会就是要处理一下这个矛盾。”

“矛盾是什么呢？有人认为我当了国家主席，做了大官，权力很大，就想沾我点光，给点方便。但我却不这么认为。这就是矛盾，处理这种矛盾，我看无非就是做点思想工作。”

刘振德同志在一篇回忆文章中曾写到这次会议，他说：会议一开始，少奇同志就开门见山地点出了会议的主题。然后他写道：“少奇同志列举了几种情况：‘有人给我写信说，不愿意在农村当农民，想进城当工人；有人当面向我提出给他安排个合适的工作；有人想来北京上大学；还有人提出要把他的老人送到中南海来让我养起来。这些要求

1965 年 8 月，刘少奇在家中听儿子刘源汇报在部队锻炼的情况。

在你们看来很简单，似乎只要我说一句话、开个条子就解决了。但我偏偏不能说这个话，不能开这个条子。而且有人还受到了我的批评。总而言之，我使大家很失望，所以许多人不高兴、不满意、发牢骚，甚至有人还在背地里骂我，说我不近人情……”

刘振德同志又写道：“少奇同志深深吸了一口烟，吐出的烟雾很浓。他继续说：‘现在解放了，在农村也好，在城市也好，生活都比过去好多了。当然马上消灭城乡差别现在还做不到。你们想请我这个国家主席帮忙，以改变自己目前的状况，甚至改变自己的前途。说实话，我要是硬着头皮给你们办这些事，也不是办不成。可是不行呀！我是国家主席不假，但我首先是个共产党员，共产党员应该全心全意为人民服务，不是为个人小家庭服务。我手中有点权也是真的，但这权是党和人民给的，我只能用于维护党和人民的利益。我们党处于执政的地位，权力很大，责任也很大。如果我们利用手中的权力去为个人小家庭谋私利，那么，我们很快就会失掉人民的支持，我们的政权也会得而复失的，我们为什么能够打败国民党，我看最重要的一条就是因为国民党脱离了群众的大多数，他们腐化堕落了嘛！我们共产党人绝不能重蹈他们的覆辙。'"

"'不要以为你是国家主席的亲戚就可以搞特殊，靠沾我的光，提高不了你的觉悟。我送给你一块表，也不能代表你的劳动。正因为你是国家主席的亲戚，更应该严格要求自己，更应该艰苦朴素、谦虚谨慎，更应该有富贵不能淫、贫贱不能移、威武不能屈的志气。不要打着我的旗号到处吹牛。前几年，湖南老家有两个亲戚到我这里来了一趟，回去就吹牛。把我送他们的几十块钱路费，说成是因他们报矿有功，我给的赏钱。这件事影响很不好，我去信严肃批评了他们。我欢迎你们经常给我写信或者到我这里来反映家乡的真实情况，但绝不允许借我的名誉吹牛。我希望大家监督我，不要帮助我犯错误……'"

刘振德同志讲述完我父亲的讲话后，说："少奇同志深入浅出、苦口婆心的讲话，打动了每个人的心。大家纷纷发言表态，有的说为自己的事给少奇同志添了麻烦，感到非常惭愧；有的说少奇同志是全国人民的主席，工作特别忙，我们不应该为一些家务事分散他的精力；有的说少奇同志是个严于律己、不徇私情的模范，我们应该向他学习；有的说我们只有做好本职工作，才配做少奇同志的亲戚，我们一定要为他争气。"

我父亲就是这样严格地要求他的亲戚和在他身边工作过的同志。对我们的要求，那就更加严格了。

# 11 Chapter

1966 年 5 月，沉思中的刘少奇。

## Part.1《评新编历史剧〈海瑞罢官〉》揭开"文化大革命"序幕。

长达10年的史无前例的大浩劫，正如当时中央文件和报刊上所讲的那样，是毛泽东主席亲自发动和领导的。发动这场"文化大革命"的真正目的和采取的步骤，除毛泽东和中央文化革命小组的几个主要成员外，中央政治局、政治局常委、中央书记处都不清楚。

1965年11月发表的《评新编历史剧〈海瑞罢官〉》的文章，是经过精心策划的，是"文化大革命"的序幕。这篇文章，点名批判北京市副市长、历史学家吴晗，其用词严厉和内容所涉及的范围，使人们感到震惊。

在上海的报纸上批评北京的一位副市长，却不同北京市委打一下招呼；公开批判一位著名学者也不同中宣部说一声，这显然是不正常的。何况提出学习海瑞精神的正是毛泽东本人。对这样一个不同寻常的举动，我父亲和其他主持一线工作的政治局常委，事前一点也不知道。北京市委第一书记彭真、中央宣传部部长陆定一也蒙在鼓里。他们当时哪里知道发表这篇文章是毛泽东的主张呢！

当时转载这篇文章时，只有林彪控制的《解放军报》的按语尖锐地指出：《海瑞罢官》是一株反党反社会主义的大毒草！

1965年12月21日，毛泽东在杭州对陈伯达等人讲：《海瑞罢官》的要害问题是"罢官"。嘉靖皇帝罢了海瑞的官，1959年我们罢了彭德怀的官。彭德怀也是海瑞。这个讲话预示着批判还要升级。

## Part.2"例如赫鲁晓夫那样的人物，他们现在正睡在我们身旁，各级党委必须充分注意这一点。"赫鲁晓夫？是指的谁呢？

我父亲根据中央的决定，抓紧进行准备以中华人民共和国主席的身份对巴基斯坦、阿富汗、缅甸等国进行友好访问。1966年3月22日离京出国。4月19日，我父亲同陈毅一行结束访问回到昆明。当晚接

到周恩来总理打来的电话："出访劳累，你们在春城多休息几天，再回北京不迟。"不料，第二天中央办公厅通知，要他们马上到杭州去出席毛泽东召开的中央政治局常委扩大会议。

就在我父亲出访这段时间内，国内发生了一连串想象不到的事情：

3月底，毛泽东在上海几次同康生、江青谈话，严厉批评《二月提纲》混淆阶级界限，是错误的；指责北京市委、中央宣传部包庇坏人，不支持左派。他号召地方造反，向中央进攻。

4月上旬，林彪、江青合伙搞的《林彪同志委托江青同志召开的部队文艺工作座谈会纪要》，经过毛泽东审阅修改，作为中共中央文件发到全党。其中说："要坚持进行一场文化战线上的社会主义大革命，彻底搞掉这条黑线。"毛泽东在这之后又加上"搞掉这条黑线之后，还会有将来的黑线，还得再斗争"。实际上江青在上海召开的这个部队文艺座谈会，只有解放军总政治部系统的四个人（总政治部副主任刘志坚、总政治部文化部部长谢镗忠、副部长陈亚丁、总政治部宣传部部长李曼村）参加。座谈会主要活动是看电影三十余部，看戏三场，个别交谈八次，集体座谈四次。

4月9日至12日，陈伯达、康生在中央书记处会议上系统批判彭真的所谓"一系列罪行"。会议决定成立由陈伯达、康生、江青、张春桥等组成的"文化革命文件起草小组"，起草《中国共产党中央委员会通知》。

这段时间，"文化革命文件起草小组"在毛泽东主持下，写成了《中国共产党中央委员会通知》（即后来简称的《五一六通知》）。《通知》除点名批判彭真外，宣布撤销《二月提纲》和文化革命五人小组，重新设立直属中央政治局常委的中央文化革命小组。"文化革命文件起草小组"也就摇身一变成了"中央文化革命小组"，由陈伯达任组长，康生任顾问，江青、张春桥等任副组长。

这样，等到我父亲出访回国，摆在他面前的既成事实是：

彭真、陆定一已被打倒，中央宣传部、北京市委由于被批判已经瘫痪，邓拓（北京市委书记处书记）、田家英（毛泽东秘书、中央办公厅副主任）、吴晗等一批人被整；罗瑞卿（中央书记处书记、解放军总

1966年4月，刘少奇出访途经新疆，这是他最后一次出访。

参谋长)、杨尚昆(中央书记处候补书记、中央办公厅主任)早在1965年被安上莫须有的罪名并打倒,这时又被说成是彭真、陆定一的同伙,即所谓"彭、罗、陆、杨";中央文革小组已经成立;《中国共产党中央委员会通知》已经定稿。

毛泽东为了正式通过《中国共产党中央委员会通知》,落实对"彭、罗、陆、杨"的组织处理,决定5月份在北京召开中央政治局扩大会议。这次会议所有通知的几件事,都是毛泽东在会前亲自抓的,我父亲几乎没有参与,有些事根本不清楚。可是毛泽东暂时又不回北京,这次会议还让我父亲主持,由康生负责向毛泽东请示汇报。党内生活根本谈不上什么正常了。

会议开始后,分别由康生、陈伯达、张春桥介绍情况,康生讲了差不多8个小时。

与会者听过介绍都知道这个《中国共产党中央委员会通知》是陈伯达执笔起草的,又经过毛泽东先后8次审阅修改才定稿,谁还能提什么不同意见!其中有两段惊心动魄的文字:

"高举无产阶级文化大革命的大旗,彻底揭露那批反党反社会主义的所谓'学术权威'的资产阶级反动立场,彻底批判学术界、教育界、新闻界、文艺界、出版界的资产阶级反动思想,夺取在这些文化领域中的领导权。而要做到这一点,必须同时批判混进党里、政府里、军队里和文化领域的各界资产阶级代表人物,清洗这些人,有些则要调动他们的职务。"

"混进党里、政府里、军队里和各种文化界的资产阶级代表人物,是一批反革命的修正主义分子,一旦时机成熟,他们就会要夺取政权,由无产阶级专政变为资产阶级专政。这些人物,有些已被我们识破了,有些则还没有被识破。有些正在受到我们信用,被培养为我们的接班人,例如赫鲁晓夫那样的人物,他们现在正睡在我们的身旁,各级党委必须充分注意这一点。"赫鲁晓夫?是指的谁呢?与会的高级领导人困惑了,只能揣摩它的含义。5月16日的会议就这样一个字和一个标点符号也没改地通过了《中国共产党中央委员会通知》。

## Part.3 林彪、江青粉墨登场，毛泽东“炮打司令部”。

两天后的5月18日，林彪在大会上大讲中央内部有人要搞政变，制造恐怖气氛，他说：

最近有很多鬼事、鬼现象，要引起注意。可能发生反革命政变，要杀人，要篡夺政权，要搞资本主义复辟，要把社会主义这一套搞掉。

社会上的反动派，混进党内的剥削阶级代表人物都要镇压，有的杀头，有的关起来，有的管制劳动，有的开除党籍，有的撤职。不然我们就不懂马克思主义关于政权的根本观点，我们就要丧失政权，就是糊涂人。

从这天开始，批判浪潮越来越高，捕风捉影，无限上纲。

与此同时，社会上的火药味更浓了。

5月8日，《解放军报》发表了江青组织写的署名高炬的文章《向反党反社会主义的黑线开火》。紧接着发表了许多所谓“重磅炸弹”的文章。

康生派他的老婆曹轶欧到北京大学秘密串连策划，也于5月25日以聂元梓等七人的名字，突然贴出大字报，矛头直指北京大学党委和北京市委。

北京大学党委立即组织反击，展开了激烈的辩论。

当天深夜我父亲同周恩来和华北局第一书记李雪峰以及国务院外办、高教部的负责人一起研究北京大学发生的情况。我父亲认为：“党有党纪，国有国法，要遵守纪律，文化革命也要坚持党的领导。”周恩来讲：“北大有几十个国家的留学生，一定要注意内外有别。”

李雪峰带人连夜到北大，传达了我父亲和周恩来的意见。

聂元梓招架不住了，曹轶欧也慌了。老谋深算的康生，随后就将大字报的底稿和北大情况密报给了在杭州的毛泽东。

6月1日毛泽东亲自批示，突然于当晚8时，在中央人民广播电台广播了聂元梓的大字报。我父亲、周恩来、邓小平都感到意外。

一石激起千层浪，全国各大院校发生了动乱。北大揪出了陆平，南京大学揪出匡亚明，上海音乐学院揪出了贺绿汀……

我父亲多次给毛泽东打电话请示汇报，就是得不到明确答复。

1966 年 7 月 22 日，刘少奇同周恩来出席首都各界人民支持越南人民抗美救国斗争大会。

6月3日、4日、6日、8日，父亲连续主持中央政治局常委扩大会议，听取和研究北京地区“文化大革命”的情况。会议同意北京市委向北京大学、中学派工作组，领导这些学校的“文化大革命”。

其实，5月30日经毛泽东同意已派陈伯达为组长的工作组进驻人民日报社。

6月9日，我父亲同周恩来、邓小平决定去杭州毛泽东处请示和研究“文化大革命”运动的指导方针问题。

出席会议的除毛泽东、我父亲、周恩来、邓小平和陶铸（当时任中央书记处书记兼中央宣传部长），还有根据毛泽东意见增加的陈伯达、汪东兴和六个大区的中央局书记及康生参加，对派工作组没有形成明确意见，而事实上有些工作组已经派出。

我父亲回来的当天，就同邓小平一起把杭州会议已经确定的几件事贯彻下去。第二天就召开政治局扩大会议传达杭州会议精神。尽力

1966 年 8 月 12 日，林彪主持中共八届十一中全会闭幕式。会议改组了中共领导机构，重新选举了政治局常委，刘少奇从第二位降到了第八位，林彪名列第二位，成为毛主席的接班人。

按照杭州会议精神把群众发动起来，又不使社会陷入混乱。

我父亲还到北大和清华看了大字报。

群众是发动起来了，然而乱批乱斗的势头日趋严重，几乎所有大中学校的一二把手都受到冲击，许多教授、专家被当做“反动学术权威”揪出示众，出身不好的被当做“狗崽子”污辱。自杀和打死人的情况时有发生。少数学生同工作组的对立情绪越来越厉害。

种种迹象表明，中央文化革命小组支持少数学生反工作组，许多学校出现尖锐对立的两派，局面已难以控制。我父亲认为这是全国大分裂的开始，不可忽视，后面可能有高级干部。

6 月 21 日我父亲和邓小平又一次召集中央政治局常委扩大会议，听取汇报，布置对运动的领导。我父亲说：不准随便提出夺权，不要打倒一切。运动的整个过程要抓生产、工作、生活，恢复星期日，注意劳逸结合。禁止打人、污辱人和变相体罚。

毛泽东在外地停留了8个多月。7月16日，在武汉畅游长江。7月18日，突然返回北京。

当天晚上，我父亲得知毛主席回京的消息，立即赶到毛主席住处。他看到毛泽东住处的门前已经停了几辆小车，屋内灯火通明。我父亲请警卫去通报，卫士却说："主席刚刚回来，很疲劳，已经休息了。"我父亲吃了一个闭门羹。

8月1日，举行中共八届十一中全会。8月5日，毛泽东针对我父亲写了《炮打司令部——我的一张大字报》，指责说："从中央到地方的某些领导同志，却反其道而行之，站在反动的资产阶级立场上，实行资产阶级专政，将无产阶级轰轰烈烈的文化大革命运动打下去，颠倒是非，混淆黑白，围剿革命派，压制不同意见，实行白色恐怖，自以为得意，长资产阶级的威风，灭无产阶级的志气，又何其毒也！"

7日，全会印发了毛泽东《炮打司令部——我的一张大字报》，然后会议转入对我父亲和邓小平的揭发批判。弯子拐得太急，大多数人思想不通，有的表示同情，有的沉默不语，有的是既批评也同情，也有一些人一反常态，狠揭猛批，用词尖刻、恶毒。

林彪成了唯一的副主席，很快就成了毛泽东"最亲密的战友"、"副统帅"和"接班人"。

我父亲在工作组问题上犯了"路线错误"，只能闭门思过，认真检查，不再参与中央日常工作，作为国家主席的权力已名存实亡。毛泽东从外地回京亲自主持工作，原来的中央一线也不复存在了。斗争逐步升级。

我父亲说："我把北京大学聂元梓的大字报翻来覆去看了好几遍，实在看不出它的意义为什么比巴黎公社宣言还要重大。"

## Part.4 林彪策划的一封诬告信，揭开了打倒我父亲的序幕。

8月11日、12日叶群两次找总参作战部副部长雷英夫，向他口授了十三条诬陷我父亲和中央高层领导人的材料。在雷英夫的一本保存至今的日记本上，仍有当时的原始记录。

林彪看了雷英夫写的材料，“14 日，在绝对秘密的情况下，林彪派车把雷英夫接到大会堂面谈”。林彪说：“材料我看过了。我考虑嘛，用你给我和主席写信的形式，再由我批转给主席。这样更政治化些。”

雷英夫摊纸握笔，立刻写了一封给“林副主席并报主席”的信，将材料附在后面。

“林彪戴上老花镜，前前后后看了一遍，提笔蘸墨，在雷英夫信的天头批道：‘江青同志此件请阅。并请酌转主席阅。林彪 8 月 14 日’。”

这是林彪策划打倒我父亲的序幕。

9 月 16 日，康生利用 1936 年薄一波等 61 人经组织决定出狱一事，向毛泽东写信陷害我父亲。

10 月中央工作会议，林彪、陈伯达在会上指名攻击我父亲和邓小平执行了“一条压制群众、反对革命的路线”，“这次文化大革命运动的错误路线主要是刘、邓发起的”。这次会后，全国掀起所谓“批判资产阶级反动路线”的高潮。

12 月 18 日，中央文革小组副组长张春桥单独召见清华大学造反派头头蒯大富，指使他公开煽动打倒我父亲和邓小平。张春桥说：“中央那一两个提出资产阶级反动路线的人，至今仍不投降。他们虽然作检查，态度还不好。”“你们革命小将应该联合起来，发扬彻底革命的精神，痛打落水狗嘛，把他们搞臭，切不要半途而废！”25 日，蒯大富带领五千余人上街游行，大量张贴“打倒刘少奇！打倒邓小平！”“和刘、邓血战到底！”“彻底捣毁以刘少奇为首的资产阶级司令部！”广播车也吼叫起来。事先准备好的大字报、标语贴上了天安门城墙，贴满了大街两侧的橱窗。

12 月 24 日，中央文化革命小组成员戚本禹在北京矿业学院公开宣称：“刘、邓是党内最大的走资本主义道路的当权派。”紧接着批判我父亲的浪潮一浪高过一浪，北京发生的一切，通过各种渠道迅速传遍各地。

就在这年 12 月，公安部长谢富治宣布中央决定成立“王光美专案组”，实际上是针对我父亲的。到 1967 年 3 月 21 日，中央政治局常委决定把“王光美专案组”明确地变为“刘少奇、王光美专案组”，直

接在江青、康生、谢富治等人控制和指挥之下。正如黄玉昆将军在《共和国最大冤案》一书的序中所说，林彪、江青反革命集团“大搞阴谋诡计，肆无忌惮地践踏法律，不择手段地罗织罪名、制造伪证、移花接木、栽赃诬陷、欺上瞒下、刑讯逼供”，对我父亲的迫害步步加码，就是对我们家人也毫不放过。

1967年元旦一开始，中南海造反派就开始不停地到我家中骚扰和非法对我父亲和光美妈妈进行批斗，进行人身污辱和攻击。

元旦那天，中南海造反派开始在我家院墙上贴出“打倒中国的赫鲁晓夫刘少奇”和“谁反对毛泽东思想绝没有好下场”等大标语。

紧接着，造反派又冲到我家，再一次围攻、批斗我父亲。

江青一伙为了打倒我父亲和一批老一辈无产阶级革命家，实现他们篡夺党和国家领导权，对我们一家真可谓下了极大的工夫。他们对我父亲和光美妈妈采用卑鄙的手段，恶毒地迫害，是有目共睹的。就连我们这些孩子，也不放过。当时只有十几岁的平平妹妹，他们也打主意，江青支持清华造反派谎称她因车祸致残，骗我父亲和光美妈妈上当。

对我毛毛弟弟干脆采用扣上莫须有的罪名置于死地。1967年1月，

1966 年 10 月 1 日，刘少奇同毛泽东、林彪、周恩来等在天安门城楼上。这是刘少奇最后一次在国庆节登上天安门城楼。

江青在一次会议上宣布“刘允若里通外国，马上逮捕”。我毛毛弟弟被无辜地抓进监狱。“四人帮”倒台后，允若弟弟虽然平反出狱，因身体和精神长期被摧残，已经十分虚弱，不久而死。当时年仅 45 岁。

大哥允斌在包头工作，被折磨致死。嫂子也受到株连，艰难地带着两个孩子总算活了下来。

平平、源源、亭亭、小小，那时他们都很小。妈妈被关进监狱，爸爸杳无音信，哥哥、姐姐又远在边疆，家庭的突变，朋友的疏远，在学校受批判、围攻，社会上人们的歧视或恶意捉弄……所有这些给他们小小的心灵造成极大的创伤。以往神圣的信仰被碾成尘泥，敬爱的父亲竟成了最大的走资派，这些对他们来说，无论是感情上，还是理智上，都难以忍受。

对刘涛妹妹，江青采取了又打又拉的方法以达到他们打倒和搞臭我父亲的目的。江青利用她年轻幼稚和单纯的革命热情，软硬兼施，想方设法逼她揭发我父亲。用“可以教育好的子女”的名义，来欺骗其他一些年轻人揭发他们的父母，以达到他们打倒“一大批”老一辈无产阶级革命者的罪恶目的。

我当时在内蒙古呼和浩特市，同样也未逃脱这个厄运。

对“文化大革命”我曾存在一种盲目的革命热情。“文化大革命”初期，我曾受内蒙古一些革命群众的委托来北京给中央送材料。

那是 1966 年 6 月末的一天，单位党支部交给我一份材料，要我去北京想办法交给党中央和毛主席。

我告诉他们：“我不一定能见到毛主席。”

他们说：“见不到毛主席，就交给刘主席好了。”

我接受了这个任务，乘火车回到北京。

父亲仍同往常一样，严肃、坚定、从容。他看了我带去的材料。我要求父亲对我们揭发批判某些领导人表个态。父亲说：“如果他们有错误，那是可以批评的，可以贴大字报；但不要登报，登报就要受中央的批评，就要犯错误。”他还说：“斗不要斗多了，争取人家改正。现在斗，容易顶牛；有些不交代，可以慢慢再检讨。”“任何人都可以贴大字报，不要有限制；但不能泄密，不能动武装，也不能动档案，工厂的机器不允许破坏，否则就是反对革命的行动。”

1966 年秋，刘少奇同妻子、女儿在中南海的最后一张照片。

父亲是这样教育我的，对弟弟妹妹也是同样。他们告诉我：一天他们在饭桌上正议论晚上要跟同学去抄家时，父亲立即劝阻“不要去”。饭后父亲拿出一本《中华人民共和国宪法》让他们学习。

谈到我个人时，父亲说：“你个人参加运动是好的，要参加到群众中去，在斗争中锻炼；但是不要搞自己的小圈子，不能抱个人的目的，否则就要垮台的。”当我要离开北京时，父亲又很认真地补充了一句：“你不要有侥幸心理。”

当我回到内蒙古后不久，情况急骤变化，从批判我父亲在“文化大革命”中的反动路线，到资产阶级司令部的“黑司令”、“中国的赫鲁晓夫”、“中国最大的走资本主义道路的当权派”……

突然袭来的飓风暴雨，把我打懵了。父亲为革命呕心沥血几十年，怎么一下子……

从北京传到内蒙古的大字报、传单中，揭发我父亲的“罪行”也越来越多。有的大字报上写着“八大”的政治报告这里错、那里错；我想，报告也不是我父亲自己决定的，那是中央领导定的，毛主席也看过、改过呀！再如，天津讲话问题，“六十一人叛徒集团”问题，七千人大会问题等等，这些我都不太了解，凭我自己粗浅的认识和对父亲的了解，我相信我父亲绝不会反对革命。他多少年出生入死，他不要家，不要孩子，在艰苦的斗争中四处奔走，他为党为人民做了那么多的工作，一步步斗争过来的，怎么会是反革命！

批《论共产党员的修养》是"黑修养"，是"大毒草"，这怎么会呢？早在延安的时候毛主席就说是一篇好文章，要登报、要印发。现在怎么又是"大毒草"了呢？

抓经济建议为什么不对？农村那么困难，搞"三自一包"就是路线错误吗？建国后十七年主要是毛主席领导，为什么说十七年执行的是一条修正主义路线？

我糊涂了！我想不通！

1968年春节前夕，我被扣上"里通外国"、"特务"的帽子，并被抄家。4月被关进隔离室，逼迫我交代我父亲的"罪行"和我"里通外国"的"罪行"及"特务活动"，不交代就批斗。6月，我又转到当时所谓"群众专政"的监狱。正在这时，又有人说我不满10岁的女儿写了反动标语，常常被打被骂，真是灾祸横飞！我几岁的孩子已不成人样，又瘦又脏……我心里挂念着孩子，找"群专"的头头。可得到的回答却是"现在不是刘少奇的天下了，你还猖狂！"难道问问女儿的情况都不行吗？后来他们又把我关进隔离室。在我苦苦哀求下，总算让我把孩子带到隔离室同我在一起。但被斗却没有终止，还有我的三个孩子其遭遇可想而知，大儿子被开除军籍，二儿子被强迫下乡劳动。"文化大革命"给我们全家老老小小带来的极大不幸和痛苦，我不想多说，也不想多写。在这场劫难中，受到迫害的，家破人亡的，为数也是不少的。但愿我们国家今后不要再发生类似的历史大悲剧。

黄玉昆老将军有一段话说得好。他说："人治则乱，法治则安。践踏法律，必然导致'和尚打伞，无法无天'，妖孽弹冠相庆，冤狱遍于国中，连国家主席也未能幸免。但是真理无敌，历史无情，盖棺未必定论；只有恢复了法律的尊严，才能恢复人的尊严，冤屈者得昭雪，肆虐者受到法律严惩，被颠倒的历史才又重新颠倒过来。"

## Part.5 父亲已经清楚了，林彪、“四人帮”一定要把他置于死地而后快，但沉重的打击，比父亲预计的来得更快、更残酷。

1966 年底、1967 年初，“打倒刘少奇”的活动已蔓延全国，批判、斗争我父亲的趋势愈演愈烈，舆论已经形成，中央文革小组的阴谋策划也步步加紧。

1 月 13 日，毛主席派秘书徐业夫接我父亲到人民大会堂谈话。

一见面，毛泽东就问我父亲：“平平的腿好了吗？”这显然是指 1 月 6 日设圈套抓光美妈妈开头的那个情节。从此也可以得知，毛泽东对这件事或真或假也是知道的。

我父亲如实回答道：“根本没有这回事，是个骗局。”

然后就转入了正题。我父亲表示自己在“文化大革命”中犯了错误，已不适宜再担任领导职务。提出：

“一、这次路线错误的责任在我，广大干部是好的，特别是许多老干部是党的宝贵财富，主要责任由我来承担，尽快把广大干部解放出来，使党少受损失；

“二、辞去国家主席、中央政治局常委和毛泽东著作编委会主任职务，和妻子儿女去延安或老家种地，以便尽早结束文化大革命，使国家少受损失。”

毛泽东对我父亲提出的两点意见，沉思一会儿后，并没有表态，而是建议我父亲读几本书，他还特别介绍了德国动物学家海格尔写的《机械唯物主义》和狄德罗写的《机械人》两本书。分手时，毛泽东要我父亲“回去后好好学习，保重身体”。

就在毛泽东同我父亲谈话后的几天，家里就被强行拆下电话，断绝了我父亲与外界的一切联系。

事态发展很快急剧恶化，到 3 月份毛泽东的态度也明朗化了。3 月 21 日毛泽东、林彪等中央政治局常委决定，把运动中揭发刘少奇历史问题的材料交“王光美专案组”，并指定由康生负责这个“刘少奇、

1962 年，刘少奇一家同毛泽东在中南海。

王光美专案组”，给林彪、“四人帮”篡党夺权，残害我父亲，提供了更好的条件。

父亲从弟弟妹妹买回的小报中看到张春桥等人说我父亲曾经吹捧电影《清宫秘史》，还自称“红色买办”。我父亲感到这是一个不寻常的信号，背后藏有杀机。3 月 28 日当天就给毛主席写信，驳斥张春桥等人在电影《清宫秘史》评价问题上的造谣诬蔑，以澄清事实真相：“我看过《清宫秘史》这个影片，记得是在毛主席处开会回来，在春耦斋看的，看时已是下半夜，看完天已大亮，后半部看得不大清楚。一起同看的，有总理周恩来同志，似乎还有胡乔木等人。看完就散了，我们都没有讲什么。”“我根本没有《清宫秘史》是爱国主义的这种想法和看法，不可能……讲这个话。”我父亲要求中央进行调查。

可是，这封信不仅没有起到任何作用，相反，4 月 1 日，各大报纸一齐抛出戚本禹的文章《爱国主义还是卖国主义？——评反动影片〈清宫秘史〉》。文章继续散布我父亲赞扬《清宫秘史》的谎言，同时用所谓“八个为什么”来肆意诬陷、攻击我父亲：“你根本不是什么‘老革命’！你是假革命、反革命，你就是睡在我们身边的赫鲁

1967 年七八月间，刘少奇在中南海被批斗。

晓夫！”

我父亲读到这篇文章，极为愤慨。他把报纸狠狠一摔说：“这篇文章有许多假话。我什么时候说过那个电影是爱国主义的？什么时候说过‘当红色买办’？不符合事实，是栽赃！党内斗争从来没有这么不严肃过。”我父亲越说越生气，“我在去年八月的会议上就讲过五不怕，如果这些人无所畏惧，光明正大，可以辩论嘛！在中央委员会辩论，在人民群众中辩论嘛！”

然而谁又听他和理会他的要求呢？相反地，所谓“革命大批判”的高潮先后很快在全国各地掀起来，造成一种强大的政治压力，所有的人都不能为他说一句公正话，谁要敢于表示不同意见，其后果就是“反革命”。

4 月 14 日，我父亲针对戚本禹文章中提出的“八个为什么”交出一份答辩材料，有力地批驳了戚本禹所谓“八个为什么”。工作人员将其抄成大字报在中南海贴出，但几小时后就被撕成碎片。他的申辩权也被剥夺了。

斗争愈演愈烈，到处揪斗“走资派”、“反动权威”、“大小赫鲁晓夫”、各种“反革命”以及“保皇派”……对我父亲的批判、斗争也就更加频繁，各种造谣诬陷的污水倾盆泼来。有些地方已经发生武斗，生产被破坏，法制遭践踏。

我父亲非常气愤，他说："别人就是一贯正确的吗？要一分为二。为什么不许人家向中央文革提意见？有不同意见就把人抓起来？！"他说："在我主持中央工作几十年里，违反毛泽东思想的错误有，但没反过。工作错误有，但都是严格遵守党的原则的，没有搞过阴谋诡计。工作是大家一起做的，要我承担责任，可以！但错误得自己去改。去年8月，我就不再过问中央工作，从那以后，错误仍在继续；将来，群众斗群众的情况还要更厉害，不改，后果更严重。责任不能再推到我身上。这么多干部被打倒了，将来的工作谁去搞？生产谁来抓？"

我父亲神情严肃地望着家人，语气坚定地说："有人要逼我当反革命，可我问心无愧地说，不论过去和现在，就是将来也永远不反毛主席，永远不反马列主义、毛泽东思想。一个革命者，生为革命，死也永远为共产主义事业，一心不变。"

我父亲对我们说："将来，我死了以后，你们要把我的骨灰撒在大海里，像恩格斯一样。大海连着五大洲，我要看着全世界实现共产主义。你们要记住，这就是我给你们的遗嘱！"

父亲已经清楚了，林彪、"四人帮"一定要把他置于死地而后快不可。也作了最坏的准备。但重大的打击，比父亲预计的来得更快、更残酷。

江青、陈伯达、康生在毛泽东离京后，加紧组织群众批斗我父亲和邓小平，并决定同时抄家，批斗后对我父亲和光美妈妈分别"监护"。我父亲已有预感，对光美妈妈发出内心深处的坚定信念："好在历史是人民写的。"

父亲尽管也知道他的抗争在当时是无用的，但他仍要维护法律的尊严。他手持《中华人民共和国宪法》进行抗议说：

"我是中华人民共和国的主席，你们怎样对待我个人，这无关紧要，但我要捍卫国家主席的尊严！谁罢免了我国家主席？罢免我是要通过全国人民代表大会的。你们这样做，是在侮辱我们的国家！我个人也是一个公民，为什么不让我讲话？宪法规定了每一个公民的民主权利和人身权利都要受到保障，侵犯破坏宪法的人，是要受到法律的严厉制裁的！"

8月8日，我父亲又给毛泽东写了一封信，进一步表明了自己的政治态度："当我看到说我的目的就是要'反党'、'反社会主义'、'反毛主席'、'反毛泽东思想'、'要在中国复辟资本主义'、'要阴谋篡党篡国'等，我是不能接受的，因为我从来没有这样想过。而我想的都是同这些相反。""我没有在党内组织任何派别，没有在党内进行任何非法的组织活动。"信中正式提出："请求毛主席、党中央免除我党内党外的一切职务。"并明确写道，"我已失去自由。"这封信依然是如泥牛入海。9月13日光美妈妈被逮捕，我的弟弟妹妹被赶出中南海到各自的学校接受批判审查，家里只剩下父亲这位积劳成疾、病魔缠身而又被打伤难以行动的孤独老人。他每天面壁而立，往事如烟云一幕幕涌上心头。他关心着国家，关心着干部，也担心他那入狱的妻子和年幼的孩子。他的精神和肉体都经受着残酷的折磨。

没过多长时间，几个看守又搜查了我父亲的房间，命令我父亲把皮带解下来。父亲感到这是对他极大的污辱，提出严厉的抗议，可几只粗壮的手硬把我父亲捺倒在地，强行抽走他的皮带。父亲趴在床上，气得浑身颤抖，半天爬不起来。

父亲被他们折磨得时常彻夜不眠，以致精神恍惚。

父亲被打得腰伸不直了，打伤的腿一瘸一拐。手臂在战争中留下伤残，此时一遭扭打旧伤复发，频频颤抖，每天为穿一件衣服，要折腾一两个小时，吃饭时饭也送不进嘴里，弄得满脸满身的汤菜饭粒。

每天他拖着伤腿被押往食堂吃饭时，短短三十几米的路程，竟要走五十多分钟，却没有一个人敢去扶他一把。

父亲吃的饭菜是很差的，经常是剩饭、馊饭，吃了整日拉肚子，胃病复发且加重。

父亲只有七颗牙了，但主食经常是硬窝头，他很难嚼动。

这样非人的生活折磨不用说对一位70多岁的老人，就是年轻人也是难以忍受的。我父亲被他们折磨得重病不起。

1968年夏天，我父亲发高烧，转成肺炎引起多种并发症.随时都有死亡的危险。上面得知后，通知医生说："现在快要开刘少奇的会了，不能让他死掉，要让他活着看到被开除出党，要留个活靶子。"这才对我父亲进行抢救，医生提出监护、住院治疗，被拒绝了；请求摘掉室内挂满的标语口号，使病人减少精神刺激，又被拒绝了。只是给他留一口气“接受审判”，这是多么残忍呀！

1968 年 10 月 31 日中共八届十二中全会通过了“把刘少奇永远开除出党”的决议。可是在一段时间内不通知我父亲，单单要等到 11 月 24 日我父亲 70 岁生日的那一天，才让我父亲知道。可见“四人帮”的用心何其毒也。

当我父亲得知这一消息后，立即气愤得浑身颤抖，大汗淋漓，呼吸急促，“哇哇”地呕吐起来。长期积郁心头的悲愤和非人折磨留给他的多种疾病，一起爆发了——血压陡升到 260／130 毫米汞柱，体温骤然高达 40℃。他不再紧闭双眼，而是圆睁怒目。这双眼睛成了他向这个世界敞开的唯一窗口……

林彪战备第一号命令下达后，将我父亲用军用飞机押送到河南开封，被关押在过去国民党政权“金城银行”的金库。

这个新牢房的小院四面被三层高的楼房严严实实地包围着，几乎终日不见阳光。小院四周的屋顶上，分别架着 4 挺机关枪，两个排的兵力守卫着小院，三步一岗，五步一哨。

“四人帮”险恶的目的已经达到，对我父亲怎样对待，不用我说，大家也可想而知。

我父亲在开封的第 27 天——1969 年 11 月 12 日凌晨 6 时 45 分含冤死去。

北京指令：遗体就地火化。

开封的执行者立即将我父亲的遗体抬上一辆嘎司六九军用吉普车，车身容不下我父亲那高大的身躯，小腿和脚都露在外面，就这样被迅速地送到开封城东南的火化场。我父亲离开这个世界时没有通知一个亲人为他送行。这就是一个共和国主席的遭遇。

请读者看一看，他们将我父亲的死亡登记表上的病因填写为“烈性传染病”，他们在骨灰寄存证上是这样填写的：

油画《好在历史是人民写的》（董福章）。

骨灰编号：123
申请寄存人姓名：刘原
现住址：8172部队
与亡人关系：父子
死亡人姓名：刘卫黄
年龄：71
性别：男
职业：无业

这是多么残忍、卑鄙和可笑！

一个由全国人民代表大会选举出的共和国主席，未经人民代表大会讨论决定就变成了无业人员，把残害致死说成是"烈性传染病"。那么，他们所谓的"走资派"是否都是被这种烈性传染病传染的呢？！

我父亲的遗物，也被警卫战士当做"烈性传染病"患者的衣物而焚烧了。

衣物是被焚烧了，但历史的事实是烧不掉的。

十年动乱造成的历史悲剧其教训是相当深刻的，给党和人民带来了极大的不幸和创伤。在政治上毛泽东同志和党的威望大受影响，

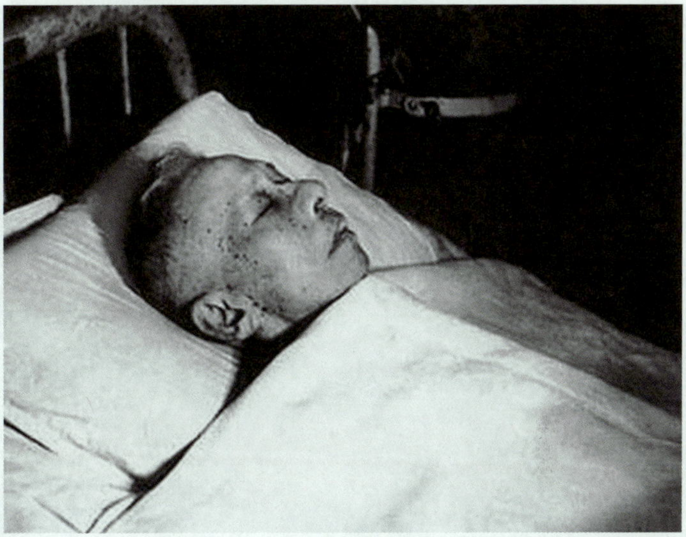

1969 年 11 月 12 日晨，6 时 45 分，刘少奇在河南开封逝世。

在组织上，各级党的组织遭到破坏，许多老同志被扣上党阀、军阀、走资派、大小赫鲁晓夫、叛徒、特务等各种罪名进行批斗。什么"国民党""内人党""统一党"……无奇不有，对这些同志残酷迫害，所用刑罚五花八门、应有尽有，不少人被迫害致死，甚至连所谓的"黑崽子"也不放过，国家的民主和法制遭到践踏。在经济上由于到处批"唯生产力论"、割"资本主义尾巴"，主张"宁要社会主义的草，不要资本主义的苗"，使国民经济走到崩溃的边缘。在世界各国经济迅速发展的时候，我们却贻误了良机，大大地落后于世界经济的发展。在文化上许多历史文物古迹被破坏，很多优秀文学、戏剧作品被批判，一些知名的学者、作家、艺术家被打成学阀、黑帮、资产阶级代表人物、修正主义分子，就连科技界的很多著名学者、教授也成了"反动权威"，真可谓是一场浩劫。

## Part.6 父亲冤案得昭雪，骨灰撒向大海。

粉碎"四人帮"之后，具有历史意义的中共中央十一届五中全会胜利召开了，这次会议作出并通过了为我父亲平反的决议。

邓小平代表中共中央在刘少奇追悼大会上致悼词。

1980年5月17日，刘少奇追悼大会在北京人民大会堂隆重举行。党和国家领导人以及首都各界代表一万多人出席了追悼大会。

《决议》指出："林彪、江青、康生、陈伯达等人，出于他们篡夺党和国家最高领导权，颠覆无产阶级专政的反革命目的，不但对刘少奇同志的错误认识和错误处理的形成起了极为恶劣的推波助澜的作用，而且利用这个错误，凭借其所窃取的权力，蓄意对刘少奇同志进行政治陷害和人身迫害，并把一大批党政军领导干部诬陷为'刘少奇的代理人'，统统打倒。"

"1966年12月18日，成立了专案组，在江青、康生、谢富治等人的直接控制和指挥下，一方面采取弄虚作假、断章取义、逼供信等恶劣手段，拼揍虚构的、牵强附会的材料，伪造证据，报告中央；另一方面，又扣压了解真相的人的证词和被迫提供伪证的人多次更正的材料，造成了全国最大的冤案，必须彻底平反。"

同时，宣布了对我父亲案件的复查结果。全会一致通过决议，决定撤销党的八届十二中全会强加给我父亲的"叛徒、内奸、工贼"的罪名和把我父亲"永远开除出党，撤销其党内外的一切职务"的错误决议，撤销原审查报告，恢复刘少奇同志作为伟大的马克思主义者和无产阶级革命家、党和国家主要领导人之一的名誉。

1980年5月17日在北京举行追悼大会。邓小平同志致悼词。5月19日，遵照我父亲生前的遗愿，将他的骨灰撒向了浩瀚无边的大海……

# 再版后记

《我的父亲刘少奇》是父亲诞辰100周年，应辽宁人民出版社之约，匆匆动笔。

本书的许多第一手真实材料，主要来自于过去同我父亲曾在一起战斗、工作过的前辈和中央文献研究室黄峥同志以及图们将军，在此表示深深的谢意！

江泽民同志在《刘少奇同志诞辰100周年纪念大会上的讲话》中，对我父亲作出了高度的评价："刘少奇同志一生不懈奋斗的历程，在我们党的历史上占有重要的地位。""他的高尚品德和情操，无论过去、现在和将来，都是中国共产党人和中国人民学习的光辉榜样。"

2008年11月24日是我父亲诞辰110周年。菊香书屋公司建议由人民出版社再版该书修订版。我本想做些较大的改动，但我现在已是八十多岁的人了，虽然身体还可以，但再投入更多的精力修改文章也确实有些困难。加上我个人水平有限，很难写出父亲对党、对国家、对人民事业的伟大贡献，也很难写出父亲伟大坦荡的胸襟、睿智的思维和无私忘我的崇高品德，所以只能在个别章节里做些调整。这也是我的内疚和遗憾，望读者能够理解我的心情和处境。

我父亲真可谓：

为国强披荆斩棘探索实践，使民富呕心沥血燃已成灰。

我怀念爸爸，他给了我一条艰难曲折的成长道路；

我敬仰爸爸，他给我留下了极为宝贵的精神财富；

我铭记爸爸，他教我怎样做一个真正的共产党人。

祝愿祖国更加民主、自由、繁荣、昌盛和强大！

刘爱琴

2008年8月5日于北京

**图书在版编目(CIP)数据**

我的父亲刘少奇 / 刘爱琴著 .—北京：人民出版社，
2009.9（我的父辈丛书） ISBN 978-7-01-007545-7
I. 我 ... Ⅱ . 刘 ... Ⅲ . 刘少奇（1898～1969）—生平事迹
Ⅳ . K827=7

中国版本图书馆 CIP 数据核字（2008）第 189438 号

菊香书屋策划

责任编辑：张振明 等
特约编辑：俞凡　何雪
装帧设计：IVYMARKTYPOdesign

**我的父亲刘少奇**
**Wo De Fuqin Liu Shaoqi**

刘爱琴 / 著

人民出版社 出版发行
（100706　北京市东城区隆福寺街 99 号）

北京盛通印刷股份有限公司印刷　新华书店经销
2009 年 9 月第二版　2017 年 3 月北京第二次印刷
开本：787 毫米 × 1092 毫米　1/16　印张：19.5
字数：258 千字　印数：3,001–7,000 册

ISBN 978-7-01-007545-7　　定价：50.00 元